天津师范大学
马克思主义学院
学术文库

《礼记》与
上古生态伦理研究

翟双萍 著

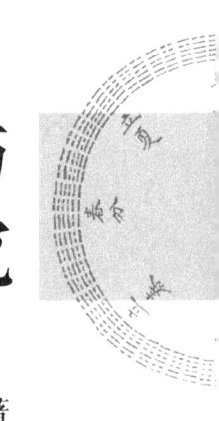

学苑出版社

图书在版编目（CIP）数据

《礼记》与上古生态伦理研究 / 翟双萍著 . -- 北京：学苑出版社，2018.12

ISBN 978-7-5077-5640-1

Ⅰ. ①礼… Ⅱ. ①翟… Ⅲ. ①《礼记》—研究②生态伦理学—研究—中国—上古 Ⅳ. ① K892.9 ② B82-058

中国版本图书馆 CIP 数据核字 (2018) 第 302642 号

出 版 人：	孟　白
责任编辑：	洪文雄　杨　雷
出版发行：	学苑出版社
社　　址：	北京市丰台区南方庄 2 号院 1 号楼
邮政编码：	100079
网　　址：	www.book001.com
电子信箱：	xueyuanpress@163.com
联系电话：	010-67601101（营销部）、010-67603091（总编室）
经　　销：	全国新华书店
印 刷 厂：	北京建宏印刷有限公司
开本尺寸：	1/16
印　　张：	21
字　　数：	310 千字
版　　次：	2018 年 12 月第 1 版
印　　次：	2018 年 12 月第 1 次印刷
定　　价：	65.00 元

前　言

"国学"作为学术研究的对象或研究视域的概念，是清朝末年至民国初年提出来的。20世纪初，章太炎从日本回到中国，在上海举办过一个"国学"讲习班，以章太炎的名望，充座听讲的人甚多，但"国学"并非谁都能听，据传，后来参座听讲的人就少了。当时，没有成型的讲义，讲授的内容是章氏自撰，后经章氏的弟子曹聚仁整理出版，定名为《国学概论》，"国学"之义，大抵传袭下来。

今天依旧可以谈"国学"，我们可据的资源是浩如烟海的古籍。六朝以来确定古籍分类为"四"，延及清代编订《四库全书》，"四部分类"益发精审。"四部"之中存疑最多的是"经部"，最难研读的是"经部"中的"律历""律吕"（主要含天文、历法、术数、声律等学问）以及"子部"。"子部"难度之要者在于"自然科学"，换言之，"子部"中大量的自然科学文献诸如天文历法学、自然生态学、术数学、医药学、农学、舆地学或曰地理学（含方域学）、水利学、土壤学、植物学、生物学、物理学甚至化学（比如道教的炼丹术）等，大多为"子部"所概。

考古是"国学"不可忽视的一个领域。自20世纪初年至今，中国现代意义上的考古和考古学经历了百年，出土的遗址和文物不计其数，是研究"国学"重要的参考资料，有些被"疑古"否定的学术问题借助于考古文献，证明是正确的——这样的例证很多，恕不一一列出。考古可以"证伪"，也可以"证不伪",但考古的真实性是最重要的,或者说,文物的"出土地"直接关系着文物的可靠性,连出土地都说不清楚或根本就不知道出土地的"文物",应该慎重使用,更不宜鼓张和宣传。近十几年,在中国学术界,有几种炒作很火的"竹简"是说不清楚"出土地"的(或者说不知道出土地在哪里),"竹简"是文物,也是文献,既然是出土的竹简,就应该有出土地点。出土的文物(含竹简、帛书)习惯上都是以出土地的文化属性命名,比如"郭店楚简""阜阳汉简""马王堆帛书""敦煌文献"等,以收藏单位命名似乎不科学,至少可以说不严谨,很难经得住时间考验。

拙稿可以隶在"自然国学"之中。"自然国学"是近几年提出的一个学术概念,其实它也是一个学术范畴。如前所述,传统文化中大量的"自然科学"内容以"国学"一言以蔽之,似不严密,把"国学"中的"人文国学""自然国学"厘为两个范畴,是正确的。因为所谓的"国学"这个概念本身就不好界定,"自然国学"的提出,可以解决不少"国学"界定困难的问题。我们认为,"自然国学"或"人文国学"还可以界分出子目。比如"人文国学"中的"宗教学""语言学""哲学""文学"等,"自然国学"中的"医药学""天文历法学""数学""农学"等。

关于古代的"自然生态"和"自然生态伦理"是"自然国学"中特别有意义的研究范畴。十年前,我们就开始关注传统文化中的"自然生态"问题,2015年,出版了《〈周礼〉的自然生态观》(海天出版社,合著),其中也涉及生态伦理问题,我们谈这些过往是在说明对古代"自然生态"问题的关注,也希望学术界对古代生态伦理的关注。

本书难免有误,还望方家赐教。

2018年9月2日

目　录

第一章　绪　论

一、"易"与"礼"自然生态伦理思想的关系 / 006

二、"礼法"宗教与自然生态伦理 / 019

三、藩育优化管理与自然生态伦理 / 025

四、自然资源的管理法则 / 034

第二章　《礼记》生态伦理形成的文化背景

一、"礼"与"太一"的认知 / 043

二、"礼"与"天地"自然的认知 / 046

三、"礼"与"阴阳"学说 / 050

四、"礼"与"忠、信"和"理、义"的认知 / 057

结　语 / 063

第三章　"礼"与物类之理认知

一、时空生态观念与物类认知背景 / 068

二、时空生态观念与物类认知 / 076

三、《礼记·月令》中的时令生态与物类认知 / 085

　　结　语 / 097

第四章　"礼"与"交感"学说

　　一、"交感"的文化背景 / 101

　　二、"礼乐"与"物候" / 117

　　结　语 / 136

第五章　《礼记》"物象""交感"与"违时灾异"

　　一、商、周时期的自然法则 / 140

　　二、时令、物象与灾异 / 149

　　三、交感与"六合" / 162

　　结　语 / 170

第六章　"祈年""通感"与自然生态伦理

　　一、祭蜡、逆暑、迎寒、祈年 / 176

　　二、《礼记》乐论与自然生态伦理 / 189

　　结　语 / 203

第七章　"礼"与"同姓不婚""附远厚别"

　　一、"礼"与西周早期的婚姻礼法形态 / 208

二、"同姓不婚"与优化生育 / 222

三、"附远厚别"与优化生育 / 232

结　语 / 237

第八章　"礼"与自然生态管理

一、《礼记》自然生态管理的思想本源 / 241

二、《礼记》的"时令禁忌"与自然生态管理 / 253

三、《礼记》的"时令禁忌"与饲养藩育、环境管理 / 265

结　语 / 269

附　录

濮阳古墓"龙虎蚌壳图"与原始哲学思维 / 272

《周礼》的生态伦理内涵 / 286

《墨子·尚贤》中的人才论与晚期原始社会文化观念 / 293

先秦儒家的"和而不同"文化观与当代大学生的人际和谐 / 306

《礼记·祭义》儒家思想中的"孝道"与礼仪 / 315

后　记 / 328

第一章

绪 论

《礼记》是一部先秦时期重要的儒家经典文献，也是在中国历史文化发展过程中对中华民族文化共同体的形成产生了不可估量影响的古籍。研究儒家思想史，绕不过《礼记》，研究中国文化史，同样不能忽视这一部经典文献。它影响了中华民族文化发展两千多年，两千多年以来，它也影响了中华民族的行为方式、价值观念。

　　从书题上理解，《礼记》是一部记载和释讲"礼"的典籍，但事实上，儒家的社会观念、哲学观念、伦理思想以及价值观念等——都集合其中。《礼记》编订和完成，在历史上就有着不同的说法，事实上，现在已经无法考实或厘清。汉代有《大戴记》（戴德）和《小戴记》（戴圣）之异，《大戴记》《小戴记》又有篇目的不同。到了晚清和民初，径定《礼记》为"伪书"，随着20世纪80年代的考古文献出土，《礼记》不伪才得以证实。《礼记》中确有汉代人的编撰（比如《王制》），但总体而言，《礼记》是经过汉代人整理的先秦文献。

　　《小戴记》经过东汉郑玄的注释，得到了广泛的重视，并且成为官方文献，唐代初年奉敕编修的《五经正义》，其中"三礼"之一的《礼记》就是《小戴记》，我们所说的《礼记》也是《小戴记》。

　　《小戴记》即《礼记》，存七十三篇（据《十三经注疏》本），是孔子与其后学七十子等先秦儒家思想的集成，从思想观念的类型上界别，要为祖先观念、宗法观念、宇宙观念、社会观念、人本观念、自然观念等。无论基于怎样的观念认识并解释问题，它的共同特征是祖述先贤，恭谨天子，崇祀万物，尊尚生命，敬畏兴替，其中最牢固的"母题"是把循迹人类赖以生存的环境作为最重要的关注对象——我们把它界定为"自然生态伦理"。

生态，其实就是"生存环境"，当下，学术界界别出"政治生态""人文生态""社会生态""自然生态"等——我们所说的"生态"属于"自然生态"，即人类生存的自然环境。

伦理，是以民族文化共同体为基准建立的文化集群社会行为规则。它是由约定俗成和礼法共同作用架构的人的行为规约，既有历时性，又有共时性，换言之，它是历史积淀和现实损益整合的制度文化、精神文化、物质文化的总和。"自然生态伦理"其中不乏道德的内容，中国古代的"自然生态伦理"虽然不可能没有道德的内容，但更重要的首先是规则的遵守——其中可能没有字面上的道德说教，但遵守行为规则本身就是重要的道德关怀。

自然生态伦理，是以民族集群生存的自然环境为前提，以民族文化共同体为对象所遵守的行为规则。民族集群行为过程以顺应自然环境或不破坏自然环境为准则是"自然生态伦理"最核心的行为规约。研究"自然生态伦理"的学问则属于"生态伦理学"。

"自然生态伦理学"是"伦理学"的分支，属于"应用伦理学"的范畴，它是以"生态伦理"（或称为"生态道德"）为研究对象，从伦理学的审视角度研究人与自然的存在关系，研究人与自然存在的对应关系。"自然生态伦理"要求人类行为不仅必须具备社会道德属性，同时也要求把人的社会道德关怀延伸到与人类生存所见的自然环境和自然物质世界——自然环境、自然物质也是人类必须施加道德关怀的对象。自然物质是人类赖以生存的条件，人应该遵循自然法则获得它，不能随意攫取甚至掠夺自然环境中的自然物质，人与自然是并存共荣关系。

在中国，生态伦理学是20世纪80年代以后才进入学者视野的，30年来，产生了大量的成果，为这一学科的发展奠定了基础，建立了理论体系。其实，中国古代已经有着完整的"自然生态伦理"思想。

中国古代尚无"自然生态伦理"这个名目，但中国古人非常重视生存环境的保护、管理。史前时期，是形成保护、管理人类生存环境的起点，也是"自然生态伦理"的滥觞,特别是"三代"时期,已经建立了比较牢固的自然生态伦理观念(也可以称为"自然生态秩序"观念),在夏、商、周的原始阶段,已经形成了稳定的"自然生态伦理"规则——我们可以把这一时期的"自然生态秩序"规则的形成归之于"原始文化",从这个意义上说,原始文化中也包含着"自然生态伦理"。原始自然生态伦理氤氲在神话时代(中石器时代以后)"物我混同"观念之中,崇拜人以外所有的"有生物"(比如动物、昆虫、飞禽等)、"无生物"(比如土地、草木、山川、河流、日月星辰等),有着明显的原始宗教特征,或者说原始的自然生态伦理是在原始宗教中体现出来的——我们的这种认识或看法可以从先秦文献、史前考古文化遗址中得到证明。

中国上古时期的原始宗教,最突出的特点是祭祀活动,宗教行为是在祭祀活动中实现的。原始宗教的祭祀活动的祭祀对象主要有两个:一个是自然万物,一个是部族中的先人。"自然万物"和"部族的先人"都可能成为部族的图腾,所以说,认识或考察原始自然生态伦理不能忽视"图腾"观念。这里,有必要就原始宗教与图腾的关系做简概的述说——这是一个有争议的问题,但笔者一直主张:图腾是原始宗教的重要组成。20世纪80年代到90年代,图腾与原始宗教是中国神话学界讨论的热点问题,有相当一些学者引用西方的人类学理论求证图腾与原始宗教的关系(著作、论文很多,恕不列举),这样做的结果是忽略了中国原始文化自身具有的特点。诚然,"图腾"这个概念是舶来的[1],笔者只是用它的词语形式以便于叙述和避免误解,我们相信,文化具有"同境性",即在人类集群相同的文化起点上虽然是不同的人种,但可能会有相近同的文化形态,图腾文化就具备这一文化学意义上的"同境性"特征。也就是说,中国古代虽然没有"图腾"这个语词,但却有"图腾文化"——从《周易》《诗经》"三礼"《左传》《国语》《庄子》等古籍中都可以看到华夏原始先民的"图腾"观念[2]——只是先民没用"图腾"

---

[1] 图腾的词源是东印第安语Totem。
[2] 周延良在《夏商周原始文化要论》中有专门的考察和论述。

这个语词罢了。那么，图腾文化突出的特点就是人类行为的祭祀所树立的膜拜对象[1]。图腾对象受到人类的膜拜，自然受到在规定程序之下的尊崇性保护。人类以外的图腾对象受到尊崇和保护，客观上就是对自然环境有规定性模式的保护，这已经具备"自然生态理论"的特征。原始宗教活动中的祭祀"自然万物"亦可作如是观。我们把原始文化中的这一文化现象称为原始文明。从《周礼》《仪礼》《礼记》中可以看到，西周早期的很多文化形态都是原始文明的下延，它的发展流程应该是由原始祭祀变异而固定为"礼法"规制的，"自然生态伦理"当然也不例外。就"自然生态伦理"这一命题论，西周礼制中的祭祀行为几乎都可以考稽出原始文化形态，也都暗含着"自然生态伦理"因素。

前已有说，《礼记》是一部记载和释讲"礼"的典籍，"礼（禮）"是一个形声字，从"示"从"豊"，"示"和"豊"都是义符，"豊"又兼声符。《说文解字·示部》："礼，履也，所以事神致福也。从示从豊，豊亦声。"[2]可见，"礼"的初意就是"祭祀"之谓。从广义的角度看，"三礼"中"礼"的含义深层无疑是积淀着"初意"——祭祀，但它们的外延是有区别的：《周礼》中"礼"的基本概念内涵是"制度"，它的外延就有制度规定的各种"祭祀"；《仪礼》中"礼"的内涵是"规定行为"，它的外延就是各种行为方式和行为准则；《礼记》中"礼"的内涵、外延具有《周礼》《仪礼》"礼"内涵、外延的综合特征——《周礼》中的自然生态伦理主要是在制度中体现，《礼记》中的自然生态伦理则有以祭祀为主、制度为辅的特点。

在《礼记》中，"礼"是核心含义，"礼"外化着两个主要的指向：一是"礼"的对象，一是由"礼"的对象所规定的礼典程序，"祭祀"就成为两者的承载，"自然生态伦理"必须从这两个指向中认识。

这里，拟就如下几个范畴做"自然生态伦理"的基本研究。

---

[1] 当然，心理膜拜不在祭祀膜拜的范畴。
[2] （清）桂馥《说文解字义证·示部》（卷一）。

一、"易"与"礼"自然生态伦理思想的关系

自然生态,是人类认知的、人类生存的自然形态;伦理,是人类生存行为过程中对与生存关联的自然环境所确立的秩序或规定性。自然生态伦理是人类认识自然物质世界生成、存在与消长秩序的文化抽象,它确定着物质世界生成、存在与消长规律而由此建立的人类生存秩序。人类作为自然物质世界的物质存在,必须遵循对象化关系的其他物质存在与消长的秩序——人类必须遵循生存环境的产生、存在与消长秩序——是认知自然秩序后规定的人类行为秩序。

如果说《周礼》是早期华夏人类建立和架构的人类行为秩序样本,那么,《礼记》就是在证明"(周)礼"为什么规定人类行为秩序样本的根据、意义。

《礼记》是儒家礼学《三礼》中的一种,它的成书在《仪礼》《周礼》之后,是以解释或阐述《仪礼》《周礼》而产生的(至少其中大部分的内容是在解释或阐述《礼经》和《周官》),从这一意义上论,《仪礼》和《周礼》特别是《周礼》成为《礼记》自然生态伦理的直接文化背景。

"时空观念"或曰"时空认识论"是《周礼》生态伦理观念的理论基点,可以成为《礼记》的直接文化背景。《周礼》是上古时期形成的制度文化,《礼记》首先是制度文化,其中也包含着大量的精神文化内容。"天、地、春、夏、秋、冬"的"六官制"是《周礼》的骨干,它的自然生态思想就是在这一骨干体制之下架构的——天地、四时分制设官的思维是自然人化的文化形态,是建立在典型、系统的"时空认识论"视域中的。它是早期人类认识自然、解释自然生态的产物,它的终极意义是人类生存行为秩序的规定性。《礼记》就是以"时空认识论"为主导来阐述和解释《周礼》确定的人类生存行为秩序规定性的价值、意义。

遵守天、地、四时的自然秩序是人类生存行为秩序的规范性,成为一统《礼记》始终的自然生态伦理核心。

《礼记·礼运》说，"礼"本"太一"，"分而为天地"，"转而为阴阳"。"太一"分为"两仪"，"两仪"就是"天地"的别称。就早期华夏先民对自然生态的认识而言，最早即在认识、思考"天地"的形成。从相关的神话以及"道家"哲学和《易》学哲学的思维形态中即可认识到，"天地"是华夏远古先民最早认识的自然本体。先民在认识、思考"天地"形成机缘的同时，也在认识、思考"人"的产生和形成。"人"生于"天地"之间，"天地"形成后"人"处在怎样的地位，由此而形成了朴拙的理论，我们把它抽象为"自然生态本体论"和"自然生态生成论"。这种认识的形成，大致可以确定在"新石器"时代[1]。从西周初年到汉代这一漫长的历史过程，是这一自然生态认识论的总结和发展过程，迄今为止，出土的文化遗址以及出土的文物和先秦相关文献的相关记载都可以证明我们这个结论的正确性。《周礼》《礼记》中强调"礼"与"天地"关系的重要性正是本于"自然生态本体论"和"自然生态生成论"这一理论背景。"礼"的产生、形成，不仅解释了"人"存在的可能，而且尤其是确定了"人"的存在与自然生态存在的共时性——自然生态是"人"生存与继续生存的动力之源，"人"是自然生态的取用者也是它的守护者，"礼"恰当地解释了"天、地、人"的"自然生态伦理"意义。

　　按照《礼运》"礼"本"太一"说：从文字解构上认识，"礼"是形声兼会意，如前文所说，"礼"是"祭祀"的意思，具有原始宗教文化内涵；从古人对"礼"所做的哲学解释上认识，"礼"又蕴含着自然本体，古人所说的"礼"本于"一"，本于"太一"，本于"太极"，显然"礼"具有自然本体的意义，我们认为，按照古人的这种解释，"礼"首先具有"自然生态属性"；"礼"创制的目的是垂示人类在社会行为中实施，那么，"礼"的社会性或"礼"的意义就是践行。在践行"礼"的过程中，不仅必须遵循着规定的秩序，而且，必须遵守自然生态的运行秩序，因此"礼"又具备了"人文秩

---

[1] 从发掘的新石器时期文化遗址合并文献的记载认识，这一结论是可以成立的。

序属性"。《礼记正义》解题，孔颖达疏引汉郑玄序"礼"之文说："郑作序云：'礼者，体也，履也。统之于心曰体，践而行之曰履。'"[1]可知，古人制礼的目的是践履，践履才能验证"礼"是否具备规约、修正人的社会行为条件和功能。

据此，不难理解，"礼"不是一个抽象的概念，它的本质是人的社会践履，换言之，"礼"的意义是社会实践性，没有社会实践性，"礼"就失去了存在的意义。"礼"的意义在于社会践履中的具体化，即确定"礼"的本体是"太一"，按照古人对"太一"的认识，它是由两个分体构成，这两个分体就是"天""地"，"天""地"各有存在的属性，故而古人把"天地"的属性界定为"阴阳"。"阴阳"是"天地"的属性，"天地"是生成"万物"的条件，换言之，没有"天地"就不可能有"万物"，因此，"万物"的所有物类都具有"阴阳"的基本属性，可见，"礼"的主体思维构架是以"自然生态属性"和"人文秩序属性"为两大支点，其中的"自然生态属性"作为主体，以"时空认识论"为解构的理论方式，它的本质就是"自然生态伦理"。

"礼"基于自然本体而抽象，"礼"具备自然本体的属性，自然本体的基本属性是"两仪"所含有的"阴阳"，故"礼"也必须具备"阴阳"的基本属性。"阴阳"分置在四季之中，"四季"是典型的自然生态现象，"礼"的自然本体理论是从《易》学哲学中引申而抽象，它的"阴阳"属性与《易》学此说有直接的亲缘关系。

《子夏易传》中说"《易》有太极"，"太极"与"太一"属于同义别称，即"太极"之理为《易》学中所包含，与《礼运》之说"礼"本"太一"含义相同，不难理解，两者已经建立了一种逻辑关系。《子夏易传》"太极以生两仪"，又与《礼记·礼运》之说"分而为天地"的含义是完全一致的，《子夏易传》之说"两仪为阴阳"，与《礼记·礼运》之说"转而为阴阳"是同义结

---

[1] 据《十三经注疏》本《礼记正义》，中华书局，1980年，第1229页。

构。《子夏易传》之说"阴阳相推,而生四象",与《礼记·礼运》之说"变而为四时"也是同义结构。据此可知,"礼"的理论体系根源是从《周易》哲学理论体系中延伸出来的——已无疑问。这里,我们要强调的是《周易》全部理论系由两个支点建立起来:一是"自然生态法则",一是"人文生态法则",也可以称为"人文伦理法则"。不难理解,"礼"的主体理论支点也是由"自然生态法则"和"人文生态法则"或"人文伦理法则"建立起来的。从理论重心论之,"易""礼"皆出于远古先民的自然生态观念,就两者的理论相承论之,可肯定地说,"礼"是建立在《易》学理论的基础上发展出来的。

《易》之为学,"卦"是最基础也是最重要的元素,没有"卦",也就没有《易》和《易》学。《易》之"卦"是先民"观物取象"的产物,"易卦"的意义是用于对人类社会行为的规约,进而用于对社会秩序的建立,尤其是用于确定人与自然生态关系认知的样本,是古人"时空认识论"的显现(用于占卜是后来的事),这和"礼"的思维基础是完全相同的。"易"是"观象于天""观法于地""观万物之宜"的结果,简言之,是观察天地物象之后而创制,用于人类社会的目的:第一是"经天地"——认识天地间自然万物之性,第二是"理人伦"——约束人的本欲,规范人的社会行为。"礼"取法于"太一","天地"是"必本于太一,分而为天地,转而为阴阳,变而为四时",用于人类社会的目的:第一是"经天地"——认识天地间自然万物之性,第二是"理人伦"——秉承天地自然法则,"以治人之情",即在于约束人的本欲,规范人的社会行为。不难理解,《易》与"礼"的价值观念是一致的,它的主体思维构架是建立在自然物质世界的认识基础上显示着"时空认识论","自然生态伦理"正是在这一思维基础上形成的。

"太一""天地""四时"等都涉及物类和物类存在的道理,这就是古人所界说的"物理"。

"物理",在现代专业中是科学术语。古代也有"物理"这一名词,古人所谓的"物理"是泛指人类以外,人类所见、所知的有生命、无生命的物类生成、消长之理。古今"物理"的概念和含义虽有区别，但也有很多相近同的因素。所以，笔者把古人所指人类以外的万物之理[1]，称为"物类之理"。从古人所著的《物理论》残文以及传世的著作中可知（详后所论），古代的"物理"泛指人以外的所有可及物类（含物候）存在之理，既有"无生物"，也有"有生物"，其中不少内容与现代物理相合。我们考察"礼"对物类的界分，对界分物类的认知等，都直接关涉到"自然生态"以及"自然生态伦理"问题。在"礼"的范畴中所形成的"物理认知"，此专指《礼记》和相关文献中记载着具有"自然生态伦理"观念的"物类之理认知"内容，其中既有"有生物"，也有"无生物"，同时，也包含着自然"物候之理"的认知。有几个重要的概念需要厘清：一是自然的，二是生态的，三是秩序的，四是与人类生存有关的，五是人类界定的（后面的论述，亦将强调这几个判断），这几个概念是判定"自然生态伦理"存在与否不应缺少的。

　　那么，"物类"是指物质存在的类型，"物类之理"是指物质类型区分的依据，所谓的"依据"就是各种物类的本质属性。"物类之理"认知思维的形成，是人类与高级灵长目动物的本质区别最关键的条件，其义：高级灵长目动物可以创造文化，但不能继续创造文化（即利用原有的文化创造新的文化），人类不仅可以创造文化，重要的是可以把原有的文化作为一个新文化创造的起点，早期华夏先民"物类之理认知"恰恰证明了这一"文化人类学"的原理。早期华夏人类建立"物类之理"是对物类认知的结果。把物类对应于物候气象并用以描述、解释天文、律历，是至少在伏羲时代就已经形成的文化思维。随着社会的发展，到《夏小正》的完成，趋于成熟。西周立国，物类之理认知思维完善，我们可以借助于这一时期传之于今的天文历法文献得以获知。那么，《逸周书》中的相关记载，《周礼》中的相关记载，《礼记》中的相关记载等都是可考的文献，也是最有力的证明。

---

[1] 如三国·吴徐整的《物理论》、晋杨泉的《物理论》，均佚。明方以智《物理小识》（存）等。

那么，上古时期人类和《礼记》中的"物理认知"，不仅认知事物存在的特征和意义，而且还就它的消长规律与人类的生存形态秩序关系做了必要的理论界说和理论阐述——人类的生存秩序遵循物质存在、消长原则是规定性的而不是随意性的，违背了物质存在、消长原则的规定性，人类就要遭受自然物质世界的惩罚。古人认识物质世界的物质存在以及消长规律是直观的体认和经验的总结，但它是代际传递过程中肯定、否定以至修正的不断总结而取其精华去其糟粕的人类智慧累加，华夏人类的文脉相承，薪火不绝，正是它的贡献，也是上古时期非常典型的"自然生态伦理"思想体系中的重要组成部分，是传统文化中具有极高研究、开发价值的领域。

夏、商、周"三代"时期已经形成了牢固的自然生态道德观念，"物类之理认知"不仅是"自然生态"道德观念形成的重要背景，而且也是它的意义支点：人类的生存是以保证自然界物种生存、延续为前提，并不是以人类为中心凌驾于万物之上——这是"三代"时期重要的道德标准。当时人类形成和认可的与物种之间的关系是自然同生共荣、协同存在的可持续发展的价值观、道德观，人与自然的关系被赋予了道德意义和道德价值——这种思想早在三千多年以前的"夏、商、周"原始阶段，华夏先民已经形成并建构了稳定的礼制和法令（礼法），周朝整合夏、商礼法，有所增损，不仅符合历史发展的规则，且为《礼记》中以时空为基点建立"自然生态伦理"法则提供了文化参照。在《逸周书·大聚》中记载着周武王与周公旦的对话节录，所录之文，是周公回答周武王之词。其中，以时空为基准的自然生态保护，在夏代，不仅是一种观念，而且已经是法禁。在夏禹时代，春季就不允许到山林中采伐，因为这一季节正是草木生长的时期；夏季不允许到江河水塘捕鱼，因为这一季节正是水产类生物繁衍之时。西周建立之后，遵此"有生而不失其宜，万物不失其性，人不失其事，天不失其时"[1]的礼法原则，故"此谓正德"。在西周初年就已经

---

[1] 此为《逸周书·大聚》语。

建立了不仅"人"可以获得社会的道德关怀，人以外的"自然万物"也可以获得人类的道德关怀！先民用"正德"作为衡量的标准，是自然生态道德关怀最恰当的表述。《周礼》以"天、地、四时"设官，是西周自然生态道德关怀思想的反映。《礼记》中《月令》的自然生态伦理思想与《周礼》是承前继后的关系，我们应该强调的是，在上古时期，自然生态道德关怀是以"物类之理"的认知为条件。自然生态的道德关怀是"物种"繁衍的需要，也是人类生存的必然，两者和谐并存，在西周时期称之为"正德""和德"，

"三代"时期物类之理的认知，是先民综合智慧的反映，是建立在人类顺应自然生态而生存的认识，经历了漫长的岁月不断积累的思想产物，到了西周和西周以后，以"礼"的形式托显出来，天地自然之道，社会人伦之序是在"礼乐"教化中完成。天、地、人不是以各自的单位而独立存在，相反，三者互为依附，"三才"观念，不是简单的概念建立，而是交合制约、助益的永恒的逻辑关系，先民把这一文化形态界定为"天人交感"。

所谓的"天人交感"，实际是"天、地、人"的"交感"，也可称为"三才交感"。"三才交感"的前文化是原始文化中"物我混同"观念的延伸、增殖与修正。从西周以来的典籍中，依然可以感受到"三才交感"深层积淀的"物我混同"文化观念。除去出土的原始文化遗址所暗示的文化特征，最能代表"天人交感"之说的文献是《易》学。《易》学的理论核心是"交感""交感"观念至少在"三代"以前即史前阶段已经形成，文献中记载的夏曰《连山》，商曰《归藏》，周曰《周易》并非虚谈，从残存的有关《连山》《归藏》文献中，依然可以看到"交感"在《易》学中的意义。《易》是华夏成型文化的原点，作为成型文化之源，《易》对其后的文化产生、形成，备具的影响可不言而喻，例言之，最早的"历算学"（含天文、历法、术数、乐律等）、"医学""农学"与《易》是亲缘关系，今天所见到的《尚书》《三礼》等文献，其中记载着大量的社会伦理，与《易》学也有着深刻的关系。"交感"是《易》学的理论核心就在于它是以"自然生态"为认识起点；"交

感"用于人事，就在于它是基于自然生态而以人类认定的秩序为样本，因此，《周礼》《礼记》中的"自然生态伦理"思想是这一核心理论的别支，也是有效的延续和发展。

事实上，自然生态本源就具备着天地气运的交汇，天地气运的交汇代表着阴阳之气的交汇，顺应着阴阳之气的交汇与不顺应，其结果直接影响着人类所存在的自然环境。天、地是空间认知，节令、物候是时间认知，人，在这一空间中存在，"三才"观念就是在这种最简约的哲理思考之下所形成。"三才"之说最核心的含义是"自然生态""人文秩序"认知，在此基点上，早期人类建立了对物化的"自然生态"和"人文秩序"的认知，"自然生态伦理"观念的形成，应该从这一文化流程中给予关注。

建立这样的研究思维，再涵泳于《礼记》中记载的大量的"礼式""交感"，在每一个"礼式"中都显示着应有的作用，它的终极指向是"自然生态伦理"，《易》学的文化基因，也十分明晰。就《礼记》这方面的记载，很突出的特征之一就是"节令"与"律吕"。人类的生存过程必须遵循"节令"顺序而不是违逆，因为"节令"是天地交感显示在人类生存空间中具有运行法则的物候现象，遵循天地交感产生的"节令"就会获得自然馈赠的福祉，相反，就会受到自然灾害的惩罚。"节令"是人类对固有自然生态现象的发现、总结以至于界定，最终成为一种关涉人类生存形态的文化——秩序便是主体形态，人类的敬畏和遵循是这一范畴中"秩序"的核心命题——"自然生态伦理"。上古农耕文明最能体现"交感"所辐射的"自然生态伦理"。

前面，我们申说了《易》是华夏成型文化的起点，其实，《易》也应该有文化的初元，《易》文化的初元就是"河洛文化"。同样，《易》文化的核心是"交感"，而"交感"的初元也是"河洛文化"。"河洛文化"与《易》文化是一个整体的先后之序。

我们今天所说的"河洛文化"，实即历史上所指称的《河图》《洛书》，因为《河图》《洛书》所承载的文化和有序的文化结构与内涵，故今统称为

"河洛文化"。《河图》《洛书》最早的记载:《河图》的记载见于《尚书·周书·顾命》,《顾命》一篇载成王死,康王即位,在即位大典上所陈列的"礼器",其中有《河图》;《洛书》的记载,最早见于《易传·系辞》(上):"河出图,洛出书,圣人则之。"西汉孔安国注《尚书·洪范》有"天与禹洛出书,神龟负文而出,列于背,有数至于九。……"之说。两则文献所记者为《河图》《洛书》并出。由于"疑伪"之故,此载始终未得到学术界比较一致的重视。"疑伪"要在两端:一是《尚书》之伪,二是《尚书》孔安国"传"(注)之伪。两端的"疑伪"均与清初阎若璩《古文尚书疏证》的结论有关。其实,阎若璩《古文尚书疏证》中有些所谓的"证据"也是查不到出处的(无源之证),如何证明前人的真伪?另,近几年又出来一个所谓的"清华简",其中有《尚书》相关的文字,有人据此证明《尚书》为"伪书"。"清华简"是"竹简",乘飞机飞到清华的,"竹简"入"清华"之前,又在哪里?笔者戏称为"无本之木",怎样能证明"清华简"不伪呢?我们认为,《尚书·顾命》《易传·系辞》和孔安国之注所涉及的《河图》《洛书》不伪,出土的史前文物可证。1987年,安徽省含山县的凌家滩挖掘的原始古墓中,出土了一方"玉版"和一尊"玉龟",这两件出土的文物之上所刻的图示与宋代以来考说的《河图》《洛书》有着诸多的吻合(后将详论),"河洛文化"存在于华夏史前,此"玉版""玉龟"上的图式是最好的证明,又,宋代的苏轼,清代的胡渭和今人周止礼都有相应的考证、论述,都肯定"河洛"之说不伪(后将详论)。"疑古"之非,不攻自破。《河图》《洛书》不伪,此"玉版图"固可为证。

基于此,笔者以"河洛文化"与早期《易》学的关系为本,做相应的考证,进而延伸到对远古华夏先民"交感"观念的考察以至于延伸到对"自然生态伦理"观念的研究,"交感"观念在《易》之前已经形成,也可以说是《易》的前身。

可以推知,在"河洛文化"中已经大致形成了"交感"观念。那么,"交感"得以形成是先民认识到"物象"与"数理"的关系问题，在此基础上，最终建立了以"象数"为本体的"交感"模式，发展到《易》文化时代，"象数"便成为《易》这一文化形态的核心和初元，也就是说，《易》文化最基本的结构形态是"象数"。"象数"是物象与记录物象之量的集合，它的本源即是自然物质世界，故"象数"最本质的属性是"自然生态"，"自然生态"最本质的属性是有序化衍生即人类认定的"人文秩序""象数"具备"自然生态属性"和"人文秩序属性"——界定为"自然生态伦理"是合理的。

如果熟知《易》学"卦"体形成的逻辑规则，就不会不理解"卦"象是以"象"和"数"构成，所以，三国时代，王弼出现之前，《易》学以研究"象数"为准则，是有根据，也是非常合理的。自然生态是"象数"产生的母体，"象数"是"交感"的可能，没有先民对自然生态的认知，就不会有"象数"这一学问的产生，同样的道理，没有"象数"也就谈不上"交感"（这种假设是为了证明：自然生态、象数、交感的逻辑关系）。《易传·说卦》系统地论述了"象数"自然生态的本质属性，也准确地解释了"象数"自然生态属性的有序衍生规则"交感"，为今天研究"自然生态属性"与"人文秩序属性"建立了完整的理论背景。"象"是笔画，"数"是由笔画构成的数字，每卦六画即"六爻"，"六爻"界分为"阴阳""阴阳"分别为"刚柔"，这是"爻"孳乳的必备条件，即《说卦》所谓的"发挥于刚柔而生爻"。这是"象数"的基本理论。要特别强调的是"卦"的"象"是高度抽象的"物象"，也是高度抽象的"物象"属性（阴阳）。"数"是"象"的排列之序与"物象"的存在、运行规则，都是在"物类"各自属性的条件下进行。物质世界的"物象"是有"类"别的，故"物象"可以称为"物类之象"，在《易》学中，"物类之象"都有各自的属性界定，比如"天、地、风、雨、草木、虫鱼"等都体现在"—"（阳）和"--"（阴）基本的"象数"中，"—"（阳）和"--"（阴）是本体物象的抽绎，《系辞》有"八卦以象告"之说，就是在说明"象数"的道理。这两个基本符号重叠六次，便是一卦。"象数"的功用在《易》

学中可以概括为：象以物生，数因象成，两者源于"自然生态"，类比于人间繁务——人间繁务皆浓缩在"象数"之中，就具备了"人文秩序属性"，如《系辞》所说的"爻也者，效此者也；象也者，像此者也。爻象动乎内，吉凶见乎外"。[1]在《易》学中，"—"（阳）和"--"（阴）对立生成（即交感）是永恒的——人类所及的自然生态中的万事万物永远在对立生成（交感）中延续、发展，"六爻"就是在这一渺远的认识思维起点上产生的，而这一认识思维又是在先民长期认识"自然生态"的过程中建立的，《系辞》说："天地絪缊，万物化醇；男女构精，万物化生。"[2]"天地""男女"是自然本体的具象，"乾、坤"则是自然本体的抽象，也是"象数"的基本形态。人类所及的自然万物是因为有了"天地"这一自然本体才可以滋生，《易传·序卦》："有天地，然后万物生焉。盈天地之间者，唯万物。……"[3]《序卦》就是在阐述"交感"这一哲学命题。"八卦"，除了"乾、坤"两卦之外，还有"六卦"，即震、巽、坎、离、艮、兑。以"八卦"为基础，以"正对""反对"[4]之理演绎为"六十四卦"，先民建立了"交感"这一认识论，以"象数"为系统推演，完成了"六十四卦"的"象数"体系，《易》的基本原理就是依赖"象数"而明确，仰观天象，俯察地理，自然的"物象"完备了。

　　"八卦"对应于"物象"交感而成"六十四卦"，亦以"象数""交感"之理推演成体，限于篇幅，略而不论。我们要说的是《易》学"交感"理念的根基依然是自然生态和人文秩序，以"交感"理念为前提，以自然生态为对象，建立了对天地运行规律、万物消长特征的"象数"模式。其中的核心概念是自然生态秩序原则的"交感"。而用于对人类生存活动指导意义的内涵是遵

---

[1] 据《十三经注疏》本《周易正义》卷八，中华书局，1980年，第86页。
[2] 据《十三经注疏》本《周易正义》卷八，中华书局，1980年，第88页。
[3] 据《十三经注疏》本《周易正义》卷九，中华书局，1980年，第95页。
[4] 《周易》的卦象中"正对"和"反对"是"六十四卦"形成的原则，也是"交感"的理论基础，但很烦琐，故略之。

守自然法则，敬畏自然物候，监护自然生态，珍重自然生命——这是《易》的文化核心点，也是《易》之为学的扩展与延伸、孳乳，"礼乐"就是在这一文化核心点上的孳乳。

最初的《易》，是服务于农耕记历，当时并无文字，仅仅是一个符号化体系，也可以说是"物象化"体系，"观物取象"是"伏羲画卦"的主要思维形态，"八卦"大抵产生于此时。到了炎、黄时代，农耕记历在"八卦"的基础上有了很大的进化，据《尸子》所载，炎帝定"四时"，明董斯张《广博物志·时序》引《事始》（佚）载，黄帝立"子午、十二辰"，如果这些记载可信，那么，在炎、黄时期，已经建立了"四季"的"季节历"和"十二月"的"月历"，而且所谓的"子午"即后世所说的"十二地支"，因其对应于星月，故亦称"十二辰"。

在后世《易》学的研究中，多以"十二辰"对应十二月，十二月再分为四季。在《易》学之内，"四季"称为"四象"。早期《易》学之中，这些概念不仅很固定了，而且已经普及成为先民生存、劳作过程中的基本知识。一年分为四季，"四季"，分为"十二辰"这类用于记"季节历""月历"的概念，在炎、黄时代已经产生，只是原始历法没有文字记载，唯其记于刻画，此所以与《易》学关联紧密。

历法本身就是人类本之"自然生态"完成，加以"人文秩序"的思想产物，"四象""十二辰"与《易》有关联是《易》核心点的符号体系，同样，"礼"也是在这一思维架构中完成，《礼记·月令》厘"四时""十二月"是《易》学制导下的结果，自不会脱离"自然生态伦理"思想。关于"十二辰"与"十二辰"的"月历"，其产生时间，固然不可遽为结论，但它是史前的文化产物，天文史学界已成共识。

史前炎、黄时代已经进入原始农耕文明，原始农耕文明的前提条件是"历法"文明。《尸子》载炎帝定"四时"，《事始》载黄帝立"子午、十二辰"，季节和"月历"都建构完成，《事始》所云"十二辰以名月，又以十二名兽属之"即现在依然用于历法的"十二地支"。今天，华人的属相也是以此为始源。可以说，至少在炎、黄时代就有了"四时"即"季节历"之法，黄帝增而为"月历"之法，且命大挠作"甲子制历象"（关于天干、地支的记历以及天干地支最初的起源问题，后将有论），故名为"黄帝调历"至尧、舜时代，其历为"虞历"，原始"历法"制度已经完备。"三代"的夏（"夏历"）、商（"殷历"）、周（"周历"），史前阶段是沿用和修正前代历法遗续而已。

天文历法是上古"礼法"中的主体，遵循天之文与地之宜，是坚守"礼法"的主要条件。相反，如果违背"礼法"即不遵守自然生态运行法则，自然生态就会出现异变，或即遭到自然的灾罚。《易》学"交感"理论不仅是上古华夏文化建立的思维契机，也是上古华夏自然生态伦理形成的起点——此论，在《周易》《尚书》《周礼》《礼记》中有大量的证据，《周礼·春官·典同》中记载着"典同"是掌管乐律之官，而同时又博通历法。上古的"声律之学"原属天文历法整体的一个分支，《吕氏春秋·大乐》说，"乐"者"生于度量，本于太一，太一出两仪，两仪出阴阳，阴阳变化"，故而有"四时""八节""十二辰""二十四气"，都是依据"度量"确定的，"声律"也是凭"度量"确定，分阴，分阳，辨别声律，都在"律度"的象数推演中完成。这一过程是由严格的数理和物象计算、推演，用今天的话说就是实验出来的结果，是一个缜密的逻辑系统。《典同》之载"六律、六同之和"，其所实指，仍是"律吕"的"度数"，于天文的"律度"是一样的，古人制作的《六律六吕图》，其中的相生关系即是《易》学的"交感"理论，声律与历律是在同一个理论框架中阐述、计算、推演，因为它们的起点相同。"礼"本于自然而生，"乐"也是本于自然而成，《礼记·乐记》说："乐者，天地之和也；礼者，天地之序也。和，故百物皆化，序故群物皆别。"乐，是自然和谐的产物；礼，是自然有序的呈现——两者本于自然而然，故声律不合"律度"，必然是"历律"不合"数度"，乐不合，礼不叙，是律度出现差错，于是，就会出现自然气象的异变。上古时期的理论，体现在《礼记》中即是"灾异"。《礼记》中记载着诸多的灾异现象，都与"象数""交感"有直接间接的关系（后有专章论述）。诸如此类，都属于"自然生态伦理"研究的命题。

二、"礼法"宗教与自然生态伦理

"礼经"中的全部内容都属于"礼法"的范畴，这是没有疑问的结论，有些"礼法"属于个体人和群体人的社会行为规范，有些"礼法"是群体人的祭祀活动规程，成为祭祀活动规程的"礼法"，大都可以厘在"宗教"。关于宗教内容的记载，以《周礼》和《礼记》为多，不仅记载着相关的宗教仪式内容，还记载着宗教的仪式之所以形成的缘由，前贤在记述仪式和仪式缘由之际，就先民的生存形态、生存祈向等，做了深刻的解析，其中不乏哲理思考。祭祖敬宗，反古复始，是"礼经"中的重要宗教类型。"礼经"中的宗教，属于"原始宗教"。任何宗教，都有膜拜的对象，原始宗教当然也有膜拜对象，原始宗教膜拜的对象、宗教行为都体现在祭祀行为中，最突出的两点是"崇拜对象原则"和"仪式秩序原则"。"礼经"记载的宗教（祭祀）活动，有着确定的"膜拜对象原则"和"仪式秩序原则"。以"膜拜对象"言之，可以厘定为两种类型：一是祖先崇拜，一是自然崇拜。祖先崇拜的文化心理机制是尊祖敬宗而"报本反始"，自然崇拜的文化心理机制则是对自然物质世界馈赠人类生命、福祉的答谢，是尊崇天地，敬畏自然万物，祈福禳灾的宗教行为，"教民美报"是重要目的；以"仪式秩序原则"言之，每一个祭祀仪式都有规定性，乐舞既是祭祀活动的载体，也是祭祀活动本身，它是必不可少的程式规定性中的重要形态，或者说是规定仪式中最重要的类型。无论是祖先崇拜还是自然崇拜，在《礼记》中都是以"自然生态"的平衡、稳定进而祈祝自然万物给予人类福祉为目的,向自然生态祈福的宗教(祭祀)活动,可以界定为"宗教生态理论"。"宗教生态伦理"融汇在"崇拜对象原则"和"仪式秩序原则"中。周代是农耕经济社会,农耕文明集合着物质文化、精神文化和制度文化。物质文化在农耕社会中的生命存续祈向是前提,精神文化是物质文化补充的最大化,制度文化是物质文化和精神文化存在、继续和发展的"礼法"保证,那么,尊祖敬宗就成为"制度文化"中的一个重要的内容。早期的农耕经济,最重要的经济产成凭借是自然生态条件,因此,从文献中所能获得的证明都集中于:农耕、敬畏自然生态、尊祖敬宗等这一流程中。按照这一程式而简论之,西周立国之前的周部族,已是多部族中农耕经济发达的共同体。尧、舜时代的"弃",被族人奉为农神"后稷"是明证。"后稷"是继炎、黄时代"神农氏"农耕文明之后又一位推进农耕经济极大发展的"文化哲人"。"后稷"不仅是农耕技艺的创新、持有和教授者,也是为西周立国以后就农耕"礼法"架构奠定基础的偶像(《尚书·虞书》《诗经》《周礼》《礼记》等先秦文献中都有记载)。西周立国,建立了完备的农耕"礼法",是"三代"农耕文化延伸、发展,历久弥新的结果。比如《周礼》与《礼记》中记载的"祭蜡""逆暑""迎寒"和"祈年"都属于祭祀活动,也都可以称之为原始宗教活动。这些祭祀或宗教活动,不仅具有明确的祭祀目的、祭祀对象,而且也具有规定的仪式程序。敬畏自然生态,保护物种、物类等宗教祈向,反映了农耕经济的本质特征,而"自然生态伦理"思想成为最深刻的文化积淀。

"祭蜡"是从原始礼俗延续到周代,嬗变为"礼法"的祭祀文化,大致在神农时代即文献中所载的"伊耆氏"已经形成,到"三代"时期已经成熟,进入春秋时期,依然很受重视,孔子曾经参与过这种祭祀活动,见于《礼记·礼运》所记载。孔子仕鲁国之际,作为助祭参与"祭蜡"活动,因为"礼数"不备而孔子犹发诸多感慨,足见当时依旧很重视这种祭祀仪式,亦可证明,在春秋时期,"祭蜡"这一祭祀还在农耕经济中延伸。

最早记载"祭蜡"礼法的文献是《周礼·夏官·籥章》,最早叙说"祭蜡"礼俗程式、祭祀对象以及祭祀内涵的文献是《礼记·郊特牲》。但"祭蜡"礼俗，至少在"三代"的史前时期已经形成，从西周上推，可以及于"伊耆氏"时代，"伊耆氏"亦为后人称为"神农氏"的"文化哲人"，此时，是史前农耕文明的初期阶段，"祭蜡"已基本形成，以至于延及"三代"。按照东汉蔡邕之说，"三代"的"祭蜡"称谓不同，夏代称"祭蜡"为"嘉平"，商代称"祭蜡"为"清祀"，周代称"祭蜡"为"大蜡"（后将详述），唐陆德明《〈礼记〉释文》大抵遵循着蔡邕的说法，认为"三代"就"祭蜡"的称名有别，但其祭祀目的、祭祀对象和祭祀仪式没有本质的不同。《释文》以蔡邕之说为正解，故有相同的解释，此为信史，毋庸置疑。夏、商"祭蜡"礼俗程式，虽无具体的记载，但可以肯定地说，西周以后"祭蜡"应是整合夏、商之制而有所增损。西周"祭蜡"是在"周历"十二月，"夏历"十月，即"孟冬之月""祭蜡"实与"祈年"并时举之。"祭蜡"是原始宗教形态，具备："崇拜对象原则"和"仪式秩序原则"两个重要的因素。"祭蜡"崇祀的对象是"天宗""五祀""先啬""老物""诸神"等，体现了"崇拜对象原则"；参加祭祀的实施者是以天子为主，由"大祝"持掌，祭祀时令是"夏历"十月（即孟冬），祭祀的乐舞是"土鼓"和《豳籥》等，体现了"仪式秩序原则""祭蜡"是报本反始，其功利目的是为来年丰稔。

根据《周礼》《礼记》所载，"祭蜡"活动的全程都贯穿着明确的"自然生态伦理"思想，也可以说，"自然生态伦理"思想是"祭蜡"活动的主体。

《礼记》中记载"逆暑""迎寒""祈年"，与"祭蜡"并不能明确地分开，因为它们是在同一个文化主体中的增值。也就是说，祭祀的"报本反始"祈祝"物我"（即自然与人类）的和谐共荣是宗旨。最重要的区分是祭祀的规模或级别、具体时令、具体对象，即"祭祀（崇拜）对象"与"仪式秩序"中的不同，比如，"祭蜡"也称为"大蜡"，是"大祭"中的"郊祭"，天子亲往，由"大祝"执掌，属于大型祭祀活动。"逆暑"是在仲春季节的白昼祭祀，以迎接"阳气"，达到"阴阳之气"和谐交替的目的，"迎寒"是在仲秋季节的夜间祭祀，以迎接"阴气"，也是为了达到"阴阳之气"和谐交替的目的，都属于"小祭"，由"小祝"执掌。但"祭蜡"的终极目的是"祈年""逆暑""迎寒"的终极目的也是"祈年"，两者融汇的先民的哲学思想是一致的，"阴阳交感"观念成为"祭蜡""逆暑""迎寒"以至于"祈年"等礼法活动的动因，而深厚的文化积淀却是"自然生态伦理"。

中国的上古时期，祭祀活动需要必备的载体，这个载体就是"乐舞"。上面论及的"祭蜡""逆暑""迎寒""祈年"等祭祀活动，都有乐舞作为不可缺少的程式。它是礼俗，也是礼法，但其源头却是巫术。《礼记》中记载着一则《伊耆氏蜡辞》，从"伊耆氏"判断，是炎、黄时代的产物，从这一则《蜡辞》的文义上分析，具有明显的巫术特征（后将有说）。其中最突出的特点是"物我通感"，即以人（我）为主导，祈祝自然万物惠赐福利，勿及人（我）灾害。原始巫术，是原始宗教的母体，也就是说，原始宗教源于原始巫术而产生，随着原始巫术的成熟，逐渐嬗变为原始宗教。到"三代"时期，很多原始巫术类型已经嬗变为原始宗教形式。《伊耆氏蜡辞》在西周以来的"祭蜡"活动中已然存在，一个重要的原因是，此"蜡辞"是"咒辞"，为巫术所用，而"祭蜡"是宗教，不符合周人在"祭蜡"中所实施的宗教仪式秩序，但两者的联系还是可以窥知的，比如两者的功利趋向、两者实施过程中的乐舞载体，这些都是其共性。《伊耆氏蜡辞》是"咒辞"，但这一"咒辞"是以原始乐律艺术、行为艺术即乐、舞为承载，这与原始宗教的实施也是相合的。可以把原始巫术界定为广义的原始宗教。原始宗教文化中依然有原始巫术的残存，其主要残存是"祈祝"特征，原始巫术是以"祈祝"为主要特征，原始宗教也是以"祈祝"为主要特征。我们将要讨论的问题是《礼记》中的乐律理论与"自然生态伦理"的关系，都与原始宗教有关，同样，与原始巫术也有关系。在今传《孔子家语·辨乐》中记载着孔子评说子路"鼓琴"之语，属于上古时期乐论的经典之论，其中既含有原始宗教的文化心理因素，也含有明确的"自然生态伦理"观念。

以"自然生态伦理"为基因的乐律理论，在先秦时期是主流。今天依然可见的先秦时期音乐理论文献，如《礼记》中的《乐记》，《荀子》中的《乐论》，《吕氏春秋》中的《大乐》《侈乐》《适音》《古乐》《音律》《音初》《制乐》和《孔子家语》中的《辨乐》等。另外，《周礼》中记载着有关上古时期的乐律制度以及从事管理音乐专业人员的职官、制度等社会功能，另外，《尚书》《左传》《国语》中也有不成系统的乐论。这些理论中都蕴含着论乐以"自然生态伦理"为基因的观点，《礼记·乐记》是这一历史发展过程中音乐理论的代表。

研究《礼记·乐记》音乐理论中的自然生态伦理，必须确定两个要素：一是乐论中的"自然生态属性"，一是乐论中的"人文秩序属性"或"人文伦理属性"。当然，音乐首先必须具备"声"之响，和"音"之序，也可以说"音乐"是"声"和"音"的秩序形态。

声，为物体发出的响，是源于自然物质世界而产生的声响，经人感官的认知；音，为声之文，是本于物理音声而经人的创造使之有序。声、音，是从物理到文化的过程。完成音声从物理到文化这一过程的是"人"，所以说，"声"是"自然生态"现象，"音"是"声"自然生态现象人为的秩序化过程。人类以音乐具有感发人情愫的功能就是本于"声"和"音"自然、人文这双重性的心理认可——即今所谓的"音乐"。音乐，不仅是人类的审美客体，而且在审美感受的过程中，还是对人类实施教化的教化主体。古代有"乐教"，今天依然有"乐教"，最本质的机缘是音乐的"自然生态伦理"基因。

先秦时期甚至整个中国古代社会都存在着"礼乐"互为依附的关系，究其原因就在于两者的文化基因相同，我们仍用"自然生态伦理"加以定义。"礼"是本于自然物质世界的物类认识、界别而建立的，秩序是"礼"的核心，没有"礼"的秩序，就无所谓"礼"，但"礼"首先是在认识、界别自然物质类属的基础上而仿制建构的人文秩序，人类遵照"礼"的规约实施社会行为，同时，也是在遵守自然生态秩序，因此，"礼"同样必须具备"自然生态属性"和"人文秩序属性"。"乐"本于自然之音而经过人类的秩序化，"乐"秩序的建立，物质世界"声"的存在是前提，没有物质世界"声"的存在，也就无所谓"乐"的秩序，即如前述"自然生态属性"和"人文秩序属性"两者的依存关系。因此，建立了"声"的秩序，就等同于建立了"音乐"。"音乐"首先必须基于自然生态的"声"建立秩序，"音乐"先天的具备了自然生态的基因，"音乐"秩序的实施，不能脱离自然生态秩序。"音乐"是人类秩序化了的自然天籁，"礼"是自然生态物类认知的秩序化，"礼"与自然物类可以"通感"，"乐"也可以与自然生态"通感"，"通感"做成了"礼""乐"与自然生态之间的纽带，两者具有不可分割的关联就在于"通感"又做成了"礼""乐"之间的桥梁。"礼""乐"是人类感触、领悟自然生态秩序而创制的"人文化秩序"产物，所以，"礼""乐"与人类的"通感"可以规诫人的行为，可以警示社会的有序化存在和发展，"通感"成为"制礼作乐"的终极目的就在于它们是基于人类赖以生存的自然生态。"通感"为用于人类社会治理的工具，《乐记》论乐，正是建立在这样的认识本位上形成的理论。

先秦时期有没有乐谱记录音乐？这是一个无法回答的问题。现在可以见到的最古老的乐谱就是从敦煌莫高窟中出土的乐谱文献，20世纪初以来，中国的学者，日本的学者都倾力研究，试图理出能演奏的谱系，但事实上，到目前为止还没有破解出获得比较公认的乐谱来。唯有已故音乐史学家席臻贯的《敦煌古乐》一书中所破解的乐谱演奏出来的音乐动听悦耳，是否复原敦煌古乐？仍不得而知，遑论先秦乐谱？先秦记音是用文字，即"宫、商、角、徵、羽"在先秦记音的所有文献中，就"宫、商、角、徵、羽"做了文化上的界说。用今天的方式定义，"宫、商、角、徵、羽"是声响有序化之后的调值、音准，古人谓之"五声"。"五声"是借助于乐器实现的，实现"五声"的乐器是用八种不同材质制作的，发音不一，故又有"八音"的界说，所谓八音即"金、石、丝、竹、匏、土、革、木"。《尚书·虞书·舜典》中有"八音克谐，无相夺伦,神人以和"的记载,此载"神人以和",即是"物我通感"而达到"和谐"的目的。完成"神人以和"的过程和手段就是"八音和谐,无相夺伦""八音"音位的准确有序,是谓"无相夺伦"。音位准确而有序的依据是什么?是"六律六同"或"六律六吕"(详后论)。"六律六吕"是古代音乐分声部的专门理论,"六律"为"阳声"、"六吕"为"阴声"在《周礼》《礼记》等先秦文献中所记载的"阴阳"声部,它源于自然生态,而又具有"交感"的认知,《周礼·典同》的记载,"阴阳"之声来源于自然生态,它的"交感"功能即是"六律六同之和"。可见,"六律六吕"具备两个基本属性是"自然生态属性"和"人文秩序属性"。"六律六吕"具备"阴阳交感"的条件在于"律以统气类物""吕以旅阳宣气"。我们要说的是,《周礼》中关于"六律六吕"调值、音准的记载,有着严格的数字推演,并非仅凭直觉感受,与上古天文历法是同体的分支。《礼记·乐记》之论渊源有自,实而不虚。西周以来的先民"礼乐"并称,"礼乐"不分,从"自然生态伦理"的意义上说是很合理的。

三、蕃育优化管理与自然生态伦理

就人类的文明社会而言,繁衍是生存过程中最重要的选择之一,它具有明确的生物性和社会性两个缺一不可的属性,确定繁衍生物性的社会性就是"婚姻"。"婚姻"行为本身首先是"自然生态属性",其次才是"人文秩序属性"或社会属性,它的社会属性是从形成了礼法以后才会体现出来,那么,它就是人类的文化行为,故称为"人文秩序属性"。

我们认为,"婚姻"这个概念,在中国的文化历史上,它是早期封建文明的标志,也就是说,进入西周社会以后才产生、形成,它有着西周以来特定的文化结构和文化内涵。唐、虞（即尧、舜）时代还没有"婚姻"这一名义，但是，此时却形成了有秩序的男女结合行为规约，与后来的婚姻行为具有基本相同的人类学内涵，故也用"婚姻"这个名义标别与涵盖。早期人类的异性结合，是出于动物的自然需求，"繁衍"或者说延续后代这种明确的社会观念，是人类进入具备创造精神文化社会阶段之后的思想产物。从相关神话和史前考古文物认识，大约到了中石器时代以后，人类才有可能形成"繁衍"或者延续后代这种社会认知。从异性的自然交合，到为了繁衍后代而男女组成一个生存共同体（或者说"家庭"）是人类经历了非常漫长的进化过程。

按照华夏历史进程认识，也应该经历了"对偶婚""专偶婚"这两个婚姻的重要阶段。大约在炎、黄时代和炎、黄时代以前，依旧保留着"对偶婚"的婚姻形态，虞、夏时代，是"对偶婚"向"专偶婚"演进的过渡时期，西周立国以后，一直到春秋时期，仍然有"异辈婚"，那么，"媵婚"是很典型的"异辈婚"，虽然可以说是"对偶婚"的残余，但绝不是偶然现象，《诗经》和《左传》《公羊传》《谷梁传》等先秦文献中的记载，足以成为确证。多年前，笔者曾到青海和四川等省份的边远少数民族地区考察，这些地方的某些少数民族，依然有"对偶婚"的婚姻形式，而他们是在社会主义社会形态中生存，与所谓的"原始社会"毫无关系。在漫长的人类历史进程中，婚姻形态是渐变的，不会因为社会制度发生变化而伴随着社会制度的变化而变化。西周是早期封建社会，但依然有"对偶婚"的孑遗——似乎可以说明些问题。就婚姻的属性而言，它的存在与行为本身便是"自然生态"的，婚姻礼法是在人类婚姻自然生态属性的基础上社会化、秩序化的结果，即以社会制度为前提，具有法律和约定俗成的规则，即通常所说的"礼法"。在古代社会，"礼法"与"伦理"很大程度上可以对解，婚姻的自然生态属性必然备具"人文秩序属性"。因此，我们认为，"婚姻"本身不同于异性交合就在于它具有社会属性中的"礼法"和"伦理"规约。细审《三礼》，西周立国以后所建制的婚姻礼法，对后世产生了深远的影响，比如，血缘宗法制之下的家族观念、传宗接代观念等，都是西周以来婚姻礼法（制度）文化影响的结果。但应该承认，血缘宗法制在历史上的产生、形成是人类的进步，是华夏先民的伟大创举！是人类文明进程中最重要的文化创建，也是社会合理运行和存在的重要条件。

在中国文化史上，婚姻礼法是什么时代产生的？这依然是具有争议的学术问题，有的学者认为，伏羲时代即神话时代，确定了姓氏，姓氏的主要功能是调节婚姻制度，同时这个时代已经形成了婚姻礼仪，婚姻礼仪形成之后，族内通婚就被禁止[1]。按照此说，在伏羲时代，族内通婚已经受到当时颁行的婚姻礼仪所禁止，而且"姓氏的主要功能是调节婚姻制度"等。我们认为，伏羲时代，还不会有禁止族内通婚的礼法，伏羲与女娲结为夫妇而繁衍人类的神话可以为证。按照神话的传承，伏羲与女娲是兄妹。兄妹结为夫妇的神话，是"血婚制"的折射，换言之，在伏羲、女娲时代，华夏先祖仍然允许同血缘男女结为夫妇，并没有相关的礼仪限制，因此，族内通婚不会受到禁止。至于说者认为的"姓氏的主要功能是调节婚姻制度"是可以肯定的，以姓氏调节婚姻的禁令就是"同姓不婚"和"附远厚别"。固然在伏羲时代，尚无族内通婚的禁令，也不会有"以姓氏调节婚姻"的思维功能，但"同姓不婚"的婚姻礼法确是在史前时代就应该产生了。《礼记》中记载的"同姓不婚"或"附远厚别"是对史前婚制的记忆和总结，根据文献记载，大约在炎、黄时代，由于图腾观念已经趋于稳定，而且认识到部族之间的存在关系与婚姻对人种的社会行为、社会功利都会产生影响，因此，出现了以部族图腾为机制的族外婚（即同图腾不通婚）。历史发展到有文字以后，史家总结史前的婚姻为"同姓不婚"或"附远厚别"。《逸周书·大武》《柔武》等篇第有载"四戚"，其中"一、内姓，二、外婚"和"一、内同外，二、外婚姻"把"内姓"和"外婚"界别得很严格。"外婚"或"外婚姻"就是外姓婚的婚制，这里，依然可以证明，《礼记》中记载的外婚制是可信的。

---

[1] 据《中国民族的形成》。案，原书是英文，由张海洋、胡鸿保翻译，辑《中国现代学术经典·李济卷》，河北教育出版社，1996年，第177页。

在中国古代，最早、最系统的"优化生育"理论就是《礼记》中记载"同姓不婚"与"附远厚别"（已故史学家吕思勉的《吕思勉读史札记·娶于异姓所以附远厚别义》认为"附远厚别"是出于"迷信"，是后来所附益，吕氏此说成于何时，笔者不知，其说之谬，可不予置辩）。"同姓不婚""附远厚别"是上古时期华夏先民确定的婚姻礼法，其义：离绝血缘，重视姓族之别的联姻，也可以说是"同姓不婚"的婚姻礼法规则。

生育行为是人类延续社会种群的唯一方式，从考古遗址出土的相关文物，结合古代文献记载的传说、神话判断，至少在新石器时代，华夏先民已经认知男女交合是繁衍、延续人种的不替之法。能够生育和能够优化生育，是人类社会发展过程中人类共同思考的问题。就中国而言，大致可以断定，在"图腾时代"的"三代"以前，已经初具优化生育的观念，比如"三代"时期的"异部族婚"，是从炎、黄时代传递下来的婚制，虽然它是以部族"图腾"原则为前提，但是，《左传》僖公二十三年记载的"男女同姓，其生不蕃"的理论就是从这里延伸和发展起来的。到了春秋晚季和战国初期，随着华夏人类对"优化生育"理论认知的提高，在《礼记》中又抽象出"附远厚别"的理论命题。我们从考察《礼记》以及与《礼记》相关的先秦典籍中认识到，优化生育，进入礼法原则的规定性时代，它的整个礼法程序是贯穿在"婚姻礼法"之中的，换言之，婚姻礼法是保证和完成"优化生育"的礼法或制度条件。优化生育，首先是"自然生态"的，也可以说是人类生育过程的"自然生物现象"，生育行为的"婚姻礼法"之后，人类的交合以至于繁衍就具备了"人文秩序属性"。人类的繁衍具备了深厚的文化内涵，从生育的自然属性升华为文化的人种繁衍，完整的礼法规定性是重要的标志，它是从"自然生态"过渡到人文秩序的生命历程——这是一个很有价值的研究范畴——不仅是对传统文化的发掘，更有意义的是给现代人提供"优化生育"行为的参考。

关于"图腾"这一概念，是东印第安语（Totem）的音译，进入中国文化视野，是由晚清严复翻译以后的事。中国文化史上没有这个词，但中国确有图腾文化。古文字、历史学家胡厚宣先生认为，图腾崇拜，普遍存在于全世界各个族群，在我国历史上也有过图腾崇拜。（参见胡厚宣、胡振民《殷商史》第七章《图腾崇拜》，上海人民出版社，2003年，第120页。）图腾时期，是华夏人类原始文明的开端，也可以说是原始宗教文化的起点，从游猎到定居，进入了对生存环境特别重视的阶段。人类学家岑家梧先生说："图腾崇拜又是反映人类从掠夺经济生活过渡到生产经济生活的内容，因为图腾崇拜已经不是对自然一般的惊奇和恐怖所引起而发生的一种精神的折服，而是对于作为生活资料的某几种特殊的自然物之有意识的保护，使之得以繁殖而不致灭绝。"[1]图腾时代人类已经进入定居生活方式，自然生态，成为人类生存唯一的依赖，敬畏和保护自然生态不仅是崇拜的方式，也是生存与否的手段。因此，图腾时代的起点就是"自然生态伦理"的起点。到炎、黄时代，随着原始文明的发展，图腾文化，作为当时的主体文化，又孕育了部族、姓氏以及部族、姓氏与社会关系十分紧密的婚姻问题等分支文化，基于此，先祖图腾偶像，作为崇拜对象，不仅在于自然之象本身，还在于它所承载着部族之间的血缘关系——异图腾婚是呈现部族血缘关系的标志性原始礼法。到西周社会以后，"同姓不婚""附远厚别"是"异图腾婚"的嬗变。

关于先秦文献特别是《左传》僖公二十三年记载的"男女同姓，其生不蕃"，《礼记》中记载的"同姓不婚"或"附远厚别"的优化生育繁衍诸学术问题，笔者简要地梳理了一个线索：原始图腾—部族—昭穆制—姓族—姓氏。就原始图腾问题，笔者有论，"昭穆制"问题，已故史学家李亚农的《李亚农史论集》有论，"氏族""姓族"文化史学家杨希枚的《先秦文化史论集》有论。这些问题虽已有研究，但需要深入研究的内容还很多，尽管如此，梳理的这一线索对了解形成中国古代血缘宗法制的发展环节是必要的。这里，要特别强调关于男女"成名"的载籍问题，《周礼·媒氏》为什么记载着"成名"？

---

[1] 参见《中国原始社会史稿》第五章"原始社会的文化"，民族出版社，1984年，第126页。

首先是区别"族属""成名"就是名字,有了名字,就不会"乱族",在这一基础上,为成人以后配偶提供依据,尤其以宗族的姓氏为标别,杜绝同姓族婚姻。已故历史学家、金石、甲骨学家于省吾先生在20世纪50年代就提出"同图腾"不通婚的见解[1]。史前时期的"三代",以周部族为主,建立的"昭穆制"是"异姓婚"的标志(后将详论),换言之,为什么要建立"昭穆制"?建立"昭穆制"的重要目的之一就是为了建立以血缘为前提的宗族系统,"昭穆制"的"嫡庶之分"也是通过"成名"辨别,《礼记·内则》中记载"起名"是为了载籍之时辨别同血缘的"嫡(適)、庶",达到可以"辨姓别名"的目的,不至于乱"嫡庶之别",尤其不至于同姓"乱婚"。而且,"昭穆制"的重要内容之一就是"嫡庶之分",笔者见过自己家族自明代至"文革"前的"家谱",即是按照"昭穆制"的格式记载,是很规范的"昭穆制"的延续。

"昭穆制"是华夏先民伟大的文化创举,是全世界古老民族中独一无二的创举!"昭穆制"从礼法制度上控制了"血婚制"的延续,总体上奠定了华夏人种的优良蕃育。这是上古以来很典型的"自然生态伦理"在生殖繁衍观念中的呈现。

《周礼》中专记"媒氏"。西周时期,"媒氏"是官署中的职官,她(他)类似于出生人口的登记造册的官署和职责,"媒氏"把登记的人口档案呈报上一级的官署,宋郑樵说:"自隋、唐而上,官有簿状,家有谱系。官之选举,必由于簿状,家之婚姻,必由于谱系。历代并有'图谱',局置郎、令、史以掌之。"[2]西周时期的人口登记制度始于对男女婚姻的重视,人口档案,分级管理,由于三代以来的宗法制,家族也很重视族谱的传承,因此就会出现"家有谱系"以备婚姻之需,是为了具备"附远厚别"的"同姓不婚"之"礼"而达到优化生育的目的。婚姻是繁衍的唯一方式,"同姓不婚"或"附

---

[1] 参看《略论图腾与宗教起源和夏代图腾》,载《历史研究》1959年第11期。
[2] 据《通志·氏族略》(第一册),中华书局,1987年,第439页。

远厚别"是优化繁衍的重要条件——两者都属于"礼法"的范畴,"祈子"与"婚姻"就成为必然的因果关系,我们要讨论的是相关于"礼"与"阴阳"观念有联系的内容,以宣示结成婚姻的"祈子"之愿——"祈子"必然是"礼法"所终极关注的社会问题。

考古人类学家李济先生在《中国民族的形成》一书中的相关论述与观点,有些可以商榷,但我们非常同意李氏把"男女同姓,其生不蕃"作为史证来证明,华夏人类史前时期已经产生了族内通婚的禁忌或禁令这一见解,族内婚被禁止,是从炎、黄时代开始的,它肇源于图腾"锡土姓",与史前的图腾观念、锡姓之制等——具有文化的逻辑关系,最终完备于姓氏的稳定趋势,到了西周以后,史家总结为"附远厚别"。这里,有必要提及"三代"时期的"锡土""锡姓"即"锡土姓"。

"锡土姓",始见于《尚书·夏书·禹贡》,但其由来,却是在炎、黄时代。自西汉以来,经师们都给予了特别的关注,做了多方面的考证和研究。简言之,"锡土姓"即是以"封土"为前提,同时连同所封赐域地之名一并赐予接受赐予的人,"域地"之名便成为接受封赐者的姓,故名"锡土姓"。清人胡渭先生《禹贡锥指·"锡土姓"》的研究最为精审。[1]另,今人杨希枚先生也有诸多成见,殊可肯定(参考《先秦文化史论集》。中国社会科学出版社,1995年版)。近人刘节先生认为,赐土、赐姓的同时,也赐图腾,其说曰:"《禹贡》所谓'中邦锡土姓',就是说古人所谓'锡姓'原是送人以图腾,等于后来的赐姓。"[2]刘氏说"锡姓"就是"送人以图腾"之见,虽无史证,史前文化中的"赐姓"之制可以作为辅证,以"赐姓"之理推定,刘氏之说可为确论。"锡土姓"与"同姓不婚"在血缘宗法制的问题上,两者是有联系的,后将详论。

---

[1] 参看(清)胡渭《禹贡锥指·"锡土姓"》(邹逸麟校点本),上海古籍出版社,1996年,第659~664页。

[2] 转引自杨希枚《先秦文化史论集》,中国社会科学出版社,1995年,第117页。

"同姓不婚"是指婚姻行为，"附远厚别"也是指婚姻行为。其实，"同姓不婚"与"附远厚别"之间有着深层的逻辑关联。因为文献记载是在春秋和春秋以后，所以，在20世纪很长一段时间处在被质疑的境况中，比如上面提到的吕思勉，他就认为"附远厚别"是"迷信"，是后人的附益——实在是"抓住一点，不及其余"典型的谬说，形成这种认识的主要原因是从"古史辨"的"疑古"到否定古代文献，走进了一个荒谬的误区。

图腾，首先是敬畏和保护自然生态，异图腾婚认知的首要条件是人的自然生物属性，图腾和异图腾婚都具备着人文规约——它是伦理的。"同姓不婚""附远厚别"是"自然生态"婚姻本身，也是"自然生态伦理"本身。

研究"同姓不婚"或"附远厚别"，其实就是研究上古时期形成的婚俗，其直接的机缘是史前时期的"族外婚"。所谓"族外婚"是指本部族内不通婚，必须与本部族以外的其他部族通婚，这种史前婚姻现象的产生与图腾观念有着直接关系，历史学家、古文字学家于省吾先生就持这一见解，甲骨学家、史学家胡厚宣先生认为，卜辞中有殷人行族外婚之证[1]。当然也有不同意见者，此不赘复。王国维先生认为"同姓不婚之制实自周始"[2]。（张松如先生认为，先周族与羌族"自古便实行着氏族外婚制度"。[3]孔颖达疏《礼记·丧服小记》说："……殷无世系，六世而婚，故妇人有不知姓者。周则不然，有宗伯掌定系世，百世婚姻不通，故必知姓也。若妾有不知姓者，常称氏矣。"[4]西周时期人口管理所设官署与负责管理的职官，孔颖达此说，同样涉及西周人口管理的官署问题，孔氏认为，殷人没有世系，为了避免同姓婚姻，故制定"六世而婚"的礼法，"六世而婚"与"五服不婚"是一样的含义，到

---

[1] 胡氏之说转引自张光直《中国青铜时代》，生活·读书·新知三联书店，1999年，第178页。

[2] 参见《观堂集林·殷周制度论》（《王国维遗书》第一册），上海古籍出版社，1983年，第488页。

[3] 说见张松如、郭杰著《周族史诗研究·引言：周族的兴起》，长春出版社，1998年，第2页。

[4] 《礼记正义》卷三十三，中华书局，1980年，第1499页。

目前为止,汉族仍有"出五服"方可成婚的说法,同姓,不出"五服"是不允许通婚的婚俗(详后论)——"出五服"即是到了"六服"。"六服"即"六世","六世"以后方可在同姓间通婚。另外孔颖达说,周代与殷代不同,周代有专门掌管人口世系的职官即"宗伯掌定系世"——至少可以说,西周也是实施"同姓不婚"礼法规定的社会。我们要特别说明的是夏、商、周三代的史前时期,实施的"昭穆制"都存在着异部族婚,从其"昭穆制"的考察此义可明,《礼记·王制》记载的周朝立"天子七庙"之制,这里所说的周为"七庙",中有"大祖""大祖"在"迁庙"之制例,实际所存仍为"六庙"。殷无"大祖",唯有"契及汤与二昭二穆",即无"迁庙",故为"六庙"。所谓"六庙"实即历"六世"。殷为"六庙""六世",周"七庙",迁"太祖庙",也是"六庙"即历"六世"。在婚姻礼法的"同姓不婚"这一范畴中,殷与周没有区别。孔颖达疏文所说的"百世婚姻不通"是虚指"六庙"约及百年,并非实数。"六世"以后,婚姻可通。

"同姓不婚"与"附远厚别"的男女婚配礼法理论对后世产生了深远的影响,在春秋时期,已然直接指涉对人性的评价。春秋以后,虽有不遵守这一礼法的人,但并不能说明这一礼法不存在,史载鲁昭公娶吴国之女为妻,因为鲁、吴两国同属"姬姓",故为孔子的学生"巫马期"指责为不知礼,此则史实恰可证明,春秋时期以来,这一优化生育礼法的社会深入程度。同样,这一礼法制度对后世所坚守也是非常说明问题的,如果在贵族间人娶同姓"五服"之内者为妻,断言为"禽兽行"。

我们要说的是,"同姓不婚"是婚姻礼法,"附远厚别"也是婚姻礼法,三千年前的华夏先民以认知男女交合的生物属性与人文秩序的伦理属性之后,在漫长的生存实践中,确认两者对人种的蕃育和延续,具有绵远不替的意义,于是定制为礼法——它是"自然生态伦理"中的优化生育理论,可不赘述。

四、自然资源的管理法则

西周是农耕经济社会，农耕资源的合理化管制不仅是国家经济的重点，也是民生所必需的保障，所以，西周以来，就自然生态管理而言，建立了完整的制度体系。据《周礼》所载，不仅有专门的职官与职事人员，而且还有严格的礼法（或曰立法）。自然生态的礼法化管理是对人类赖以生存自然环境的有序保护，体现在人的生存行为规约中，它就是"自然生态伦理"。《周礼》以"天地、四时"模式为基准，厘"六官制"，架构了完整的自然生态管理法规，简言之，对"地图"或"图经""舆图"与方位、气象、物候、地形、地貌、生物、数理认知理念的形成，"版图""户籍"与自然环境认知理念的形成，"辨土""分野"与"十二星次""二十八星之位"次序的关系认知理念的形成，"辨土别物"与农耕、畜牧、水利、水害认知理念的形成，水源、山林与水产、山林物产关系认知理念的形成，山林、禽兽、矿产资源认知理念的形成等，诸如此类，为确定建立完整而缜密的管理法规具有决定性意义。《周礼》自然生态法规的建立是以"畏天敬民，尊贤尚德"即尊尚天地（自然），敬畏生命为前提，自然生态获得了人类极大的道德关怀。

《周礼》中的自然生态管理模式、法规与思想，对《礼记》自然生态管理思想的形成具有重要的影响，或者说，它们是一个体系中的历史流程。比如，《礼记》中记载，在规定的时令"禁猎""禁渔""禁采伐""禁焚山林"和"畜牧繁殖"等，在《周礼》中不仅具有完备的法规，而且设置了相应的职官（即管理人员），《礼记》是沿着这一礼法系统传袭下来的，对保护自然生态良性循环以及平衡等，对农耕经济的稳定和发展等，都发挥了重要的作用。

《礼记》记载的孟春之月即初春季节，祭祀不能宰杀和食用受孕的牲畜；初春和仲春的季节，要举行祭祀山林活动，而且严禁在这个季节砍伐、焚烧林木；为了保护幼禽、幼畜，严禁伤害或灭杀、捕猎这一类禽兽；为了水生物的生长，仲春之月，严禁在川泽河流以及蓄水塘里从事捕捞活动；为了牲畜的繁衍，在季春即春末之际，把蓄养的牲畜散放到指定的牧场使之交配等，是为了保证自然生态的平衡，是为了保证物种健全的繁殖，同时，也体现人性的高尚，不一而足，《礼记》中此类的记载不仅反映古人的智慧，也可以成为今天的样本！

当然，《礼记·月令》中有确定的"违时灾异"，《逸周书·时训》中也有与《礼记·月令》相同的记载（后有详论），笔者认为，《月令》此载是本于《逸周书·时训》。同样，《周礼》中有关的"舆图"与方位、气象、物候、地形、地貌、生物、数理的认知，"版图"、男女性别的"人口"与自然环境的认知，"辨土""分野"与"薮泽""川流江河"的关系认知，"辨土别物"与农耕、畜牧的认知，水源、山林与水产、山林物产的关系认知等的记载，都是产生影响的直接文化之源，其间接的影响，可以溯及《尚书·夏书·禹贡》和《逸周书·职方》，而且，《逸周书》中的《职方》与《周礼·夏官·职方氏》不仅篇题相同，内容亦并同，与《礼记》中这方面的记载显示着继承和发展的关系，其中的文化传递，思想形成的源流脉络非常明确——敬畏自然，保护生态是三者共同的主题。

可以肯定地说，《礼记》中记载的对自然资源的管理礼法，是非常典型的"自然生态伦理"思想的反映，这些对自然资源的管理，在《礼记》中都体现着相关"礼"的规约。作为三千年前的礼法，用今天的话说就是"人性化"管理法规。考其本源，这种自然生态的管理思想是出于夏代。将在《"礼"与物类之理认知》中专门对此问题进行讨论，比如《逸周书·大聚》中记载的周公旦对答周武王之际所说的"春三月，山林不登斧，以成草木之长；夏三月，川泽不入网罟，以成鱼鳖之长……"周公称为"禹之禁"，"禹之禁"即夏禹时代的"禁令"。禁令，在当时就是法规（可以统称为"礼法"）。又，《逸周书·文传》记载的文王对太子发（即后来的武王）的训导之词："山林，非时不升斤斧，以成草木之长；川泽，非时不入网罟，以成鱼鳖之长"等，此文与

《大聚》之文在言语学上属于同义结构，可以一目了然，都是夏代的思想产物为西周所继承。从《逸周书》上文所记可知，敬天保民即敬畏自然，保证民生是西周立国以来的礼法原则。

在《尚书·周书·洪范》中记载着周武王访讯商遗民箕子治国之法，箕子授以治国理民之道，即为"洪范"，"洪范"即为"天地之大法"是以自然生态为前提的治国理民法则。今天审视《洪范》之文，其总体思想也是敬天保民，与西周初年的治国法则是一致的，与《逸周书》中记载周文王、武王和周公等人的治国思想观念也很近同，而且，细审《洪范》与《逸周书》中的文体形式有很多相似之处。《逸周书》中数及《夏箴》，《夏箴》即是夏代传递于后世的文献被《逸周书》所引用，《洪范》代表着商代人的思想观念，但秉承夏代思想观念的轨迹非常明显，周武王接受箕子所授"天地之大法"《洪范》，自夏代经商代而至于周初，其中的文脉相接，清晰可见。那么，除了夏、商、周的"三代"考古文化，就文献而论，我们依然可以把《尚书·夏书·禹贡》《洪范》《逸周书》中相关记载定性为可信的"三代"文化史料。已故史学家蒙文通先生就非常坚持这一认识[1]。夏、商、周三代文化虽各有所重（比如历法与建始，各有所主），但三代文化的共性也很突出：天地观念、天人观念——是三代文化的共性。天地观念或天人观念，用古人的话说就是"敬天保民"。所谓"敬天"即是敬畏和尊尚自然法则，所谓"保民"即保证民生，在这一思想观念的制导下，形成了完整的"自然生态伦理"思想，对《周礼》《礼记》自然生态伦理思想产生了直接而深刻的影响。

从自然生态的管理上论，《礼记》最突出的管理法则是"时令禁忌"。所谓"时令禁忌"实即建立在时令或季节的基础上形成的对自然生态在管理上的法规限制，是一种明确的"自然生态"管理思想，更是"自然生态伦理"思想。《礼记》中记载的"时令禁忌"作为"自然生态伦理"思想，如上文所

---

[1] 据《中国现代学术经典·蒙文通卷》蒙文通著《古史甄微》，河北教育出版社，1996年，第450页。

述，它是夏代自然生态思想的秉承和发展，又是对《周礼》自然生态管理礼法哲学理念的阐释，换言之，《周礼》中的自然生态管理礼法是"礼法"条文，而《礼记》是对相关自然生态礼法条文内涵的具体说明、阐述和发挥，两者的延续关系十分明晰。基于对《礼记》文献的解读，就《礼记》的"时令禁忌"大抵分为如下几种类型：一、畋猎、渔猎禁忌和畋猎、渔猎"时令禁忌"，二、畜牧繁衍的"时令禁忌"，三、采伐的"时令禁忌"，四、焚烧牧场和焚烧垦田的"时令禁忌"，五、畋猎不伤嘉禾的禁忌等，这种分类是为了便于理解，但《礼记》记载的畋猎、渔猎禁忌和畋猎、渔猎"时令禁忌"并非像上面的分类各有条理，它往往有所交叉或两种、两种以上的不同事物并存、互含，因此，在讨论的时候，按照《礼记》记载的各类事象有所侧重。

根据《礼记》中记载的畋猎、渔猎禁忌或畋猎、渔猎"时令禁忌"认识，都体现着周人明确而严格的"自然生态伦理"理念。从相关文献的记载认识，是西周以来的天人观念，它是夏代传递下来的文化现象，其中最突出的文化心理祈向是以敬天（自然）为前提，达到保护物种的目的，具有对自然的人文、道德关怀蕴藉。

其次是关于采伐的"时令禁忌"和焚烧山林、田地的"时令禁忌"。《周礼》中记载着专门管理山林的职官，还有配备齐全的管理人员，而且已经具有成形的制度或法规，在不同的时令环境中，视具体情况颁行相应的法规。《周礼》的"山虞""林衡""山师"等所记都是这方面集中的文献。采伐活动以"阴阳"之理为准，万民采伐"有期日"即按规定的时间实施，而专事此业的"邦国之工"进入"山林抢材"则不受禁令限制，春、秋采伐不得进入禁令限制的区域。盗窃林木的人要受到刑法的制裁。可见，西周时期，已经形成了比较完备的采伐制度——采伐"时令禁忌"贯穿着一条主线是以"时令"为前提，以物产永久性延续为目的，所反映的却是对自然生态的管理思想。《礼记》的采伐"时令禁忌"是《周礼》采伐"时令禁忌"的延伸、发展。在《礼记》中记载的采伐"时令禁忌"和焚烧山野"时令禁忌"具有共同的文化心理指向则是：护养林木，禁绝杀生，珍惜五谷，蕃育生灵，反映了先民对自然生态高度的人文情怀、道德意念。

《周礼》《礼记》还记载着在规定的时间内禁止捕杀怀孕的动物、幼畜、幼禽等方面的文献，据今所见《周礼》《礼记》记载，周天子在祭祀社稷、祭祀山林、川泽等这样的大型宗教活动所用"牺牲"都属于"太牢"（最高级别的祭品），但有着明确的禁令是"太牢"不用"牝"，原因在于"牝"牲中可能会有怀孕的，不能否认先民的蕃育功利性，但我们更应该承认古人的善良！由繁衍观念引显的"自然生态伦理"思想。

《礼记》所载周代的蕃育观，首先应该认定先民对生命的尊重、敬畏，其次才是繁殖的"功利"性。《大戴礼记·保傅》载曰："于禽兽，见其生，不食；其死，闻其声，不尝其肉，故远庖厨，所以长恩且明有仁也。"《大戴礼记》之书与《礼记》（即《小戴礼记》）是同一起点的成书，其中的记载可信。这里，证明的史实是：周人颁行保护"有生物"的"政令"尤其注重它们的蕃育，并不是以满足口腹之欲为先，而是顺应自然生态自身的运行规则。

《周礼》《礼记》中记载着华夏先民对水泽、山林、物产、地矿以及野生动物的管理法规，不仅有着明确的条例，而且还有专门负责的职官与徒役。这些管理法规的设立，不仅为了人类的生存需求，而且也表达了对无生物、有生物的敬畏（这当然与宗教心理有直接的关系），客观上对保护自然生态的平衡甚或是自然生态长久性发展具有积极意义。《礼记》中所记载的对水泽、山林、土地的管理法规，是《周礼》自然生态思想的延续，是非常典型的"自然生态伦理"思想的反映，作为三千年前的礼法，用今天的话说就是"人性化"管理法规。考其本源，这种自然生态的管理思想是出于夏代，前文中已经涉及对此问题的讨论，恕不赘述。体现在《礼记》管理原则上，最突出的特征是"时令禁忌"，即建立以时令或季节为基准而实施"禁令"或"禁忌"，达到对自然生态相关物类的保护预期，是一种明确的"自然生态"管理思想，更是"自然生态伦理"思想，其中的科学因素，不言而喻。

《礼记》中还有关于修筑堤防、沟渠、城郭、都邑等以备不时之需方面的记载，修缮储物的仓廪、窖穴等条例等记载，其中都深含着先民对自然生态运行、变化的认知思想观念。

就以上所论及的问题，将专门考查、研究。

第二章

《礼记》生态伦理形成的文化背景

前文有说，自然生态，是人类认知的人类生存空间形态；伦理，是人类生存行为秩序的规定性。自然生态伦理是人类认识自然物质世界生成、存在与消长秩序的文化抽象，它确定着物质世界生成、存在与消长规律而由此建立的人类生存秩序。人类作为自然物质世界的物质存在，必须遵循其他物质存在以及存在与消长的秩序——人类必须遵循生存环境的产生、存在与消长秩序——是认知自然秩序后规定的人类行为秩序。

如果说《仪礼》《周礼》是早期华夏文明建立和架构的人类行为秩序，那么，《礼记》就是在证明"（周）礼"为什么规定人类行为秩序的根据、意义。

《礼记》是儒家礼学《三礼》中的一种，它的成书在《仪礼》《周礼》之后，是以解释或阐述《仪礼》《周礼》而产生的（至少其中大部分的内容是在解释或阐述《礼经》和《周官》），从这一意义上论，《仪礼》和《周礼》特别是《周礼》成为《礼记》生态伦理的直接文化背景。

"时空观念"或曰"时空认识论"是《周礼》生态伦理观念的理论支点，也是《礼记》的文化背景。《仪礼》《周礼》是上古时期形成的制度文化，《礼记》首先是制度文化，其中也包含着大量的精神文化内容。"天、地、春、夏、秋、冬"的"六官制"是《周礼》的构架，它的生态思想就是在这一架构体制之下完成的，——天地、四时分制设官的思维是自然人化的文化形态，是建立在典型、系统的"时空认识论"视域中形成的，"天地"是"空间认识视域"，"四季"是时间认识视域，它的前文化则是《周易》，《周易》有一个系统、完整的"时空认识"理论，它的形成是以认识自然物质世界即自然生态为基础，"太一""两仪""四象""八卦"等主要学说，以自然生态为认识对象，不仅建构了严密的"时空认识"理论，而且还把这一认识理论的总和用于对人类生存、人类社会结构、发展等哲理思辨问题的解释。《周礼》是这一"时空认识理论"的分支，是早期人类认识自然、解释自然生态的产物，它的终极意义是人类生存行为秩序的规定性。《礼记》就是以"时空认识论"为主导来阐述和解释《周礼》确定的人类生存行为秩序规约性的价值、意义以及合理性。

遵守天地四时的自然秩序是人类生存行为秩序的规定性，成为一统《礼记》始终的生态伦理核心。

一、"礼"与"太一"的认知

"太一"的认知背景，源于"开辟"神话，同时在相关的哲学论说中也有阐发。葛洪《枕中书》[1]引《真书》曰：

> 昔，二仪未分，溟涬鸿蒙，未有成形，天地日月未具，状如鸡子，混沌玄黄。[2]

此说是否葛洪[3]史即存疑，但它是道家的早期之说，代表了道家（含道教）对这一范畴问题的认识论应该不会有问题，而且与口承"开辟神话"内容十分吻合。所谓"二仪未分"是天地未分之际，即属"太一"，那么，"太一"即是"溟涬鸿蒙，未有成形"，也就是"天地日月未具，状如鸡子，混沌

---

[1] 按，《枕中书》原属伪书，明王世贞《读书后·书元始上真众仙记后》辨之为确（据文渊阁《四库全书·集部》卷七。又见《弇州续稿》卷一百五十八），但所引之文与"口承神话"同，故引以为证。

[2] 据元陶宗仪编《说郛》卷七下。

[3] 葛洪是晋代道家的代表，也是道教的重要人物。

玄黄"的时期。此说与《老子》中说"道"属于同义结构，是对《老子》说"道"的解释和发挥，《老子道德经》二十五章说：

> 有物混成，先天地生。寂兮寥兮，独立而不改，周行而不殆，可以为天下母。吾不知其名，字之曰道。……人法地，地法天，天法道，道法自然。[1]

"二仪未分""混沌玄黄"的宇宙原始状态便是"太一"，也就是《老子》界定的"道"，"礼"本"太一"，是本于宇宙的原始"混沌玄黄"状态，亦即《老子》所说的"道"。"道"出于原初自然状态，原初自然状态是"礼"的本体。《老子》总结出来的逻辑关系便是"人法地，地法天，天法道，道法自然"，人的终极归属是"自然"，"自然"是"道"，是"自然"不变之律——自然不变之律是"诚"，"诚"是不变的自然之"道"，"道"具有不变的属性，"礼"本"道"生，"礼"也具有自然不变之律的属性，《礼记·中庸》说：

> 诚者，天之道也；诚之者，人之道也。……诚者自成也，而道自道也。诚者，物之终始，不诚无物。……天地之道，可一言而尽也。其为物不二，则其生物不测。[2]

这里所说的"天之道"为"诚"，是自然不变之律或自然永恒之律而存在，遵守"诚"的自然不变之律或自然永恒之律而存在是"人之道"，换言之，人必须遵守自然不变之律的"诚"，引申到人类社会中"人"的"诚"就是"教育"的结果；"诚"或者"永恒存在"是自然万物生成终始之律，不遵循"诚"这一自然万物生成之律，那就无物可言，天地分判之道，可以落实

---

[1] 据《诸子集成》本《老子注》，中华书局，1954年，第14页。
[2] 据《十三经注疏》本《礼记正义·中庸》（卷五十三），中华书局，1980年，第1632~1633页。

于"一""一"者,"太一";万物,本于太一而生,它的生成规律也是不变的,所以可谓"为物不二","为物不二"是"太极"或"太一"分判的不变规律,太一分判就是"天地"也就是"两仪",其属性是"阴阳"。"礼"本"太一""天地",其属性谓"阴阳"等自然本质而创制,"礼"在实施过程中必须按照这样的法则进行。宋代袁甫在《蒙斋〈中庸〉讲义》卷三中解说"其为物不二,则其生物不测"谓:"'不贰'者何物也?太极之妙,阴阳具焉。分阴分阳,万物生焉,故格物乃可言致知,知阴阳乃可言格物,人亦万物中一物耳。"[1]

袁甫之论"为物不二"为"太极之妙"——太极的妙处是自然永恒不变的阴阳属性,阴阳判别,才是万物滋生的本质条件——对立生成论。"礼"是人创制并实施,"礼"的本质是"自然"的,所以然者是因为"人"属自然万物中的"一物",故人在创制、实施"礼"的过程中必须遵循"自然"之理,才是顺应人的生命本质,《礼记·礼器》说:"礼也者,犹体也。"[2]上文引袁甫之说"格物致知"深知"阴阳"之理才可称"格物致知","格物致知"才可称知"礼",人是万物中之一物,强调人的自然属性,此引《礼器》所说"礼"就像人体,成长完备才能符合"礼"备的要求——"礼"与人的身体、人的生命是顺应关系,《周易·说卦》说:"昔者,圣人之作《易》也,将以顺性命之理。是以立天之道曰阴与阳,立地之道曰柔与刚,立人之道曰仁与义,……"[3]先哲做《易》是顺应"性命之理","性命之理"就是"天地之道"的"阴阳"与"刚柔"这一自然属性,人的生命本质就是自然而然,故创制和实施"礼"都要顺应自然。"太一""太极""混沌"是"礼"创制的物质本源,也是思维形成的本源,"礼"的实施必须符合这一要求。

"礼"本"一""太一""太极",而其内涵则是自然生态。创制"礼"的

---

[1] 据文渊阁《四库全书》本。
[2] 据《十三经注疏》本《礼记正义》(卷二十三),中华书局,1980年,第1435页。
[3] 据《十三经注疏》本《周易正义》(卷九),中华书局,1980年,第93页。

目的是垂示人类在社会行为中实施，那么，"礼"的社会性或"礼"的意义是践行。《礼记正义》解题孔颖达疏引汉郑玄序"礼"之文曰："郑作序云：'礼者，体也，履也。统之于心曰体，践而行之曰履。'"[1]可知，古人制礼的目的是践履，践履才能验证"礼"是否具备规约、修正人的社会行为条件和功能。

"礼"不是一个抽象的概念，它的本质是人的社会践履，换言之，"礼"的意义是社会实践性，没有社会实践性，"礼"就失去存在的意义。"礼"的意义在于社会践履中的具体化，即确定为"太一"，分为"天地"，别为"阴阳"，指为"万物"——它的主体思维构架是以自然生态为主体参照的"时空认识论"。

二、"礼"与"天地"自然的认知

从早期华夏人类对自然的认识而言，首先是认识"天地"的形成，"天地"是华夏远古人类最早认识的自然本体，其次是"人"在"天地"形成后的地位，由此而形成了朴拙的理论，我们把它抽象为"自然生态本体论"和"自然生态生成论"。这种认识水平的形成，大致可以确定在"新石器"时代[2]。从西周初年到汉代这一漫长的历史过程，是这一自然生态认识论的总结和发展过程，迄今为止，出土的文化遗址以及出土的文物和先秦相关文献的相关记载都可以证明我们这个结论的正确性。《周礼》《礼记》中强调"礼"与"天地"关系的重要性正是本于"自然生态本体论"和"自然生态生成论"这一理论背景。《易传》是"自然生态本体论"和"自然生态生成论"最早也是最集中的理论总结文献，《周易·序卦》说："有天地，然后万物生焉。盈天地

---

[1] 据《十三经注疏》本《礼记正义》，中华书局，1980年，第1229页。
[2] 从发掘的新石器时期文化遗址合并文献的记载认识，这一结论是可以成立的。

之间者，唯万物。"[1]这里，有两点值得注意：其一，天地是自然生态本体，"万物"是凭借着"天地"而生成的，万物是天地生成的结果，是自然生成的认知。其二，充盈在"天地之间"是"万物""人"是万物中的主体，所以古人把"天、地、人"三者的自然属性界定为"三才"，《周易·系辞》（下）说："《易》之为书也，广大悉备，有天道焉，有人道焉，有地道焉，……三才之道也。"[2]上引《系辞》之说是对"三才"与《周易》六爻生成的解释，但客观地阐明了"三才之道"。"人"介于天地之间，"天地"又别称为"两仪"，两仪的属性是"阴阳"，"阴阳"体现在"四象（四季）[3]"之中。"天道、人道、地道"这三个空间范畴都是自然生态（人，是指自然属性），"两仪""阴阳""四象"便是自然生态伦理。《周易·系辞》（上）说："是故，《易》有大极，是生两仪。两仪生四象，……"[4]《系辞》是用哲理思辨的方式阐述"太极"与"两仪"的生成关系——"太极"是宇宙未分的混沌状态，"太极"两分，就出现了天、地即"两仪""太极"因"两仪"而存在，"两仪"借"太极"而生成，"两仪"具备的自然属性是"阴阳"，阴阳的迭兴往复，便界分出"四象"或"四时""四季"，"四象"或"四时"是"两仪"的产物。"礼"是在"太极""两仪""四象"认知的思想基础上随着华夏人类文明进程而建立起来的，"太极"是"礼"的母体，"天地"是"礼"的承载，"阴阳"是"礼"实施的标准和属性，它同样具备着与天地、四时相同的"阴阳"属性，《礼记·礼运》说："'夫礼，必本于大一'[5]，'分而为天地，转而为阴阳，变而为四时，列而为鬼神'。"[6]"此引文字，意在说明"礼"生成的本源，"礼"的根本是"太一"，"太一"分为

---

[1] 据《十三经注疏》本《周易正义》卷九，中华书局，1980年，第95页。
[2] 据《十三经注疏》本《周易正义》卷八，中华书局，1980年，第90页。
[3] "四象"，古人认为是四种季节现象，四种季节现象是由"阴阳"显现的。
[4] 据《十三经注疏》本《周易正义》卷七，中华书局，1980年，第82页。
[5] "大"同"太"，为"太"的本字。"大一"亦"太极"。
[6] 据《十三经注疏》本《礼记注疏》卷二十二，中华书局，1980年，第1426页。

"天地","礼"也分施于"天地"两个空间，天地的属性别为"阴阳","礼"同样具有"阴阳"的属性，"阴阳"具象在"四时"之中，"礼"在"四时"的实施过程中必须合于"阴阳"之性，如此便可以生成万物——"列而为鬼神"是生成万物之义（详下孔颖达说）。据此可以肯定地说，"礼"的起点本身就是以自然生态秩序为依凭，进而用于对人类社会行为的规约。"礼"在人类行为规约中，首先必须遵循自然生态法则，才有可能与万物和谐共处，也才能得到"万物"的惠赐，唐孔颖达疏曰："必本于大一者，谓天地未分，混沌之元气也。极大曰大（引者按：此"大"读如"太"），未分曰一，其气既极大而未分，故曰大一也；礼理既与大一而齐，故制礼者用至善之大理以为教。'本'，是本于大一也；'分而为天地'者，混沌元气既分，轻清为天在上，重浊为地在下，而制礼者法之，以立尊卑之位也；'转而为阴阳'者，天地二形既分，而天之气运转为阳，地之气运转为阴，而制礼者贵左以象阳，贵右以法阴，又因阳时而行赏，因阴时而行罚也；'变而为四时'者，阳气则变为春、夏，阴气则变为秋、冬，而制礼者，吉礼则有四面之坐，凶礼有恩理节权，是法四时也；'列而为鬼神'者，鬼神，谓生成万物鬼神也，四时变化，生成万物，……"[1]孔颖达此论，是就《礼运》之文的释讲，可以视为古人的"物理"之说，意在进一步阐述，制"礼"之初以及"礼"制完成，"礼"原本自然生态法则，施"礼"者遵万物生成的规律，才是生存之道。从孔颖达此疏可以界分出：一、"礼"的"自然生态"法则。"礼"的根本是依据"天地未分，混沌之元气"的自然生态景观，所以，"礼"的原理与"太一"是等同的——"礼理既与大一而齐"就是在阐明这样的道理；二、"礼"的"人文伦理"法则。是制定礼法者依据自然生态法则建立起来的，对"尊卑"的认定，对"阴阳"的分别，对阴阳之气再分界出"春夏秋冬"，以及在"四时"的基点上确定"贵左以象阳，贵右以法阴，又因阳时而行赏，因阴时

---

[1] 据《十三经注疏》本《礼记正义》卷二十二，中华书局，1980年，第1426页。

而行罚"是以自然生态法则为参照而厘定的人文法则；三、"礼"产生和存在的意义，是有了"四时变化，生成万物"的事实，这一事实的存在是"礼"内涵中的自然生态法则与人文法则决定的。又，《礼记·礼运》载孔子之说曰："夫礼，先王以承天之道，以治人之情，故失之者死，得之者生。"[1]此载"礼"与"天地"自然以及与"人"的存在关系，重在说明"礼"所以产生的依据——"礼"是"本于天，殽[2]于地"而形成，"天地"是"礼"产生、形成的本质依据。"礼"的生成是建立在对天地自然生态的认识、理解和深刻感受的基础上形成的思想产物。所说的"夫礼，先王以承天之道"即强调"礼"形成的根本依据是"承天之道"即秉承自然生态法则，经过人化自然即人文法则之后而形成，恰如宋代卫湜《礼记集说》卷五十四引张载说："礼必本于天，殽于地，……此属自然而言也。"[3]"礼"本自然生态，是对自然物质世界的认知并做出总结和抽象，创建"礼"却是基于人文法则然后用于对人类行为的规约，"礼"是遵循自然生态法则创制的，人遵"礼"行事，其行为必须合乎"礼"的自然法则规约；所谓的"治人之情"，是强调用"礼"约束人的情感和欲望，人的情感和欲望是否得到"礼"自然生态法则的约束，其结果是"生"和"死"的两个极端结果。可见，约束人类行为的"礼"，其核心意义是自然生态法则，那么，人类行为必须符合"礼"自然生态法则的要求。

我们从《仪礼》《周礼》《礼记》中可以认识到，"礼"在实施过程中的任何形式都存在着"礼拜"自然生态的内涵，只是根据不同的行事，所"礼拜"的自然物质对象有所区别罢了——这里，所显现的恰恰是"自然生态伦理"。

从上文的考察中可以认识到，制礼的初元，具有两个层次，一个是"太一"，一个是"两仪（即天地）"，这可以说是制礼的总纲领。"阴阳"是"两仪"的属性，也是协调"两仪"的要素，"交感"就成为协调的认识机制，这是上

---

[1] 据《十三经注疏》本《礼记正义》卷二十一，中华书局，1980年，第95页。
[2] "殽"同"效"，仿效之义。
[3] 据文渊阁《四库全书·经部·礼类》。

古先民的自然辩证观念或自然辩证法则，在礼制的记载中是可以证明的，换言之，上古"礼制"潜藏着先民深邃的自然辩证观念。"太一""两仪"成为制礼首先参照的起点，"太一""两仪"是先民认识自然物质世界的结果，也是认识生态环境的抽象，因此，先民制礼，首先必须遵守自然生态法则，遵守自然生态法则可谓"尊礼"。当然，"尊礼"并非抽象的概念，而是具象到"礼"的每一个实施对象和过程。比如对万物的礼敬，对万物礼敬的程式，在《周礼》中有着非常具体的记载，在《礼记》的《郊特牲》《祭义》《礼运》《月令》等，都有深刻地阐释。如果就"礼"文化心理作一归纳，可以说敬畏自然、尊奉万物是"礼"的先天性。可见，上古制"礼"的最初依据就是自然生态——如前文所说，它的主体认识构架是"时空认识论"。

三、"礼"与"阴阳"学说

上文引《礼记·礼运》所说的"礼"本原于"大一""分而为天地，转而为阴阳，变而为四时"，这一立论背景依然是出于《易》学所论"《易》有大极，是生两仪。两仪生四象"——这是"本体论"与"生成论"最典型的概括。"两仪"是名义，"阴阳"则是"两仪"的属性（古人称之为"气"），"阴阳"学说是《周易》的理论骨干，《子夏易传》[1]解说《系辞》（上）谓："是故，《易》有太极，太极以生两仪，两仪为阴阳，阴阳相推，而生四象，时兴终始，迭变而成八卦。"[2]《子夏易传》所谓"《易》有太极""太极"与"太一"属于同义别称，即"太极"之理为《易》说含有，这与《礼运》之说"礼"本"太一"含义是完全一样的，两者已经建立了一种逻辑关

---

[1] 《子夏易传》之说，固多伪托，但所论合理，是引之。
[2] 据文渊阁《四库全书》本卷七。

系。《子夏易传》"太极以生两仪",这与《礼记·礼运》之说"分而为天地"的含义是完全一样的,"天地"即"两仪"是同义别称。《子夏易传》之说"两仪为阴阳",与《礼记·礼运》之说"转而为阴阳"也是同义结构。《子夏易传》之说"阴阳相推,而生四象",与《礼记·礼运》之说"变而为四时"也是同义结构。据此可知,"礼"的理论体系根源是从《周易》哲学理论体系中延伸出来的已无疑问。这里,我们要强调的是《周易》全部理论系统由两个支点建立起来:一是"自然生态法则",一是"人文生态法则",也可以称为"人文伦理法则"。不难理解,"礼"的主体理论支点也是由"自然生态法则"和"人文生态法则"或"人文伦理法则"建立起来的。从理论重心论之,"易""礼"皆出于远古先民的自然生态观念,就两者的理论相承论之,"礼"本《易》说固可肯定,宋卫湜编《礼记集说》引延平周氏[1]曰:

> 老子曰:"道生一。"又曰:"天法道,道法自然,"则"一"者,道之所生,而"大一"者,生道者也。生道者,其自然之谓乎?《易》曰:乾知大始,盖乾者,万物之所资始,而大始者,又乾之所资始者也。礼之大一,其犹《易》之大始乎?然"礼必本于大一"者,大一,天地之始,凡有数者,莫不出于其间,故分而为天地之位,转而为阴阳之道,变而为四时之代谢,……然不能离乎数,故不能官天而官于天也。[2]

准此所论,数理哲学,统贯《周易》之学于始终,上引周谞之文称引《老子》之说以为互证者,亦深得《易》理奥妙。周氏认为"道"是生成"一"的母体,"大一"是生成"道"的母体,"道"即是所谓的"自然"。"道""大一"即是《易》"乾"之"大始",万物又是"乾"所资生之端。

---

[1] 延平周氏即宋周谞,字希圣,"尤溪人,熙宁六年(公元1073年)进士,知新会县。"(据《[乾隆]福建通志》卷四十六。)
[2] 据文渊阁《四库全书》本卷五十八。

质言之，"一""道""大一"与"大始"是同义概念，故"礼"之"大一"就如同《易》之"大始"——它们都是宇宙的本体，也是万物生成的基元。"礼本大一"的自然本体，"大一"的分化增殖是"天地"，"天地"的属性是"阴阳二气"，故"变而为四时之代谢""阴阳二气"是"四时代谢"动因，也是寒温冷暖变迁的依据。人类不能主宰"天"（自然），相反要遵循"天"（自然）的存在、运行法则，"数"之理是不可忽略的。先哲认知《易》与"礼"的本体与生成"不能离乎数"即都在"数理"中实施、完成。自然生态伦理是构成早期华夏先民认知"易"与"礼"本体与客体对立生成最基本的思维方式——"阴阳"相对之说又是其中生成理论的关键。"阴阳"学说在上引周氏之论中是主要的立论支点，而认识的聚焦点却是"自然生态法则"和"人文秩序法则"。

《周易》（含《大传》）集中了上古华夏先民的哲学思辨智慧，这是学术界公认的事实，但很少有人认真地思考《三礼》的哲学缘起、哲学思想和哲学意义，就像《易》是用于占卜但内含着深邃的哲学思辨，"礼"用于祭祀、际会秩序法则而内含着哲学思辨一样，虽然两者源流相续，又各为门径，但是，它们都是建立在先民认知自然生态、人文秩序这一本源上创制的文化哲学——人类生存秩序、人与自然生态秩序的认知目的构成了"易"与"礼"的殊途竞爽，思考生命，思考人类生命的存在，思考人类生存与自然物质世界其他生命的良性相续关系，成为"易"与"礼"共同的集合点，《〈周易〉正义》孔颖达《论〈易〉之三名》说：

> 自天地开辟，阴阳运行，寒暑迭来，日月更出，孚萌庶类，亭毒[1]群

---

[1] 亭毒，畜养之义。明方以智《通雅·释诂》："亭毒，存养也。《列子》曰：'亭之，毒之。'注：'亭以品其形，毒以成其质。'此毒，音余六切。古毒与育同。《周易》以此毒天下，《归藏易》'大畜'、'小畜'作'大毒'、'小毒'盖毒亦畜也。今人每用亭毒而呼为荼毒，误久矣。"（明方以智《通雅》卷四。据文渊阁《四库全书》本）

品，新新不停，生生相续，莫非资变化之力，换代之功，然变化运行，在阴阳二气，……[1]

孔氏此论是就"易"的名义发之，而延及思考人类生命与自然物质世界其他生命的良性存在以及相续关系的结果，物质世界包括人类在内的万物之所以存在是"阴阳运行，寒暑迭来，日月更出"的结果，之所以"新新不停，生生相续"，是"资变化之力，换代之功"的"阴阳二气"自然造化，这一过程最关键的环节是"变化运行，在阴阳二气"——"阴阳二气"成为万物相续而不替的自然法则，只有阴阳二气的变化运行，万物才能"新新不停，生生相续"。"礼"的创制同样是沿用了"新新不停，生生相续"的"阴阳运行"这一思维方式完成的，如明王志长在《周礼注疏删翼》卷十九中引明斋王氏[2]曰：

> 按万物之所以得生者，阴阳二气而已。阳之盛为火之热，而物资之以畅茂条达，否则，萎而不荣；阴之极为冰之寒，而物资之以缩聚坚凝，否则，散而不收。[3]

王氏论"礼"，畅述自然界万物生存消亡之理，却是以"礼"本自然生态为基准，由此可见。万物的生命可以存在和延续，是"阴阳二气"存在、延续的结果，"阴阳二气"的替变奠定了万物得以产生和延续的基础。王氏此论，完全出于对自然生态总体认识后的阐发，万物盛衰，需要自然生态条件，"阴阳二气"实即寒温冷暖形成的本源，万物之性的差异在于对"阴阳二气"即寒温冷暖的适应，制礼的先民正是参照这一哲学认知而完成了"礼"的建构——自然生态、人文秩序所具有的重要性由此可见斑豹。我们从《礼记》施礼程序

---

[1] 据《十三经注疏》本《周易正义》卷首，中华书局，1980年，第7页。
[2] 明斋王氏，即明王电，字明斋，江苏昆山人。
[3] 据文渊阁《四库全书》本卷十九。

中获知，"阴阳"之说融汇在各个"礼"式环节之中，如施礼有无音乐、礼器使用、祭祀对象等——都以"阴阳二气"运行的适当与不当为持衡标准。下略示数例论之：

"礼"法中"乐"与"阴阳"的关系。

音乐，首先是一种物理现象，其次才是艺术；"阴阳"就古人的认识，它也属于物理现象，但在实施"礼"的程序中，音乐被赋予了"阴阳"的属性，是一种人文的阐释方略，《礼记·郊特牲》载曰：

> 飨禘有乐，而食尝无乐，阴阳之义也。凡饮，养阳气也；凡食，养阴气也，故春禘而秋尝。春飨孤子，秋食耆老，其义一也。而食尝无乐，饮，养阳气也，故有乐，食，养阴气也，故无声。凡声，阳也。[1]

此载所施行之礼的名义、被施礼的对象以及与音乐的阴阳关系。"飨"是"礼"的一种类型，也代表着一种仪式和施礼的对象——在春天宴飨孤子的"礼"称为"飨"；"禘"是"礼"的一种类型，也代表着一种仪式和施礼的对象——在春天祭祀宗庙的"礼"称为"禘"；"食"是"礼"的一种类型，也代表着一种仪式和施礼的对象——在秋天飨食"耆老"的"礼"称为"食"；"尝"是"礼"的一种类型，也代表着一种仪式和施礼的对象——在秋天祭祀宗庙的"礼"称为"尝"。"飨、禘"这两种礼式都是在春天实施，"春"为"阳"，"阳"时有乐，故"飨、禘有乐"；"食、尝"这两种礼式都是在秋天实施，"秋"为"阴""阴"时无乐，故"食、尝无乐"。据上分析可知，在《礼记》记载的施礼过程中存在着一个很严格的法则："礼"必须顺应"阴阳"替变的自然规律——自然生态伦理法则在"礼"的施行中遵守不

---

[1] 据《十三经注疏》本《礼记正义》卷二十五，中华书局，1980年，第1446页。

易[1]。又，从上文《礼记》所说"养阳气也，故有乐，食，养阴气也，故无声"，其中不乏人类的养生之道与"阴阳""音乐"关系的认知，是否符合现在的科学，可以另当别论，但至少能证明，"礼"中施"乐"与"阴阳"学说在上古时期有着不可分割的因果关系在于顺应自然生态伦理法则观念是牢固的。

"礼"法中器皿（礼器）与"阴阳"的关系。

"礼"法中的器皿，可以界定为祭祀之器，祭祀之器可以统称为"礼器"，所谓的"礼器"，便是器皿的人文化。在《礼记》中，"礼器"被赋予了"阴阳"属性，仍是以《周易》"阴阳奇偶"的数理模式为本然。这种"礼器"的"阴阳奇偶"数理化模式的根基是自然生态与人文秩序的关系。《礼记·郊特牲》说：

> 鼎、俎奇，而笾、豆偶，阴阳之义也。笾豆之实，水土之品也，不敢用亵味而贵多品，所以交于旦明之义也。……乐由阳来者也，礼由阴作者也，阴阳和，而万物得（注：得，得其所）……[2]

此文所记鼎、俎、笾、豆都是祭祀之际所用的盛祭品的容器，即所谓的"祭器"或"礼器"。鼎、俎盛动物祭品，动物属阳；笾、豆盛植物祭品，植物属阴，这些祭器在使用的时候是按照被赋予的"阴阳"属性确定它们所盛祭品进而确定数理，"鼎、俎"使用奇数（单数），是因为古人赋予它们和它们所盛祭品属性是"阳""笾、豆"使用偶数（双数），是因为古人赋予它们和

---

[1] 唐孔颖达疏讲上文曰："此一节论禴、禘、食、尝，有乐无乐之异。'禴、禘有乐'者，禴，谓春禴孤子；禘，谓春祭宗庙也。以其在阳时，故有乐，而'食、尝无乐'者，食，谓秋食耆老；尝，谓秋祭宗庙，以其在阴时，故无乐。'阴阳之义也'者，无乐为阴，有乐为阳，故云'阴阳之义也'。'凡饮，养阳气也；凡食，养阴气也'者，此覆释上文禴有乐而食无乐之义。以饮、禴清虚，养阳气，故有乐，而食是体质，养阴气，故无乐。故春禘而秋尝，'春禴孤子，秋食耆老'者，此明禴禘在春为阳，食尝在秋，为阴也。'其义一也'者，禘之与尝，俱是追慕禴之与食，同是赏功，其事无殊，故云'一也'。"据《礼记正义》卷二十五，中华书局，1980年，第1446页。

[2] 据《十三经注疏》本《礼记正义》卷二十五，中华书局，1980年，第1446页。

它们所盛祭品属性是"阴",文中所说"鼎、俎奇,而笾、豆偶,阴阳之义"表述的就是这样的逻辑关系。孔颖达疏文曰:

> 此一节论鼎、俎、笾、豆所法阴阳之事。"鼎、俎奇"者,以其盛牲体,牲体,动物,动物属阳,故其数奇;"笾、豆偶"者,其实兼有植物,植物属阴,故其数偶。故云"阴阳之义也"。[1]

"鼎、俎奇,而笾、豆偶"这种数理概念显然是从《周易》中取义,它的思想基础当然是自然生态和人文秩序的认知,所以就有"阴阳和,而万物得"的结论,这里所说的"万物"悉数为自然万物——它源于自然而进入"礼制",构筑了一个自然生态伦理系统。"礼"范畴中的"阴阳"和谐,所昭示的是自然生态的和谐,亦即顺应自然生态伦理法则。

"礼"法中祭祀对象与"阴阳"的关系。

先秦礼制,判分五礼:"吉礼、凶礼、军礼、宾礼、嘉礼""五礼"中每一种类型之下又细分若干礼式,每一种礼式都有"被施加礼"的对象,这些"被施加礼"的对象或施礼过程中的仪式也都潜藏着"阴阳之义"。《礼记·郊特牲》载曰:

> 社祭土,而主阴气也。君南乡(向)于北墉下,答阴之义也。日用甲,用日之始也。天子大社,必受霜露风雨,以达天地之气也。是故,丧国之社屋之,不受天阳也。……社,所以神地之道也。地载万物,天垂象,取材于地,取法于天,是以尊天而亲地也,故教民美报焉。[2]

此文记载"社祭"的祭祀对象以及祭祀对象的分界、祭祀仪式、祭祀的施事者、祭祀的缘由、祭祀的目的等。其中"被祭祀"的对象是"社",后世

---

[1] 据《十三经注疏》本《礼记正义》卷二十五,中华书局,1980年,第1446页。
[2] 据《十三经注疏》本《礼记正义》卷二十五,中华书局,1980年,第1449页。

称之为"社祭"。接受祭祀的对象是"土","土"在"阴阳"的视域中被古人界定为"阴",故有"社祭土,而主阴气"之谓。在祭祀行礼的过程中,都显示着以"阴"为主的特征,所谓"社祭土,而主阴气也。君南乡(向)于北墉下,答阴之义也",而且分为"丧国之社"与非"丧国之社"的界限;"君主"是祭祀的主体,也是祭祀的施事者,为了体现"答阴之义",君主必须在"北墉下";这里,施礼的主体人君居北墙之下而面南,也是取义"阴";"社祭"的缘由、目的,简言之是为了风雨以时,阴阳调和。万物顺时而生长,顺时而成熟,唐孔颖达疏文可为参考。孔氏所解,悉以"阴阳"之说为重心,其中凸显了"自然生态"和"人文秩序"这两个在"社祭"活动中的属性。据此可知,自然生态伦理是祭祀"社"这一对象的认知基础。纳入"阴阳"之义作为立论的依据[1],是当时人类集群的文化共识,也反映了当时人类的生存希冀。

综上可知,"阴阳"之说进入礼制,内含着"自然生态属性""人文秩序属性",其本源仍属自然生态伦理。

四、"礼"与"忠、信"和"理、义"的认知

"礼"的意义在于社会践履的核心命题是人的内心与外在和谐、人与自然的和谐,在"礼"的实施过程中,"和谐"成为重心,《礼记·礼器》:

---

[1] 孔颖达疏曰:"……'君南乡(向)于北墉下,答阴之义也'者,墉,墙也。社既主阴,阴宜在北,故祭社时,以社在南,设主坛上北面而君来,在北墙下,而南乡(向)祭之,是对阴之义也;'日用甲,用日之始也'者,社是国中之贵神,甲是旬日之初始,故用之也;云'天子大社,必受霜露风雨,以达天地之气也'者,是解社不屋义也。达,通也。风雨至,则万物生;霜露降,则万物成,故不为屋以受霜露风雨,霜露风雨至,是天地气通也,故云'达天地之气也'。"载《礼记正义》卷二十五,中华书局,1980年,第1446页。

> 先王之立礼也，有本，有文。忠、信，礼之本也；义、理，礼之文也。无本不立，无文不行。礼也者，合于天时，设于地财，……合于人心，理万物者也。[1]

此文之义有三：

第一说明制"礼"结构是"有本，有文"内涵与外在的统一。"有本"——制礼是有根据的；"有文"——制礼不仅有根据，而且还要有仪式规定性以及描述或记录"礼"仪式规定性的文字。没有"本""礼"就不能确立，没有"文""礼"就无法显现、实施和运作——"无本不立，无文不行"在于"天时有生""地理有宜""人官有能""物曲有利"。[2]

第二解释"本"和"文"的内涵是"忠、信、义、理"。"礼"必须具备"忠、信"，忠实和诚信是"礼之本"，换言之，确立"礼"最本质的因素是"忠、信"，根本确立了才有表述它的形式"义、理"。"礼"必"忠、信"，其中指涉两个方面：其一是制礼的"忠、信"——"合于天时，设于地财"是制礼必须"忠、信"的原则；其二是遵行"礼"的"忠、信"——"合于人心"而统理万物是遵行"礼"的"忠、信"。制定"礼"和遵行"礼"都必须"忠、信"。遵行"礼"就需要阐明"忠、信"在制"礼"与实施"礼"过程中的仪式规定性，"礼之本"是核心，"礼之文"是手段。

第三说明制"礼"原因与目的。"礼也者，合于天时"是"礼"的本质，基于本质而设定为人类获得财用之法"礼"才有存在的价值，制礼是为了人类获得生存的物质需求即"设于地财"，必须符合人类社会生存中的希望，"合于人心"目的的实现，就必须认知与人类并存万物的消长往复之理，"理万物"意在说明"礼"的存在原则必须具备统理万物的意义。

据此三义可见，"自然生态"和"人文秩序"属性显而易知。

---

[1] 据《十三经注疏》本《礼记正义》卷二十三，中华书局，1980年，第1430页。
[2] 据《十三经注疏》本《礼记正义》卷二十三，中华书局，1980年，第1431页。

汉郑玄注"……有本，有文。忠、信，礼之本也；义、理，礼之文也。无本不立，无文不行"曰："言必外内具也。""礼"的实施须内外和谐，表里相得。"忠信"是人的内在，是"礼"制定、实施中的基础，是"礼之本"；"义、理"是环节和程序，是实施"礼"的形式或载体，是"礼之文"。"礼之本"基于人的内在，"礼之文"作为形式或载体，表现在实施"礼"程序的合理化上，可以理解为尽心尽意于所施礼的对象（物类）——如此"礼"可以达到和谐的目的，孔颖达疏此文曰：

> 论因上礼，则人外内谐和，遂云礼须信、义兼说，行礼之事，各依文解之，"忠、信，礼之本也"者，礼之为本，即忠、信是也。忠者，内尽于心也；信者，外不欺于物也。内尽于心，故与物无怨；外不欺物，故与物相谐也。义、理，礼之文也。礼虽用忠、信为本，而又须义、理为文饰也。得理合宜，是其文也。无本不立，解须本也，无忠、信则礼不立也；无文不行，解须文也，行礼，若不合宜，得理则礼不行也。[1]

孔疏解"忠"为"内尽于心"，解"信"为"外不欺于物"，内心纯正、虔诚，才能"与物无怨"，才能建立"外不欺物"的基础亦即"与物相谐"——这是就人在实施"礼"的起点上内心净化后的和谐；"礼"的实施需要"文饰"做载体，"文饰"是程序，"文饰"必须合宜，即"义、理"须当合宜，所谓"得理合宜，是其文"——文饰合宜，才能称得上"文"。"忠信""义、理"相得合宜是实施"礼"必备的要素，否则，即使行施"礼""若不合宜"，也达不到施礼的目的。上引孔氏之说，所论的重心：只有"内尽于心"，才会达到"外不欺于物"的目的——人与自然生态的和谐。

据此，我们可以看到，古人制礼是建立在内（心）外（形式）统一、天人和合的认识基础上完成的。人类与自然物质世界的和谐并存，成为"礼"的意

---

[1] 据《十三经注疏》本《礼记正义》卷二十三，中华书局，1980年，第1431页。

义所在。

"礼"是人类社会的思想产物，是古代社会发展到一定文明程度的标志，是华夏先民在社会进化中的伟大创造。那么，古人制礼是手段，恰到好处地实施"礼"使"物我"和谐并存才是目的，制礼，一尊自然，宣示、教育实施"礼"的人，也必须遵此而行，人人知礼、达礼，亦即人人尊崇万物（自然生态），才能获得万物（自然生态）的馈赐，是先哲制礼的终极目的，《礼记·礼器》载曰：

> 天时有生也，地理有宜也，人官有能也，物曲有利也。故天不生，地不养，君子不以为礼，鬼神弗飨。居山，以鱼、鳖为礼；居泽，以鹿、豕为礼，君子谓之不知礼。故必举其定国之数，以为礼之大经。[1]

上文是进一步申说"忠、信，礼之本""义、理，礼之文"的礼法关系，其实质是在进一步申说施礼必须备具诚信之心，秉持合宜之序以奉祀自然万物，"居山，以鱼、鳖为礼；居泽，以鹿、豕为礼"，无限度地攫取自然物质被界定为"不知礼"。这里指涉的"不知礼"的行为就是破坏自然生态——今天依然可以窥知古人所坚守施礼中的自然生态观念与人类生存关系的认知。"礼"必须尊时所生之物：天有春夏秋冬四季之时，所生之物因时不同；地居东西南北高下之别，所生之物依地之宜；所生万物，各有属性，相对于人类而言具备的能力、作用各异，制礼、施礼都应该相时而动，不能违逆时令、地宜，如有违逆，就不可谓"礼"。遵守自然四季，遵守地理之异所生之物，按照万物对人所产生之利行施"礼"，即使年景不好，人也不会慌惧——尊崇天时、地利和物性是"礼"必须做到的，孔颖达疏此文曰：

> "天时有生也"者，言天四时，自然各有所生，若春荐韭、卵，夏

---

[1] 据《十三经注疏》本《礼记正义》卷二十三，中华书局，1980年，第1431页。

荞麦、鱼是也；"地理有宜也"者，地之分理，自然各有所宜，若高田宜黍、稷，下田宜稻、麦是也；"人官有能也"者，人居其官，各有所能，若司徒奉牛，司马奉羊，及庖人治庖，祝治尊俎是也；"物曲有利也"者，谓万物委曲，各有所利，若曲、蘖利为酒、醴，丝、竹利为琴、笙，皆自然有，其性各异也。[1]

按照孔颖达疏文之释可知，尊信时令，顺应地利，谐和物性是制礼、施礼的法则。人类获得自然的馈赐，不致遭受自然之祸是上古人类制礼、施礼的根本目的，南朝宋范晔《后汉书·荀爽传》载东汉延熹元年，荀爽陈对策曰：

> 昔者，圣人建天地之中而谓之礼，礼者，所以兴福祥之本，而止祸乱之源也。人能枉欲从礼者，则福归之；顺情废礼者，则祸归之。推祸福之所应，知兴废之所由来也。[2]

荀爽是东汉著名的学者，在中国经学史上也具有一定的地位，荀氏以治"经学"见称于世，尤擅"礼学"。荀氏此论，其义有四：一是确定"礼"本"天地"而产生，"建天地之中而谓之礼"确认"礼"本天地的自然生态属性；二是把"礼"的自然生态属性与人类的祸福结为因果关系，"礼者，所以兴福祥之本""礼"是产生"福祥"的根本，同时也是"止祸乱之源"；三是遵从"礼"而克制人的无原则的欲望会得到"礼"的赐福，"枉欲从礼者，则福归之"反之，"顺情废礼者，则祸归之"。"枉欲从礼者，则福归之；顺情废礼者，则祸归之"正是在说明这一道理；四是由个体人是否遵从"礼"的得"祸"、得"福"推及社会的兴衰，"推祸福之所应，知兴废之所由来"由个体人的礼法修养扩展到对社会的影响——以个体人的"枉欲从礼"还是"顺情

---

[1] 据《十三经注疏》本《礼记正义》卷二十三，中华书局，1980年，第1431页。
[2] 据《二十五史》本《后汉书》卷九十二。

废礼"的祸福为标准，判定社会的"兴废"，是"礼"更广阔的视野，更高远的境界。

"礼"是人类社会、社会秩序建立的标志，在上古时代，它和"法"的价值、意义并重，故称"礼法"。"礼"是尊信自然生态法则而创制，以用于克制人情、人欲的工具，只有如此，国家才能正常存在，三国魏王肃注《孔子家语·礼运》卷七载："孔子曰：'夫礼，先王所以承天之道以治人之情'，列其鬼神，达于丧祭、乡射、冠婚、朝聘，故圣人以礼示之，则天下、国家可得以礼正矣。"[1]此说，恰恰是在阐明这样的道理。

《礼记》解题，孔颖达疏曰："夫礼者，经天地，理人伦"[2]，恰当地界定"礼"的本质。"礼"的本质就是"自然生态属性""人文秩序属性"的总和。"礼"本于自然生态创制，而用于社会规约人伦之序；"礼"本自然生态而作，本自然生态而用，这一文化思想是沿着《易》理发展、形成的，《周易乾凿度》：

> 伏羲乃仰观象于天，俯观法于地，中观万物之宜，始作八卦，以通神明之德，以类万物之情，故易者，所以经天地，理人伦而明王道。是故，八卦以建，五气以立，五常以之行。象法乾坤，顺阴阳，以正君臣、父子、夫妇之义。[3]

易卦是先民"观物取象"的产物，其目的是用于对人类社会行为的规约，用于社会秩序的建立，用于对人与自然生态关系认知的参照，体现着古人"时空认识论"，和"礼"的思维基础是相同的。"易"是"观象于天""观法于地""观万物之宜"而创制，其目的可为两端：其大者为"经天地"——认识

---

[1] 据（清）陈士珂《孔子家语疏证》，上海书店，1987年，第190页。
[2] 据《十三经注疏》本《礼记正义》，中华书局，1980年，第1229页。
[3] 据文渊阁《四库全书》本卷上。

天地间自然万物之性，其微者是"理人伦"——约束人的情欲，规约人的行为；"礼"取法于"太一"，"天地"是"必本于大一，分而为天地，转而为阴阳，变而为四时"，其功效可为两端：大者是"经天地"——认识天地间自然万物之性；其微者是"理人伦"——秉承天地自然法则"以治人之情"，即在于约束人的情欲、行为。

它的主体思维构架是建立在自然物质世界的认识基础上显示着"时空认识论"，自然生态伦理正是在这一思维基础上形成的。

结　语

《孔子家语·好生》载鲁哀公与孔子的一段对话，鲁哀公问及"舜"戴什么样的"冠"，孔子以鲁哀公只关注冠带，而不关心做一个有远大志趣的君主，在回答鲁哀公的话语中，言及"舜"治理国家的方略，其文曰：

> 鲁哀公问于孔子曰："昔者，舜冠何冠乎？"孔子不对，公曰："寡人有问于子，而子无言，何也？"对曰："以君之问，不先其大者，故方思所以为对。"公曰："其大何乎？"孔子曰："舜之为君也，其政好生而恶杀，其任，授贤而替不肖。德若天地而静虚，化若四时而变物，是以四海承风，畅于异类。凤翔麟至，鸟兽驯【驯顺】德。无他也，好生故也。"[1]

按照孔子此说，"舜"为君主，实施的是"好生而恶杀"任用贤人而远不肖之政，遵循自然而然的自然法则，其治理与教化，就像"四时变物"一样，

---

[1] 据（清）陈士珂《〈孔子家语〉疏证》卷二，上海书店，1940年，第61页。

四海之内皆顺从其风化，正因为如此，动物也都受到了影响而归顺或驯服，"好生"是孔子此论中的关键词。今天，我们可以把"好生"引申为爱护自然生态，尊重生命的存在形态。

关于"舜"时代的历史，似乎依然被界定在"传说时代"，但是，从先秦文献有关"舜"事迹的记载，尤其是史前考古出土的文化遗址，好像都在证明这个曾经存在的"王朝"是真实的。孔子祖述"尧、舜"，尊崇文、武、周公，更不能视为无稽之谈。这里，我们要说的是在西周初年建立的礼法，以《三礼》作为最集中的记载，其中牢固的自然生态观念，也非无源之水无本之木，尧、舜时代的治国法则，直接的文献记载是《尚书》《三传》《国语》等，间接记载的就是《三礼》，《礼记》中的自然生态观念是"三代"文化整合后的延续，也是尧、舜时代文化积淀在春秋晚季战国初期的氤氲化生。笔者此论，可从以上考察的《易》与"礼"源流关系中悟得。

第三章

"礼"与物类之理认知

"物理"是现代科学术语，是指对自然界中无生命的物质生成、转变之理的认知。古代同样有"物理"这一概念，古代"物理"是泛指人类以外人类所见、所知的有生命、无生命的物类生成、消长之理的认知。古今"物理"的概念和含义虽有区别，但也有很多相合的因素。古人所指人类以外的万物之理[1]，可以称为"物类之理"。我们从徐整、杨泉各自《物理论》的残文以及方以智《物理小识》中可知，古代的"物理"泛指人以外的所有可及物类（含物候）存在之理，既有"无生物（无生命之物，比如草木、山石、水土、声、光、电、物候等）"，也有"有生物（比如动物、飞禽、鱼虫等）"，其中不少内容与现代物理相合，比如"声""光""（雷）电"之类。我们所说"礼的物理认知"是指《礼记》和相关文献中记载着具有"自然生态伦理"观念的"物类之理认知"内容，其中既有"有生物"，也有"无生物"，同时，也包含着自然"物候之理"的认知。有几个重要的概念需要厘清：一是自然的，二是生态的，三是秩序的，四是与人类生存有关的，五是人类界定的——这几个概念是自然生态伦理不应缺少的。

　　那么，上古时期人类和《礼记》中的"物理认知"，不仅认知事物存在的特征和意义，而且还就它的消长规律与人类的生存形态秩序关系做了必要的理论界说和理论阐述——人类的生存秩序遵循物质存在、消长原则是规定性的而不是随意性的，违背了物质存在、消长原则的规定性，人类就要遭受自然物质世界的惩罚。古人认识物质世界的物质存在以及消长规律是直观的体认和经验的总结，但它是代际传递过程中肯定、否定以至修正的不断总结而取其精华去

---

[1] 如三国·吴徐整的《物理论》、晋杨泉的《物理论》，均佚。明方以智《物理小识》（存）等。

其糟粕的人类智慧累加,华夏人类的文脉相承,薪火不绝,正是它的贡献,也是上古时期非常典型的"自然生态伦理"思想体系中的重要组成部分,是传统文化中具有极高研究、开发价值的领域。

远古时期,物类之理的认知,是先民综合智慧的反映,是建立在顺应自然生态而生存的漫长积累,是以"礼"的形式托显出来,自然之道,社会人伦是在"礼乐"教化中完成。《礼记·乐记》载曰:

> 乐者,天地之和也;礼者,天地之序也。和,故百物皆化;序,故群物皆别。乐由天作,礼以地制。过制则乱,过作则暴。明于天地,然后能兴礼乐也。……地气上齐,天气下降。阴阳相摩,天地相荡。鼓之以雷霆,奋之以风雨。动之以四时,暖之以日月,而百化兴焉。如此,则乐者天地之和也。……化不时则不生,男女无辨则乱,升天地之情也。乐失则害物,礼失则乱人。[1]

我们坚信,在三千年之前的先民对于天地交会,人文兴废,四时替变,物类认知,无一不在"礼乐教化"中得以实现。"礼"为"乐"之体,"乐"为"礼"之兴,知晓"礼乐",首先是对"天地"自然的明了,明了了"礼乐"之理,"礼乐"教化才会兴旺发达。这是对"天地"自然的了解,也是对天地自然中物类的知晓,构架了先民对物类之理认知最有理性的逻辑系统,其中的"自然生态伦理"观念也晓然可见。

上引文字中蕴含着时令代序决定着对自然物类认知的时空条件因素。以下将按《礼记》所载的"时空认定"为序,略试阐述古人认知的"物理"与"礼"的"时空"关系,在这一基础上延伸到"物理"与自然生态的关系认知。

我们就"物类之理认知"作为"自然生态伦理"研究视域,必须确定两个要素:一是"自然生态属性",一是"人文秩序属性"。

---

[1] 据《十三经注疏》本《礼记正义卷三十七,中华书局,1980年,第1530~1531页。

一、时空生态观念与物类认知背景

如上述,《礼记》集中记载时令、物候的篇章是《月令》,《月令》是传承上古时期历法文化很周详的文献,以理而论,在《夏小正》与《月令》之间似乎有明显的时代断裂,其实有一部重要的文献是《逸周书》[1],《逸周书》集中记载时令的篇第是《周月》《时训》《月令》,除《月令》亡佚,其他两篇俱存,它与《夏小正》属于同一个记历体系,应是在《夏小正》的基础上不断完善的结果,与《夏历》有着承上启下的关联,其下限到东周便是《礼记·月令》,那么,有必要就这一历法文化的发展脉络略做梳理。

《礼记》中《月令》既然是"历法"之文,必然有所秉承,从西周到秦之前,至少有"夏历""商历""周历""鲁历"之分,《月令》究为"周历",还是"夏历"?唐孔颖达疏《月令》"孟春之月"之说,大抵可准,其文曰:

> 此言"孟春"者,"夏正"建寅之月也。吕不韦在于秦世,秦以十月为岁首,不用"秦正"而用"夏时"者,以夏数得天正,故用之也。《周礼》虽以建子为正,其祭祀、田猎,亦用"夏正"也。[2]

孔颖达此说《礼记·月令》中的"孟春",认为用的是"夏正","夏正"建寅,以正月为岁首,秦以建亥即"夏正"的十月为岁首,孔颖达认为,《月令》是吕不韦编《吕览》中的时令为《礼记·月令》,故有"秦以十月为岁首,不用'秦正'而用'夏时'"云者,确定《周礼》中所记载的祭祀、田

---

[1] 关于《逸周书》是孔子编订"五经"的逸遗文献,还是"汲冢之书",宋代以前颇有争议,多以为"汲冢之书",故称为《汲冢周书》,但经明代杨慎考订,始辨明此文献并非"汲冢之书",清代多以《逸周书》之名示于世。

[2] 据《十三经注疏》本《礼记正义》卷十四,中华书局,1980年,第1352页。

猎直接与时令有关的活动都用"夏正"。就这一学术史问题，宋朱震在《汉上〈易〉传》中有详备论述，又，元胡一桂《〈周易〉启蒙翼传·外篇》曰：

> 《夏小正》者，夏后氏之书，孔子得之于杞者也。夏建寅，故其书始于正月；周建子，而授民时。巡狩承享，皆用"夏正"。[1]

按照孔颖达和胡一桂的说法，《礼记》中《月令》记历是用"夏正"（夏代的历法），属"夏历"。夏历以建寅为岁首，周历以建子为岁首，但《周礼》记历也是用"夏历"，《礼记·月令》记历亦当为"夏历"，大致可以推定，《月令》是综合或参考了《逸周书·周月》《时训》而完成的，故在讨论《月令》自然生态伦理的过程中仍遵"夏历"。按照《夏小正》记历方式，以四时（四季）为一岁，一岁分为十二个月，与《月令》合。

就《夏小正》一书的记载，略做考证。《夏小正》是一部从夏代传袭下来的历法文献，春秋时期，为孔子所得，且经孔子整理、厘定，《礼记·礼运》载曰：

> 言偃复问曰："夫子之极言礼也，可得而闻与？"孔子曰："我欲观夏道，是故之杞，而不足征也，吾得《夏时》焉……"[2]

此载孔子与其弟子"言偃"答问之语，孔子说所得《夏时》，《夏时》即是记载夏代历法的文献，在当时，记载历法的文献属于"礼书"。《礼运》之载是可信的。汉郑玄注上文说：

> 得夏四时之书也，其书存者，有《小正》。[3]

---

[1] 据文渊阁《四库全书》本。
[2] 据《十三经注疏》本《礼记正义》卷二十一，中华书局，1980年，第1415页。
[3] 据《十三经注疏》本《礼记正义》卷二十一，中华书局，1980年，第1415页。

按郑玄所说，孔子获得"夏四时之书"，《夏小正》是其中之一，也就是说，孔子所得《夏时》，不仅仅《夏小正》一种历法书（详下），还有其他记历之书。又，《孔子家语·问礼》载孔子与其弟子"言偃"答问，与《礼运》所载基本相同，可以相互参证，其文曰：

> 言偃问曰："夫子之极言礼也，可得而闻乎？"孔子言："我欲观夏道，是故之杞，而不足征也，吾得《夏时》焉。"[1]

此之所言《夏时》与《礼运》同，即是夏代记载季节时令的历法书，传于后世的夏代历法之书即今所见的《夏小正》，而且是经过孔子整理、厘定的，《史记·夏本纪》载："孔子正《夏时》，学者多传《夏小正》云。"[2]据此可知，孔子曾经整理、厘正过《夏时》——"正《夏时》"是明证。又，郑玄所说的"夏四时之书""四时"就是"四季"，与今见《夏小正》四季历法吻合。又，按照郑玄的说法"其书存者，有《小正》"，完全可以理解为"四时之书"除了《小正》之外，尚有他书，宋黄仲元《四如讲稿·〈论语〉·"子曰行夏之时"》说：

> 夏之志，四时之书也，夏之书，不独有《小正》，亦有《大正》，夫子时，犹及见之。秦、项二火之后，汉儒所见者，仅《小正》耳。[3]

黄氏认为，"四时之书""不独有《小正》，亦有《大正》"在孔夫子的春秋时代，孔子亦曾见过，至秦朝和项羽焚书之后，汉儒见到的只有《夏小正》。黄氏此说，虽然无征，但以理论之，事或可通。至少从当代农业考古的相关史前文化遗址中可以证明，在三代时期（原始社会晚期）从事农业耕作，

---

[1] 据清陈士珂《孔子家语疏证》卷一，上海书店，1987年，第26页。
[2] 据《二十五史》本《史记》卷二。
[3] 据文渊阁《四库全书》本卷一。

已经按照时令季节进行，如果没有历法是不可想象的，《尸子》云："神农氏治天下，立四时之序。"[1]在历史上，《尸子》一书虽在疑是之间，但此说可信。神农氏时代是华夏原始农耕文明的标志，分辨"四时"是保证农业收成最重要的条件之一，神农"立四时之序"是此前《周天历度》的发展和进步，而且，从上古自然生态伦理的角度认识，如果没有建立相应的历法文化，就不可能有完整的自然生态伦理思想，事实上，史前的"三代"时期，已经具备完整的自然生态伦理思想，它的前提是历法。宋罗泌《路史·后纪·夏后氏》卷二十二注文引"春秋纬"书《运斗枢》曰：

> 历象，尧、舜之法，三代以来，未始可废，而书不著者，法已成，于尧、舜后王守而用之，故不之复录。《大聚》云："禹之禁：春三月，山林不登斧斤，以成草木之长；夏三月，川泽不入网罟，以成鱼鳖之长"；礼云：夏不田，以生长之时也。郑谓，夏禹以仁让得天下，触其夏名，故不田。【此《运斗枢》之文】[2]

其实，此文是罗泌杂采史书、纬书中的文献，"郑谓，夏禹以仁让得天下，触其夏名，故不田。"这是《运斗枢》郑玄的注文，应是从孔颖达疏《礼记·礼运》的疏文中引出。纬书兴于汉，而衰于晋，晋以后大都不传于世，今所见者，除了《易经》纬书之外，多为残文，上引《运斗枢》即是残文。纬书中保留了很多远古时代的文化事象，而且有些是很可贵的资料——这是学术界比较一致的看法。上引文中所述及《大聚》，《大聚》是《逸周书》中的一篇篇题，文中记载周武王与其弟周公的对话，是周公回答武王所问之词（详下）。

上文所云"历象，尧、舜之法，三代以来，未始可废，而书不著者，法

---

[1] 据文渊阁《四库全书》本，（唐）虞世南编《北堂书钞》卷一百五十三。
[2] 据文渊阁《四库全书》本卷二十二。

已成，于尧、舜后王守而用之"肯定了尧、舜时代已经创造出"历象"之法，"历象"就是历法，尧、舜时代的历法，是神农时代以后不断完善的结果，延及"三代"而不废，一直为尧、舜以后的部族所用，即所谓"于尧、舜后王守而用之"。此说并非空穴来风，而是符合历史事实的。所说的"历象，尧、舜之法"应该就是古文献中记载的《周天历度》的传袭，据载，《周天历度》是伏羲时代创制的历法，经炎、黄时代而传袭至于尧、舜时代。在这一历史过程中，一定有所增改或修正，史学界提出的"黄帝历""颛顼历"等是用出土的文化遗址为佐证，已为学者们普遍接受[1]，到了西周初年就有了《逸周书·时训》《月令》等记载时令的文献，另，《周髀算经》涉及"勾股定理"，但更多的是记载天文历法现象，也应该属于天文历法方面的文献。

从上引文中还可以认识到，三代时期已经形成了牢固的自然生态道德观念：人类的生存是以保证自然界物种生存、延续为前提，并非以人类为中心的道德标准。当时人类所追求的是人与自然同生共荣、协同存在的可持续发展价值观、道德观。人与自然的关系被赋予了道德意义和道德价值——这种思想早在三千多年以前的"夏、商、周"原始阶段，华夏先民已经形成并建构了稳定的礼制和法令（礼法），周沿夏、商礼法而有所增损、修正，不仅符合历史发展的规则，且为《礼记》中以时令为基点建立"自然生态伦理"法则提供了文化参照。《逸周书·大聚》载曰：

> 旦闻，禹之禁：春三月，山林不登斧，以成草木之长；夏三月，川泽不入网罟，以成鱼鳖之长。且以并农力，执成男女之功。夫[2]然则有生而不失其宜，万物不失其性，人不失其事，天不失其时，以成万财。万财

---

[1] 参见周延良、翟双萍《〈周礼〉的自然生态观》，海天出版社，2015年，第40页。另，河南濮阳西水坡出土的原始古墓，其中的龙虎蚌壳图的天文历法内涵已有学者做了深入的考证。濮阳西水坡原始古墓的45号大墓很可能就是颛顼墓，其中的龙虎蚌壳图所摆塑是当时天文历法的暗示，有人甚至认为与"颛顼历"有关。

[2] "夫"，疑为衍文。

既成，放此为人，此谓正德。泉深而鱼鳖归之，草木茂而鸟兽归之。称贤使能官，有材而归之；关市平，商贾归之；分地薄敛，农民归之。水性归下，农民归利。【晋孔晁注：历言自然之至】……[1]

以上文字是周武王与周公旦的对话节录，所录悉为周公答武王之词。据此文可知，以时令为基准的自然生态保护，在夏代，不仅仅是一种观念，其实已经是法禁。在夏禹时代，春季就不允许到山林中采伐，因为这一季节正是草木生长的时期；夏季不允许到江河水塘捕鱼，因为这一季节正是水产类生物繁衍之时。西周建立之后，遵此"有生而不失其宜，万物不失其性，人不失其事，天不失其时"的礼法原则，故"此谓正德"。不难看出，在西周初年就已经建立了不仅"人"可以获得社会的道德关怀，人以外的"有生物"和"无生物"也可以获得道德关怀！"正德"便是自然生态道德关怀的表述，晋孔晁注文所说的"历言自然之至"是表述自然生态关怀的至高境界。《周礼》以"天、地、四时"设官，也是反映了西周自然生态道德关怀的思想。《礼记》中《月令》的自然生态伦理思想与《周礼》是一脉相承的关系，我们应该强调的是，在上古时期，自然生态道德关怀是以"物类之理"的认知为条件。自然生态的道德关怀是"物种"繁衍的需要，也是人类生存的必然，两者和谐并存，在西周时期称之为"正德""和德"，《逸周书·文传》载：

文王授命之九年，时维暮春，在鄗，召[2]太子发曰："吾语汝，所保所守，守之哉。厚德广惠，忠信爱人，君子之行，不为骄侈，不为靡泰。……山林，非时不升斤斧，以成草木之长；川泽，非时不入网罟，以成鱼鳖之长；不麛不卵，以成鸟兽之长。畋渔以时，童不夭胎，马不驰

---

[1] 据袁宏点校《二十五别史》一册《逸周书》卷四，齐鲁书社，2000年，第38~39页。
[2] "召"，《四库全书》本，原书无，不通，据《太平御览》卷一百四十六补。袁宏点校本有"召"字。

鹜[1]，土不失宜。土可犯，材可蓄。润湿不谷，树之竹苇；莞蒲砾石，不可谷，树之葛木，以为絺绤，以为材用。故凡土地之间者，圣人裁之，并为民利。是鱼鳖归其泉，鸟归其林，孤寡辛苦，咸赖其生。山以遂其材，工匠以为其器，百物以平其利，商贾以通其货。工不失其务，农不失其时，是谓和德。"[2]

据上引文献所载者，可从以下几个方面认识：

一、西周的自然生态道德关怀是秉承夏代以来的礼法制度和礼法思想，所谓的"山林，非时不升斤斧，以成草木之长；川泽，非时不入网罟，以成鱼鳖之长"——这是夏代的自然生态伦理法则。夏代已经形成了上古时期的自然生态伦理思想，《禹贡》可谓确证，《禹贡序》所说的"禹别九州，随山浚川，任土作贡。"[3]其内涵是大禹对自然生态的考察，大禹治水获得成功，是很重要的缘由，其次是对自然生态中的"物类之理"认知，因此建立了以时令为条件的自然生态管理法规，为周初所沿用：春助草木生长，夏养水生繁殖，不杀害幼兽，不攫取鸟卵，是为了鸟、兽的生长；田猎必须遵守时令，不伤及小羊和有胎孕的羊，不劳乏幼马等，是敬畏生命，顺应自然的最好史证。这些自然生态管理法规，从夏代延续到《礼记》是建立在对自然生命敬畏基础上而形成的自然生态道德关怀，它的成功认知以至于管理法规是对"物类之理"的认知，这应该是没有争议的问题。

二、种植或树艺，同样具有成型的法规，强调因地制宜是"物类之理"认知的结果，所说"润湿不谷，树之竹苇；莞蒲砾石，不可谷，树之葛木，以为絺绤，以为材用"，从而建构一个良好的自然生态环境，达到的目的则是："鱼鳖归其泉，鸟归其林，孤寡辛苦，咸赖其生。山以遂其材，工匠以为

---

[1] 案，"童不夭胎，马不驰鹜"疑脱"羊"，应是"童羊不夭胎，童马不驰鹜"。
[2] 据袁宏点校《二十五别史》一册《逸周书》卷三，齐鲁书社，2000年，第21页。
[3] 据《十三经注疏》本《尚书正义》卷六，中华书局，1980年，第146页。

其器；百物以平其利，商贾以通其货。工不失其务，农不失其时"——不难看出，西周早期，农耕文明高度发达的成因在于自然生态管理法规的高度完善。它是在继承和发展了夏、商以来，敬畏自然，保护生态观念、法规基础上的产物——在这一过程中，显示了上古先民对大自然和"小自然"物类、物候存在、消长特征、规律的理解、把握，《逸周书·常训》所谓的"天有常性，人有常顺。顺在可变，性在不改。"[1]所表述的，正是对大自然（天）运行规律（常性）的理解和把握，对人的自然属性与社会属性（常顺、可变）的理解和把握。晋孔晁注曰："学能，故可变；自然，故不改。"[2]达到"和德"的目的，"和德"是人敬畏自然，尊尚自然，与自然物类、物候的和谐共荣，这正是"三代"文化中非常核心的一个概念，事实上，"物类之理"的认知是关键环节。又，《洛书灵准听》记载周文王姬昌时期的自然生态的管理法规，其文曰：

> 苍帝姬昌，日角鸟鼻，身长八尺二寸。圣智慈理，以成草木之长，而顺天时；水泽不内舟，以成鱼鳖之长；不麛卵，以成鸟兽之长。畋猎唯时，不杀童羊，不夭胎，童牛不服，童马不驰、不骛；泽不行害，土不失其宜，万物不失其性，天下不失其时。[3]

此文不乏对文王的赞美之词，但从另一个角度，也可以认识到西周时期，由文王到武王所形成的自然生态的道德关怀是建立在对以时令为前提的"物类之理"认知思想基础上完成的。草木的生长特性，水生物的生长特性等都必须顺时对待；不无辜杀伤幼畜，不攫取鸟类的卵，不杀幼小的羊，不役使小马，是为了让这些动物顺时产出、生长；不伤害水泽的物产，不失去土地属性而耕

---

[1] 据袁宏点校《二十五别史》一册《逸周书》卷一，齐鲁书社，2000年，第4页。
[2] 据袁宏点校《二十五别史》一册《逸周书》卷一，齐鲁书社，2000年，第4页。
[3] 据文渊阁《四库全书》本明孙瑴编《古微书》卷三十五引。

种合宜；不损害万物的特性，治理天下也不能忽视时令等。此文所载，除了与上引《文传》内容构成互证外，在《周礼》《礼记》中也有同样的语境。我们认为，这并非偶然，相反，它恰恰是文化传承的特征。由敬畏自然而延伸到保护自然环境，是以时令为序，以物类为准，建立了西周时期良好的自然生态伦理文化系统。

二、时空生态观念与物类认知

上文引《尸子》所言："神农氏治天下，立四时之序。"虽为后世所记，但神农氏之时，华夏已进入农耕文明，季节的认识和分定是最重要的自然条件。一年分置四季，大约自此始而固定下来，今天可见的《夏小正》，年分四季，《逸周书·大武》中有"四时：春、夏、秋、冬"的记载，也是这一时令文化的继承和发展。前文有说，《礼记》记载季节而分置为"四"，每季再分"孟、仲、季"之月，一个季节分为三个月，积为十二月，这种记录时令的方式也是沿袭《夏小正》[1]合《逸周书》的记历体制。

记载时令事象，在《礼记》，集中于《月令》[2]，在《月令》中，每季分三时段，用"孟""仲""季"以别之，类同以"月"为计的时令单位，也可

---

[1] 据文渊阁《四库全书》本卷十二，（宋）张虙《月令解》曰："夏正为十二月。"

[2] 《礼记》中的《月令》与《吕氏春秋》"十二纪"中记载季节的文字殊多相合，孰先孰后，史有异说，《四库总目提要·〈月令解〉提要》曰："……《吕氏春秋》录以分冠'十二纪'，马融、贾逵、蔡邕、王肃、孔晁、张华皆以为周公作，郑康成、高诱以为即不韦作。论者据《汉百官表》言'太尉'为秦官，或又据《国语》，晋有'元尉''舆尉'之文，谓'尉'之名，不必起于秦，然究不得因'元尉''舆尉'，遂断三代必有太尉也。意不韦采记旧文，或传益以秦制欤？"按，唐孔颖达《〈礼记〉原目》疏文辨之尤详，笔者主张《礼记》中《月令》在先，《吕氏春秋》中记载，盖采记旧文，是《吕氏春秋》引用《礼记》。

以说，每季节三个月是用"孟""仲""季"表述。自然时令、物候现象，在古人的认知范畴中，也界定于"物理"之内，其中不乏"名物""物候"的分类与解释，自然时令与自然物候是抽象的，先民把抽象的时令、物候分归于各种物类，不仅可知、易解，而且在可解的基点上又增加了形象性，具有很明显的"诗画意境"。因此，我们讨论《礼记》的"物类之理"认知，以时令、物候为切入点，必然考察时令、物候所对解的物类。

记载时令的概念，一直延续到今天仍在汉语系统中使用的有：年（岁、载）、季（季节）、月、日等，其实，这些概念渊源有自，是从漫长的文化积累中基于取舍而完成的。

尧、舜以前，有无记载时令的概念？从有限的史前考古文物的相关符号中，还无法得出结论，夏、商、周的史前"三代"以来，大抵可知。从考察这些记载时令概念可以认识到，它们的深层都积淀着先民认知"物类之理"而总结的理念，是对自然生态秩序深刻认识的思想精华，是推动中华民族发展、进步重要的能量本源。下面就古代相关天文历法概念做必要的考察。

年：是界别三百六十五日四分日之一，运行的一个周期，这一周期，华语界统称为"年"或"一年"，这个名称是从三代的周部族沿用下来的，周部族以前的夏、商两个部族分别用"岁"和"祀"，夏之前的唐尧和虞舜时代称"年"为"载"，《尔雅·释天·岁名》载：

> 载，岁也，夏曰岁【注：取岁星行一次】[1]。商曰祀【注：取四时一终】。周曰年，【注：取禾一熟】。唐、虞曰载【注：取物终更始】。[2]

《尔雅》是最早的一部字、词典要，其说可信。这里采用了同义相授的注解方式把"一年"的运行周期在不同时代中的称谓记载下来，晋代郭璞的

---

[1] 按，方括号文字是晋郭璞注。
[2] 据《十三经注疏》本《尔雅注疏》卷六，中华书局，1980年，第2608页。

注释又把之所以这样称谓的本事做了解说：夏代把"四时"的运行周期称为"岁"，为什么称为"岁"？郭璞说"取岁星行一次"，即依据岁星运行一个周期而得名。商代把"四时"的运行周期称为"祀"[1]，那么，称为"祀"的由来是因周而复始的四时之末祭祀一次而得名，晋孙炎说："取四时祭祀一讫"[2]，郭璞说"取四时一终"，有"兴来继往之义"[3]。周代把"四时"的运行周期称为"年"，郭璞注："取禾一熟"，这是从《说文解字》引申出来的，《说文解字》："年，谷熟也，从禾千声。"[4]"禾一熟"即农作物一年一熟，这是以黄河流域的北方农事与气候状况而言，当时，南方未曾开发，经济、文化等都以北方中原地区为核心，故有一年一熟之说。在三代之前的唐、虞时代，"四时"的运行周期称为"载"，郭璞注："取物终更始"，是取义"四时"的运行周期中植物一荣一枯回环往复这一自然现象，宋魏了翁撰《〈尚书〉要义·尧典》："载，取万物终而更始。"[5]所谓"万物"是指黄河流域的北方地区，在自然界中人类可见的植物，"终而更始"即指植物冬天枯死、春天复荣这一北方的自然现象。

以上是就历史纪年所用表述方式的考察，四个表述方式不同，但所指事物是一样的，除了殷人以"祀"纪年为后世不用，其他三个表述方式的"载""岁""年"都沿用在现代口语或书面语中[6]，这是一种文化的传递，也证明文献中记载改朔的纪年方式是可信的。因为朝代更替用不同的表述方式纪年，古代称为"改朔"。首先，"改朔"是一种文化现象，其次，"改朔"

---

[1] 按，商、周纪年称"祀"，称"年"，清阎若璩《尚书古文疏证》认为"疑'年'、'祀'古通称，不尽《尔雅》之拘也。"（引见阎若璩《尚书古文疏证》卷七）清胡渭也认为"通称不拘义为长"（引见胡渭《洪范正论》卷一）。此备一说。
[2] 宋邢昺疏文引（据《十三经注疏》本《尔雅注疏》卷五，中华书局，1980年，第2608页）。
[3] 宋邢昺疏文语（据《十三经注疏》本《尔雅注疏》卷五，中华书局，1980年，第2608页）。
[4] 文渊阁《四库全书》本，（宋）徐铉增释《说文解字》卷七（上）。案，"年"原为小篆。
[5] 据文渊阁《四库全书》本卷一。
[6] "载"表述年份多在文言（现代人仍有以文言著说者）。

涉及天文和历法，这种文化现象大约在尧、舜以后一直延续而未绝，汉班固《白虎通义·德论·三正》说：

> 王者受命，必改朔何？明易姓，示不相袭也。明受之于天，不受之于人，所以变易民心，革其耳目，以助化也。……是以，舜、禹虽继太平，犹宜改，以应天。[1]

此言"王者受命，必改朔"，暗指政权更替，即所谓改朝换代，改朝换代必须改朔，是因为政权易姓，表示不相沿袭，而且为了政权的稳定与合法，便托之于天。即是在舜、禹政权更替之时也应该改朔，是顺应天意。据此亦可知道，在舜、禹之世，政权更替，改换纪年的表述方式就已经形成了，上引《尔雅》之说"唐、虞曰载"，考之文献，这是最早的纪年称名，必为可信。"改朔"（后称改元）始于舜、禹时代，一直延续到民国。

就古代四种纪年方式的考察已可见出，每一种纪年方式都直接间接地关乎两个内容：一是"物类之理"的认知，二是"自然生态伦理"观念，在一定程度上它是先民"物理"认知和自然生态伦理观念的浓缩。古人敬畏自然，予自然以道德关怀，可从这些概念中获知。

"载"代表"四时"的运行周期——是先民"物类之理"的认知，这一运行周期表现在植物的生长过程中，就是一个从出生到衰亡的周期，是自然生态伦序的反映——这是物类之理的客观事实，也是人类对这一"物类之理"的认知，故郭璞有"取物终更始"的解释。可见，"载"具备：自然的，生态的，秩序的，与人类生存有关的，人类界定的等五个基本要素，其内涵是自然生态伦理。

"岁"与"载"一样，代表着"四时"的运行周期，是"物类之理"的认知，虽然不同于"取物终更始"这一自然生态规律，而是选择了岁星的运行

---

[1] 据文渊阁《四库全书》本卷下。

周期这一"物类"规律，它和"取物终更始"有着绝对的恰合点是"一年"的运行周期，岁星一个运行周期，明彭大翼《山堂肆考·时令》说："岁，《说文》：岁，木星也。取其历越二十八宿，宣徧阴阳，一正行一次，而四时功毕，故曰岁。"[1]故郭璞有"取岁星行一次"之说。岁星的存在是自然现象，岁星的运行周期是人类认识自然"物类之理"的结果，"岁"也具备：自然的，生态的，秩序的，与人类生存有关的，人类界定的等五个基本要素，其内涵是自然生态伦理。

"祀"是商代表述"四时"运行周期的方式（商人建丑，以十二月为岁首，十一月就是岁末），郭璞注为"取四时一终"，即以四季轮值为一个周期。时令成为"祀"是表述十二个月周期最主要的依据，"祀"取义的原始思维仍是自然生态秩序。因此，"祀"也具备：自然的，生态的，秩序的，与人类生存有关的，人类界定的等五个基本要素，其内涵是自然生态伦理。

"年"按照《说文解字》说："从禾千声"，年，是一个形声字，本义为农物从下种到成熟经历的一个周期，今天的口语、书面语中依然保留着这个本义。在周部族发祥的关中之地，农物成熟所经历的一个周期大致是十个月，"年"是谷物成熟之义，内含着十月为一个周期的时令认知（周人建子，以十一月为岁首，但周人记事却是以夏历为准）郭璞注"取禾一熟"即取义稼禾一个生、长、成熟的周期，宋邢昺说为"年者，禾熟之名，每岁一熟，故以为岁名"[2]。不难看出，它本于自然而源于生态。"年"也具备：自然的，生态的，秩序的，与人类生存有关的，人类界定的等五个基本要素，其内涵是自然生态伦理。

按以上考察的"载""岁""祀""年"等时令概念，它们的形成都是建立在认知"物类之理"基点上，一年的运行周期中有冷暖寒温的不同，故先民又把不同的冷暖寒温回环往复而不绝这一自然物候现象分界成四时（四季）。

---

[1] 据文渊阁《四库全书》本卷七。
[2] 据《十三经注疏》本《尔雅注疏》卷五，中华书局，1980年，第2608页。

《礼记·月令》以一年的运行周期为整体而又分"四时"记事,"四时"的分界,同样是建立在自然生态基础上所形成的伦理概念,它又是延续了《夏小正》的"四时"制。今天可见的最早记载"四时"之制文献是《夏小正》,其次是《逸周书》,《礼记·月令》是以前文化为本的发展和完善。无论如何,都应该承认,时令是先民认知物类之理的积累与创造,是"自然生态伦理"在这一范畴中的显现。汉语中的"四时"或"四季"是春、夏、秋、冬,这四个名义都是在物理认知的基础上形成的,《礼记·乡饮酒义》载曰:

> 东方者春,春之为言,蠢也,产万物者,圣[1]也;南方者夏,夏之为言,假也,养之长之,假之仁也;西方者秋,秋之为言,愁[2]也,愁之以时察,守义者也;北方者冬,冬之为言,中也,中者,藏也。[3]

据上文献所载,四季分定是先民认知自然物类与物候关系的结果,是典型的自然生态伦理观念的反映。作为自然现象的四季,就人类的感知而言,最突出的认知是在暖、暑、凉、寒不同的自然气候条件下显现着"有生物"相应的消长盛衰变化,这种暖、暑、凉、寒不同的自然气候条件下显现着有生物相应的消长盛衰变化又是周而复始的,形成了一个永不休止的循环圈,先民把这个循环圈的起点到终点确定为一个周期——岁、年就是这个周期的称名,而其中的暖、暑、凉、寒的感知则依据"有生物"的产生和消亡现象总结为春、夏、秋、冬,恰如汉代董仲舒所说:"天之道,春暖以生,夏暑以养,秋凉以杀,冬寒以藏。暖、暑、清、寒,异气而同功,皆天之所以成岁也。"[4] 董仲

---

[1] 在这里,"圣"是"生"的意思,郑玄注:"圣之言生也。"
[2] "愁"读为"揪",是收敛的意思,郑玄注:"愁,读为揫,揫,敛也。""揫"是"揪"的异体字。
[3] 据《十三经注疏》本《礼记正义》卷六十一,中华书局,1980年,第1684页。
[4] 据明程荣辑《汉魏丛书》本《春秋繁露·四时之副》卷十三,吉林大学出版社,1992年,第135页。

舒准确地归结其中潜藏着古人对自然生态秩序的高度认知——"一岁"的形成必须具有这些不能缺少的自然生态条件。春天,"有生物"动而欲长,古人以"蠢"为义给予界定;夏天,"有生物"借助于气候条件是生长的盛季,古人以"假"为义给予界定;秋天,是植物和农作物结出果实而应该收敛的季节,也是蛰伏的生物即将蛰伏的时令,故而界定为"擎"和"敛";冬天,是一个周期的终结,万物衰敝,也是农物收获之后的敛藏之时。可见,春、夏、秋、冬四个季节的名义深层都蕴含着先民固定的自然生态伦理观念,如唐孔颖达所说:"四时之名春、夏、秋、冬,皆以时物为之号也。"[1]"以时物为之号"是就先民界定春、夏、秋、冬四时所认知的物类之理的概括,它却是以自然生态秩序认知为前提。

《礼记·月令》中大量的"物类之理"界说都是以"四时"为基点,因此,"以时物为之号"的"时物""时"即"四时""物"即物类,也备具:自然的,生态的,秩序的,与人类生存有关的,人类界定的等五个基本特点,其内涵是自然生态伦理。

汉刘熙说:"物之生死,各应节期而止也。"[2]所谓的"物"就是古人认定的物类,物类的生长和消亡(生死)皆顺应着自然节期,其中潜藏着对"物类之理"认知是显然的;所谓的"应期"的"期"是"节期",也称为"节气"仍属保留在汉语中的固定语态,是从远古时期,先民认知"物类之理"形成、建立的顺应自然秩序观念,它就是"二十四节气"。"二十四节气"分置在十二个月之中,每月两个节气,十五天一个。

《夏小正》记载着节气之序而出现标志性的事物,但没有节气的名目。据今所见,最早记载节气名目的文献是《逸周书》,《逸周书·周月》:

---

[1] 唐孔颖达疏晋杜预《春秋左传序》文中:"年有四时,故错举以为所记之名也"(据《十三经注疏》本《春秋左传注疏》中华书局,1980年,第1703页)。

[2] 《释名·释天》卷一,上海古籍出版社,1984年,第30页。

> 四时成岁，有春、夏、秋、冬，各有孟、仲、季以名，十有二月。中气以著时应，春三月中气：雨水、春分、谷雨；夏三月中气：小满、夏至、大暑；秋三月中气：处暑，秋分，霜降；冬三月中气：小雪、冬至、大寒。闰无中气，斗指两辰之间，万物春生，夏长，秋收，冬藏，天地之正，四时之极，不易之道。[1]

《周月》只记着春天的"雨水、春分、谷雨"，夏天的"小满、夏至、大暑"，秋天的"处暑，秋分，霜降"和冬天的"小雪、冬至、大寒"——是"十二中"，而不是"二十四中气"。刘歆《三统历》[2]记载的二十四节气是总结《礼记·月令》"时物"确定下来的，是中国古代历法的重大进步。十二个月，二十四节气，每月两个节气，月初节气称为"节"，月中节气称为"中"，宋杨甲《六经图·礼记制度示掌图·二十四节气图》释文曰：

> 节者，言至此气度之时节，气一变，故谓之节；中者，谓一次之中，气更有变，故谓之中。日月之行，十五度三十二分度之七，气一变，故成一气之名，二十四变，故有二十四气之目也。[3]

此说甚是。"节气"的形成是以日月运行的"度数"为基准，每月两节，每节是十五度三十二分度之七，即笼统地作为十五天。每月按三十日计算，一年就是二十四节气。按照这种分法，正月立春、雨水，立春是"节"，雨水是"中"；二月惊蛰、春分，惊蛰是"节"，春分是"中"——以此类推。节气是以"候"为秩序，五天为一候，三候为一个节气，六个节气就是一"季"，

---

[1] 据袁宏点校《二十五别史》一册《逸周书》卷六，齐鲁书社，2000年，第54页。
[2] 按，《汉书》有《律历志》，颜师古注曰："班氏自云，作《志》，取刘歆之义也。"（见卷二十一上）又，《后汉书·律历志》："元始中，博征通知锺律者，考其意义，羲和、刘歆典领条奏，《前史》班固，取以为《志》。"（见卷十一）
[3] 据文渊阁《四库全书》本卷八。

《六经图·七十二候图》释文曰：

> 五日为候，三候为气，六气为时，四时为一岁。一岁有二十四气，为七十二候，皆律吕统之。《记》所谓"大乐与天地同和""故百物不失"[1]，谓此也。[2]

此说，五天为一"候""三候"为一个节"气"，"六气"（六个节）为一个季节，四个季节为一岁。一年之中有二十四个节"气"，总共为"七十二候"。保留在今天汉语中的"气候"这一合成词，"气"即为"节气"而取其"气""候"即取古代天文律历之学"候气"之义[3]。

二十四节气，每一节气的称名都是取义于自然生态，用自然生态中与气候变迁恰相吻合的"时物"作为节气的名目，在古代的农耕经济之世，不仅便于普及，也有助记忆。宋马晞孟[4]《礼记解》说："……月之气，二十有四；岁之候，七十有二，所以记时物也。先王因其时物，以授民时，此民之听，所以不惑而易知也。"[5]我们要强调的是，古人记时而喻之于物，恰恰反映了深厚而牢固的自然生态伦理观念，二十四节气也备具：自然的，生态的，秩序的，与人类生存有关的，人类界定的等五个基本特点，其内涵是自然生态伦理。

以上考察的类型，都具备着"自然生态属性"和"人文秩序属性"。

---

[1] 按，此为《礼记·乐记》语："大乐与天地同和，大礼与天地同节，和，故百物不失。"

[2] 据文渊阁《四库全书》本卷八。

[3] 《后汉书·律历志》载有"候气之法"（见卷二十一）。

[4] "晞孟"，一作"希孟"。宋陈振孙《直斋书录解题》："《礼记解》七十卷，马希孟彦醇撰，未详何人，亦宗王氏。"（见卷二）《宋史·艺文志》："马希孟《礼记解》七十卷。"（见卷二百二）清朱彝尊《经义考·〈礼记〉》："马氏晞孟《礼记解》《通考》七十卷，未见，《一斋书目》有。"（见卷一百四十一）

[5] 按，未见原书，转引自宋卫湜《礼记集说》卷三十八（据文渊阁《四库全书》本）。

三、《礼记·月令》中的时令生态与物类认知

古代"律历之学"涉及的对象，首先是自然生态，自然生态是古代律历之学最基本的认识对象，土地的空间关系，日月的时间关系，寒温冷暖的递变关系，山川坎衍的高下关系，草木农物的荣枯渐进关系，飞禽走兽的存续关系等，是先民研究律历之学必须熟知它们的存在和演变规律。其次，先民面对着自然生态的存在和运行，追寻、观察以及确定它们的运行规律或法则，在这一基础上建立人类与自然生态相适应的行为准则本身就是自然生态与规约的叠加，规约，最重要的意义之一就是对自然生态的道德关怀——是自然生态伦理必须具备的概念，古代"时令"便是在这样的文化思考、认知的流程中形成的。这一流程的起点是对物类、物候的认知，进而形成对物类认知的总结所出现的"物类之理"，只有对"物类"的深刻体察、认知，才有可能形成对"物类之理"的界定。《礼记·月令》中的"时令"概念，都以先民对"物类"深刻体察、认知后的界定而建立。下就《礼记·月令》中与"节气"相关的"物类之理"名义试为考察。

《礼记·月令》没有完全记载"二十四节"的名目，但却备记物候气象。姑且按《月令》出现的与"物候气象"对应的"物象""物类"做必要考察，以揭示先民认知"物类之理"的自然生态伦理思想。

《礼记·月令》记载"时令"，以一年之始为起点，"孟春之月"即是记述的起点。"孟春之月"即是"正月"，正月是一年之始。《月令》记述"孟春之月"，取物类、物候的典型表象为标示的特征，那么，"孟春之月"的物类、物候的典型表象即如《月令》所记是"东风解冻，蛰虫始振，鱼上冰，獭祭鱼，鸿雁来。……是月也，天气下降，地气上腾。天地和同，草木

萌动。[1]"即万物萌动，生命复苏的自然景观。"东风解冻，蛰虫始振，鱼上冰，獭祭鱼，鸿雁来"是物类的表象，"天气下降，地气上腾。天地和同，草木萌动"是物候的表象，先民以这些具有气候典型标志的物类、物候记述季节以及季节的气候特征，在上古时代，既便于记忆，又具有形象性。其中涵盖着两个必备的要素：自然生态和人文秩序。从时令的"节候"上分界，其中包含着"立春"的"三候"："东风解冻，蛰虫始振，鱼上冰，獭祭鱼""东风解冻"是一候，"蛰虫始振"是一候，"鱼上冰"是一候，"三候"十五天构成了一个节气，与《逸周书·时训》大抵相合，《逸周书·时训》曰："立春之日，东风解冻。又五日，蛰虫始振。又五日，鱼上冰。"（卷六）据此可知，"三候"是"立春"节。这个节气的分界是先民根据物象和气候特征回环往复的规律总结出来的。元吴澄《〈月令〉七十二候集解》解释说：

> 立春，正月节。……"东风解冻"，冻，结于冬，遇春风而解散，……气温，故解冻；"蛰虫始振"，蛰，藏也。振，动也。密藏之虫，因气至而皆苏动之矣；……鱼陟负冰，陟，升也，鱼当盛寒，伏水底而遂暖，至正月，阳气至则上游而近冰，故曰负。[2]

上引吴澄之说，具按"候气之法"为解。明朱载堉《乐律全书》对"候气之法"颇不以为然[3]，但朱载堉是从乐律的范畴著论，并未关涉时令。应该说明的是，《〈乐令〉七十二候集解》考说时令"物候"之象是以《礼记·月令》为准，但《礼记·月令》并未按"二十四节"，而且所出的"物候气象"

---

[1] 按，郑玄注："皆记时候也。振，动也。《夏小正》：'正月启蛰，……鱼陟负冰。'汉始，亦以惊蛰为正月中。此时，鱼肥美，獭将食之，先以祭也。雁自南方来，将北反其居。"（据《十三经注疏》本《礼记正义》卷十四，中华书局，1980年，第1355页）。

[2] 据清道光十一年六安晁氏木活字《学海类编》本。按，此书不分卷，旧题元吴澄撰。以下引用是书不为详注。

[3] 见是书卷五（据文渊阁《四库全书》本）。

均以黄河流域的北方地区为基准，吴澄的《〈月令〉七十二候集解》所集解的自然"物候气象"也是北方的黄河流域，与《礼记·月令》中的物候气象是相为符合的，与长江流域的南方存在着明显的差异。以上《礼记·月令》中的物候气象是"东风解冻"，春风吹来，河川的冰冻开始融解；"蛰虫始振"，蛰伏的虫类开始启动；"鱼上冰"，深潜在水底的鱼开始上浮近于冰面之下——其名则为"立春"。从"东风解冻，蛰虫始振，鱼上冰，獭祭鱼，鸿雁来"这一组自然现象和物种中，可以清楚地看到先民对"物类之理"的认知是建立两个基本的视点：自然生态属性、人文秩序属性。

"孟春"之后是"仲春"，"孟春"是正月，"仲春"是二月。《礼记·月令》载曰：

> 仲春之月，……始雨水，桃始华，仓庚鸣，鹰化为鸠。……是月也，日夜分，雷乃发声，始电。蛰虫咸动，启户，始出。[1]

郑玄注曰："皆记时候。仓庚，骊黄也。鸠，搏谷也。汉始，以雨水为二月节。"[2]郑玄所说的"时候"即谓时令与物候，"雨水"是二月的"节"[3]。按照《逸周书·时训》"雨水"在正月，属"中"。《月令》记载的这一时令主要有两个物类、物候特征："始雨水，桃始华，仓庚鸣，鹰化为鸠"是物类之象的特征，在这一自然时令阶段所出现的物类之象；由于"始雨水，桃始华，仓庚鸣，鹰化为鸠"这些自然生态现象的形成，所以与之相应的"日夜分，雷乃发声，始电"与物候相关的自然特征出现了。所谓"始雨水"即开始由降雪变为降雨，吴澄说："东风既解冻，则散而为雨水"[4]，清顾炎武《日

---

[1] 据《十三经注疏》本《礼记正义》卷十五，1980年，中华书局，第1361页。
[2] 据《十三经注疏》本《礼记正义》卷十五，1980年，中华书局，第1361页。
[3] 按《逸周书·时训解》所说"桃始华"是"惊蛰之日"，其文曰："惊蛰之日，桃始华，又五日，仓庚鸣，又五日，鹰化为鸠。"（卷六）
[4] 《学海类编》本《〈月令〉七十二候集解》"雨水"之目。

知录·雨水》："'始雨水'者，谓天所雨者水，而非雪也。"[1]这是一种自然气候现象；"桃始华"描述桃树始有开花之兆，是一种在自然气候条件下的物类之象；"仓庚鸣"，仓庚，即布谷鸟，布谷鸟开始鸣叫是春耕的气象；"鹰化为鸠"所表述的也是中春气象，古人认为，"鹰"和"鸠"在仲春和仲秋这两个不同的季节中可以互化，是建立在道德认知的基点上对生物属性的解释，所反映的恰恰是自然生态伦理观念，宋陆佃《埤雅·释鸟·鹰》："鹰，鸠属也。鸠凡五种，鹰为鶗鸠，应阳而变，则喙柔仁，而不鸷。"[2]所谓"应阳而变"，是以生物属性为基准的"阴阳交感"生成论；"喙柔仁，而不鸷"是典型的"自然人化"之说，宋张虙《月令解》说："鹰鸷而鸠仁，春阳育物，使鸷者能仁，《月令》书之，鸠化为鹰，变而之不仁矣，故《月令》不书。"[3]也佐证了古代先民，人与自然道德感应观念的存在。仍然有两个基本的视点：自然生态属性、人文秩序属性。

"仲春"之后是"季春""季春"是三月，《月令》载曰：

> 季春之月，……桐始华，田鼠化为鴽，虹始见，萍始生。……是月也，生气方盛，阳气发泄。句者毕出，萌者尽达，不可以内。[4]

郑玄此注仍以"记时候"为说，"桐始华，田鼠化为鴽，虹始见，萍始生"《月令》都作为这一时令物候的典型物类之象给予界说，但并无节气。可从两个方面分解：一、"桐始华，田鼠化为鴽，虹始见，萍始生"是物类在这一气候阶段的表象，"桐树"就要开花，田鼠蜕变为"鴽"（此与"鹰化为鸠"意思相同），遇到雨天可以见到彩虹出现，"萍"开始生长。这一表象的出现，就标志着时令进入了春天的末期阶段。《月令》所记都是自然生态中的

---

[1] 据文渊阁《四库全书》本卷三十。
[2] 据文渊阁《四库全书》本卷六。
[3] 据文渊阁《四库全书》本卷二。
[4] 据《十三经注疏》本《礼记正义》卷十五，1980年，中华书局，第1363页。

物类之象，具有明确的"自然生态属性"；二、"生气方盛，阳气发泄。句者毕出，萌者尽达，不可以内"这是先民抽象的物候特征。此谓"生气方盛"，即生长万物之气正盛，是因为"阳气发泄""句者毕出，萌者尽达"万物弯曲的嫩芽破土而出，而且书展开来，在这个时令中"不可以内"即不可以收纳。很显然，此记具有明确的"人文秩序属性"。

《逸周书·时训》则曰："清明之日，桐始华，又五日，田鼠化为䴗，又五日，虹始见。"（卷六）可见，《逸周书·时训》把"桐始华，田鼠化为䴗，虹始见"等物类之象置于"清明"。那么，按《月令》的记载，这些物类之象，在"季春之月"即三月出现，它们的出现标志着时令的推移，因此把此时的气候与物类之象的关系做了对应的逻辑解释："生气方盛，阳气发泄。句者毕出，萌者尽达，不可以内。"这不仅反映了先民对物类之象与物候关系的认知，也暗示着对"物类之理"认知的总结，是抽象的"自然生态伦理"思想的具象化。

春天是三个月，夏天也是三个月，在《月令》中与春天的表述方式一样，都用"孟""仲""季"这三个概念。

《礼记·月令》载曰：

> 孟夏之月，……蝼蝈鸣，蚯蚓出，王瓜生，苦菜秀。……是月也，继长增高，毋有坏堕，……命野虞出行田原，为天子劳农劝民，毋或失时。[1]

郑玄注："皆记时候。"与前所说一样，"蝼蝈鸣，蚯蚓出，王瓜生"等物类之象都是时令的典型标志，进入"孟夏之月"的四月"蝼蝈"开始鸣叫，

---

[1] 据《十三经注疏》本《礼记正义》卷十五，中华书局，1980年，第1365页。按，郑玄注曰："蝼蝈，蛙也。王瓜，萆挈也。今《月令》云'王瓜生'，《夏小正》云'王萯秀'，未闻孰是。"（中华书局，1980年，第1365页）《淮南子·时则》高诱注："蝼，蝼蛄也。蝈，虾蟇也。四月阴气始动于下，故鸣。"（据《诸子集成》本卷五，第七册，第73页。）

"蚯蚓"出于地面,"王瓜"开始生长,这些物类之象的出现,标志着一个新的气候"立夏"到了(按,《逸周书·时训》以为"立夏之日,蝼蝈鸣""苦菜秀"是"小满"),体现了先民"物类之理"的认知,也是自然生态伦理思想的具象化。此其一,是"自然生态属性"。其二,"命野虞出行田原,为天子劳农劝民,毋或失时"是天子命负责农事的职官"野虞"到民间,代替天子慰劳农夫,督促农事,勿失农时,是以自然时令为基础的人文化特征,即"人文秩序属性"。

夏季的第二个月是"仲夏"。

《礼记·月令》载曰:

> 仲夏之月……小暑至,螳螂生,䴗始鸣,反舌无声。……是月也,日长至,阴阳争,死生分 注争者阳方盛阴欲起也分犹半也[1]

小暑是二十四节之一,小暑到了的标志性物象是螳螂生出来了,博劳鸟开始鸣叫,百舌鸟变声了[2]。换言之,这几种物类的物象出现了,就是仲夏四月即小暑到了(按,《逸周书·时训》记为"芒种")。这是"自然生态"的表象,亦即"自然生态属性",因此,郑玄仍注为:"记时候"[3],体现了先民"物类之理"的认知,是"自然生态属性",也是自然生态伦理思想的具象化。"日长至,阴阳争死生分"物类之象是物候出现的标志,仲夏之时,就会出现"日长至"即白日时间长、夜晚时间短的自然现象,但此时阳气将由盛而衰,阴气将由衰而盛,昼夜的时间也将逐渐进入各为半的自然状况,即"阴阳

---

[1] 据《十三经注疏》本《礼记正义》卷十六,中华书局,1980年,第1369页。

[2] 宋罗愿《尔雅翼·释鸟·反舌》:"反舌,春始鸣,至五月止,能变其舌,反易其声,以效百鸟之鸣,故名反舌,又名百舌。《淮南子》曰:'人有多言者,犹百舌之声。'"(据文渊阁《四库全书》本卷十四)

[3] 郑玄注:"记时候也。螳螂,螵蛸母也。䴗,博劳也。反舌,百舌鸟。"(《十三经注疏》本《礼记正义》卷十六,中华书局,1980年,第1369页。)

争，死生分"是人类认知并据以确定历法的前提，所以，界定为人文秩序，是"人文秩序属性"，也是天文现象。

仲夏之后是"季夏"。《礼记·月令》载曰：

> 季夏之月，……温风始至，蟋蟀居壁，鹰乃学习，腐草为萤……是月也，树木方盛，乃命虞人入山行木，毋有斩伐。[1]

"季夏之月"也是夏季最后的一个月，此月至，《月令》记载有四个物类之象："温风始至"，是夏末阳气盛极之际；另一个物类之象是"蟋蟀居壁"，蟋蟀羽翼稍稍长成但不能飞得远，唯居墙壁间；还有一个特征是进入这一时令，"鹰"学习搏击之能（按，《逸周书·时训》把以上三个物象特征界定为"三候"，是"小暑"）；"腐草为萤"是时，湿气重而温热，萤火虫从腐草中生化而出[2]。这些物类之象是"自然生态"的典型特征或属性，先民把它们作为"月令"的标志，体现了先民"物类之理"的认知，也是自然生态伦理思想的具象化，可以界定为"自然生态属性"。

此谓"树木方盛，乃命虞人入山行木，毋有斩伐"属于认知物类之象而建立的人文秩序，"树木方盛，乃命虞人入山行木，毋有斩伐"以"树木"生长的旺盛期为这条件，规定在这一时节，天子命负责管理山林的职官"山虞"到山林中检查，以便禁止随意砍伐树木而影响生长。这是建立在自然生态认知的基础上形成的"人文秩序"，故称之为"人文秩序属性"。

"季夏"是夏季的最后月份，下一个季节是秋季。《礼记·月令》载曰：

> 孟秋之月……凉风至，白露降，寒蝉鸣。鹰乃祭鸟，用始行戮。[3]

---

[1] 据《十三经注疏》本《礼记正义》卷十六，中华书局，1980年，第1370页。
[2] 按，"温风始至"等，均参考宋张虙《月令解》为说。
[3] 据《十三经注疏》本《礼记正义》卷十六，中华书局，1980年，第1373页。

宋张虙《月令解》说："此记七月时候也。"（卷七）准此，上引《月令》皆记七月的时令、物类、物候之象。所谓"孟秋"是秋季的第一个月，时令进入"孟秋"的月份，就会出现"凉风至，白露降，寒蝉鸣，鹰乃祭鸟"这些物类之象。就这些物类现象的出现，汉唐以后经师做了殊多不同的解说，但有一个共同点便是以"物类"之象出现和相关的特征为参照确定时令（按，《逸周书·时训》载："立秋之日，凉风至，又五日，白露降，又五日，寒蝉鸣。"），这是"物类"之象与"时令"的对应关系，也是一种在不同方位之间证实同一个问题的互证逻辑，它是时间的，也是空间的。"物类之理"的认知是确定时令的最终依据，"自然生态属性"很明确。

"用始行戮"是刑法的标示，但这一刑法是以参照时令做成的。此谓"用始行戮"即在此季节将准备对死囚犯行刑，是准备阶段，不是行刑。因为秋季肃杀，故西周把这一季节定为杀戮死囚犯的时令，《周礼·秋官》记大司寇，为"刑官之属"，这一法规，一直沿用了数千年，其内涵却是对自然生态中物类、物候之象的认知。"用始行戮"是"自然生态属性"嬗变为"人文秩序属性"的前提。

"孟秋之月"的下一个月是"仲秋之月"。《礼记·月令》载曰：

  仲秋之月……盲风至，鸿雁来，玄鸟归。……是月也，日夜分，雷始收声。蛰虫坏户，杀气浸盛，阳气日衰。[1]

"孟秋之月"即为八月，八月这一时令，《月令》以三个物类之象确定："盲风至，鸿雁来，玄鸟归"——这三种物类之象的出现，标志着进入一个新的时令。宋张虙《月令解》说："此记八月，时候也。"（卷八）意谓这些物类之象是八月的时令与物候标志。张虙说："《月令》以草木虫鸟纪时候，惟雁则三时有之：春也，秋也，冬也，以雁之知时，尤为可验。……玄鸟，燕

---

[1] 据《十三经注疏》本《礼记正义》卷十六，中华书局，1980年，第1373页。

也,与雁不同,春至而秋归,归其所也。"[1]张虑强调"《月令》以草木虫鸟纪时候"尤为可称。可见,这是"物类"之象与"时令"的对应关系,也是一种在不同方位之间证实同一个问题的互证逻辑,它是时间的,也是空间的。"物类之理"的认知是确定时令的最终依据,可以界定为"自然生态属性"。"日夜分,雷始收声。蛰虫坯户,杀气浸盛,阳气日衰"是人类依据自然物类之象确认的历法,宋张虑《月令解》说:"日夜分,与仲秋同,无长短之差也。"[2]与"杀气浸盛,阳气日衰"之属同为人类认定的物候现象,厘在"人文秩序属性"。以上两者同属"自然生态伦理"思想的具象化。

"仲秋之月"的下一个月是"季秋之月"。《礼记·月令》载曰:

> 季秋之月……鸿雁来,宾[3]爵[4]入大水为蛤,鞠[5]有黄华,豺乃祭兽戮禽。……是月也,草木黄落,乃伐薪为炭【注:伐木必因杀气】……乃趣狱刑,毋留有罪【注:杀气已至有罪者即决也】[6]

按照《月令》的记载,"季秋之月"标志性的物象是"鸿雁来,宾爵入

---

[1] 据《月令解》卷八(文渊阁《四库全书》本)。

[2] 据文渊阁《四库全书》本卷二。

[3] 按,"宾"或以从下读为是者,《吕氏春秋·季秋纪》"宾爵入大水为蛤"汉高诱注曰:"……宾爵者,老爵也,栖宿于人堂宇之间,有似宾客,故谓之宾爵。大水,海也。传曰:爵入于海为蛤,此之谓也。"(卷九)宋罗愿《尔雅翼·释鸟·雀》:"雀小隹,依人以居。其小者,黄口贪食易捕;老者,益黠难取,号为宾雀。《淮南子》:季秋,候雁来,宾爵入大水为蛤。许叔重释之曰:宾雀者,老雀也。栖宿人家堂宇之间,如宾客也。崔豹《古今注》亦云:雀,一名嘉宾,其所入之水,盖淮水,故赵简子云:雀入于淮为蛤,雉入于淮为蜃。盖二物皆化于淮水中。"(据文渊阁《四库全书》本卷十五)

[4] "爵"是"雀"的古今字。明方以智《通雅·动物·鸟》:"雀,古作爵。"(据文渊阁《四库全书》本卷四十五)

[5] "鞠"即"菊",《吕氏春秋·季秋纪》作"菊有黄华",又,唐陆德明《经典释文·〈礼记〉释文》:"鞠,本又作菊"(按,为此句下之《音义》)。

[6] 据《十三经注疏》本《礼记正义》卷十七,中华书局,1980年,第1379~1380页。按,"豺乃祭兽戮禽",《逸周书·时训》作"霜降之日,豺乃祭兽"。(卷六)

大水为蛤, 鞠有黄华""鸿雁来"与"鞠有黄华"今尚可知,"宾爵入大水为蛤"[1]已不可知, 宋张虙《月令解》说:"……造物之妙, 或变, 或化, 难以理诘; '爵入大水为蛤', 既非可以形求, 又非可以色求。……"[2]我们只能认为, 这是以"物类之理"的认知来证明时令的变迁, 是"物类"与"时令"的对应关系, 也是一种在不同方位之间证实同一个问题的互证逻辑, 它是时间的, 也是空间的。"物类之理"的认知是确定时令的最终依据, 界定为"自然生态属性", 是自然生态伦理思想的具象化。

此谓"草木黄落, 乃伐薪为炭"是以物类之象"草木黄落"作为前置, 其结果是"伐薪为炭""伐薪为炭"是暗示, 真正的终结是"乃趣狱刑, 毋留有罪", 季秋是杀伐之时, 即是由物类之象的"肃杀"引申为"刑杀", 古代的所谓"秋后问斩"据此而延续下来。界定为"人文秩序属性", 确是"自然生态伦理"思想的具象化。

秋季三个月之后是冬季, 冬季第一个月是"孟冬之月",《礼记·月令》载曰:

> 孟冬之月……水始冰, 地始冻, 雉入大水为蜃, 虹藏不见。……天子乃祈来年于天宗、大割, 祠于公社及门闾, 腊先祖、五祀。[3]

"孟冬之月"即是十月, 十月是冬季开始的时节,《月令》确定的"水始冰, 地始冻, 雉入大水为蜃"等三个物类是这一季节来临的标志。"雉入大水为蜃"固不可解, 或古人所见, 后人不见之由, 宋张虙《月令解》曰:"此纪十月时候也。水, 流物也, 至是成冰, 阴气凝冱也; 地, 坚物也, 至是合冻, 亦阴气凝冱也。造物之妙, 或变, 或化, 难以理诘, '雉入大水为蜃', 既非

---

[1] 按, 晋葛洪《抱朴子·内篇·论仙》用为论"仙"的证据 (见卷一)。
[2] 据文渊阁《四库全书》本卷九。
[3] 据《十三经注疏》本《礼记正义》卷十七, 中华书局, 1980年, 第1381~1382页。

可以形求，又非可以色求。"（卷十。按，"虹藏不见"，《逸周书·时训》则曰："小雪之日，虹藏不见"认为是"小雪"之候）这是以"物类之理"的认知来证明时令的变迁，至少古人是这样认识的，这是"物类"与"时令"的对应关系，也是一种在不同方位之间证实同一个问题的互证逻辑，它是时间的，也是空间的。我们仍可以说，"物类之理"的认知是确定时令的最终依据，界定为"自然生态属性"，是"自然生态伦理"思想的具象化。此谓"天子乃祈来年于天宗、大割，祠于公社及门闾，腊先祖、五祀"界定为"人文秩序属性"，其中的祭祀内涵，将在第四章中的"祈年"详论，此略之。

"孟冬之月"的下一个月是"仲冬之月"。《礼记·月令》载曰：

> 仲冬之月，……冰益壮，地始坼，鹖旦不鸣，虎始交。……是月也，日短至，阴阳争，诸生荡。[1]

"仲冬之月"即十一月，是深冬季节，寒冷有甚于十月，故《月令》以"冰益壮，地始坼"表述在"水始冰，地始冻"的程度上寒冷的加深。"水始冰，地始冻"是开始结冰之象，"冰益壮，地始坼"——水上结冰愈发坚实，地面由于寒冷而开始冻裂。这种物类之象标志着已进入"小雪"。"小雪"之后的节气是"大雪"，按照《逸周书·时训》的记载，"鹖旦不鸣，虎始交"是大雪的气象，《时训》说："大雪之日，鹖鸟不鸣；又五日，虎始交；又五日，荔挺生。"（卷六）《月令》所说的"鹖旦不鸣，虎始交"即是"大雪"的节候。不难理解，这是"物类"与"时令"的对应关系，也是一种在不同方位之间证实同一个问题的互证逻辑，它是时间的，也是空间的。可见，"物类之理"的认知是确定时令的最终依据，界定为"自然生态属性"，是"自然生态伦理"思想的具象化。

此谓"日短至，阴阳争，诸生荡"，郑玄注曰："争者，阴方盛，阳欲起

---

[1] 据《十三经注疏》本《礼记正义》卷十七，中华书局，1980年，第1382~1383页。

也。荡，谓物动萌芽也。"可知，"仲冬之月"是阴阳之气交替的时节，也是白日时间最短的光景，这里直接涉及的是天文现象，也为先民厘在历法之中，界定为"人文秩序属性"。

"仲冬之月"的下一个月份是"季冬之月"，《礼记·月令》载曰：

> 季冬之月……雁北乡，鹊始巢，雉雊，鸡乳……是月也，日穷于次，月穷于纪，星回于天，数将几终。[1]

这里记载的是冬季最后一个月份，《月令》所记"雁北乡，鹊始巢，雉雊"等三个物候是"小寒"的气象，《逸周书·时训》说："小寒之日，雁北向；又五日，鹊始巢；又五日，雉始雊。"（卷六）"鸡乳"，在《时训》里置于"大寒"中。这里所描述的同样是"物类"之象与"时令"的对应关系，也是一种在不同方位之间证实同一个问题的互证逻辑，它是时间的，也是空间的。我们仍可以说，"物类之理"的认知是确定时令的最终依据，界定为"自然生态属性"，也是"自然生态伦理"思想的具象化。

此谓"日穷于次，月穷于纪，星回于天数，将几终"郑玄注曰："言日月星辰运行于此月，皆周匝于故处也。"这里涉及的是天文现象，唐孔颖达疏曰：

> "日穷于次"者，谓去年季冬日次于玄枵，从此以来，每月移次他辰，至此月穷尽，还次玄枵，故云"日穷于次"；"月穷于纪"者，纪，犹会也。去年季冬，月与日相会于玄枵，自此以来，月与日相会在于他辰，至此月穷尽，还复会于玄枵，故云"月穷于纪"；"星回于天"者，谓二十八宿，随天而行，每日虽周天一匝，早晚不同，至于此月，复其故处，与去年季冬早晚相似，故云"星回于天"；"数将几终"者，几，近也。以去年季冬，至今年季冬，三百五十四日，未满三百六十五日，未得

---

[1] 据《十三经注疏》本《礼记正义》卷十七，中华书局，1980年，第1383~1384页。

正终，唯近于终，故云"数将几终"。[1]

孔颖达完全按照古代天文学的认识解释，其说为准。据此可以确定，这是把自然生态现象以人类的认知做了规定性的文化，称之为"人文秩序属性"可也。

结　语

"物类"是指物质存在的类型，"物类之理"是指物质类型区分的依据。"物类之理"认知思维的形成，是人类与高级灵长目动物的本质区别最关键的凭据。早期华夏人类建立"物类之理"是对物类认知的结果。把物类对应于物候气象并用以描述、解释天文、律历，至少在伏羲时代就已经形成了的文化思维。随着社会的发展，到《夏小正》的完成，几臻于成熟。西周立国，物类之理认知思维是完善的历史阶段，可以借助于这一时期传之于今的天文历法文献得以获知。那么，《逸周书》中的相关记载，《周礼》中的相关记载，《礼记》中的相关记载等都是可考的文献。

物类之理是古代天文历法术语（或曰概念）的重要来源，自然生态又是物类之理的认识本源。用自然生态中的物类对解天地自然现象并把具象的物类抽象为规则、规律而成为人类生存所遵守行事的方式，它是"秩序"，也是"伦理"——这便是笔者著作此文的认识起点。

唐欧阳询主编《艺文类聚·岁时部》（上）引《尸子》曰：

> 春为忠，东方为春。春，动也，是故，鸟兽孕字，草木华生，万物咸

---

[1] 据《十三经注疏》本《礼记正义》卷十七，中华书局，1980年，第1384页。

遂，忠之至；夏为乐，南方为夏。夏，兴也；南，任也，是故，万物莫不任兴，蕃殖充盈，乐之至也；秋为礼，西方为秋。秋，肃也，万物莫不礼肃，敬之至也。[1]

案，《艺文类聚》未引《尸子》"冬"之文，宋李昉等编《太平御览·时序部》引《尸子》曰：

冬为信，北方为冬。冬，终也；北，伏方也，故万物冬皆伏，贵贱若一，美恶不惑，信之至也。[2]

笔者不想过多地发义，只想说，先民把自然生态的物象人文化是"物类之理"认知的思维结果。

---

[1] 据文渊阁《四库全书》本卷三。
[2] 据文渊阁《四库全书》本卷二十七。

第四章

"礼"与"交感"学说

"天人交感"（"天"是指"大自然"，并非指神学意义上的"天"）是原始文化"物我混同"观念的延伸与增殖概念。从西周以来的典籍中，依然可以感受到"天人交感"深层积淀的"物我混同"文化观念。除去出土的原始文化遗址所暗示的文化形态，最能代表"天人交感"学说的文献就是《易》学。《易》学的理论核心是"交感"，"交感"观念至少在"三代"以前已经形成，文献中记载的夏曰《连山》，商曰《归藏》，周曰《周易》并非虚谈，从残存的有关《连山》《归藏》文献中，依然可以看到"交感"在《易》学中的意义。《易》是华夏文化的原点，《易》作为文化之源，对其后的文化产生、形成都具有直接间接的影响，最早的"历算学"（含天文、历法、术数、乐律等）"医学""农学"与《易》是直接的亲缘关系，今天可见的《尚书》《三礼》等文献，其中大量的社会伦理记载，与《易》学也具有直接、间接的关系——"交感"是《易》学的理论核心，也是《礼记》"自然生态伦理"对这一核心理论的有效延续天地气运的交汇，代表着阴阳之气的交汇，顺应着阴阳之气的交汇与不顺应——其结果直接影响着人类所存在的自然环境——天、地是空间认知，节令、物候是时间认知，人，在这一空间中存在——"三才"观念就是在这种最简约的哲思之下形成的。"三才"之说最核心的含义是"自然生态""人文秩序"认知，在这一认知的基点上，早期人类建立对物化的"自然生态"秩序认知，形成了"自然生态伦理"观念。《礼记》中记载着大量的"交感"事象，它是"自然生态伦理"的指向，其文化却是《易》学的基因。就《礼记》这方面的记载，一个很突出的特征是"节令"与"律吕"，人类的生存过程必须遵循"节令"而不是违逆，因为"节令"是天地交感显示在人类生存空间中具有运行法则的物候现象，遵循天地交感产生的"节令"就会获得自然馈赠的福祉，相反，就会受到自然灾害的惩罚。"节令"是人类对固有自然生态现象的发现、总结以至于界定，最终成为一种关涉人类生存形态的文化——秩序便是主体形态，人类的敬畏和遵循是这一范畴中"秩序"的核心，它是"自然生态伦理"。上古农耕文明最能体现"交感"所辐射的"自然生态伦理"。

一、"交感"的文化背景

"礼"的本质是自然物象"交感"，它是建立在"对立生成"认识论基础上形成"物象"存在关系的认知，是哲学意义上的"系统论"。所谓"交感"就是早期华夏人类以自然"物象"的存在和运行规律为认识对象，在漫长的生存实践中逐渐建立起来的思维方式、社会行为方式，最早记载自然物象"交感"的文献是《易》学[1]。《易》学的自然本体理论是后人的总结、归纳，《易传》便是最早总结、归纳这一理论的文献。《易》学自然物象的认知、总结、归纳，我们用现代哲学理论来解释，它是由三个主要理论范畴组成的：本体论→生成论→系统论→循环论：本于"一"或"太一"，判而为"二仪（两仪）"，添之为"三才"，分之为"四象"，重之为"六爻"，演之为"八卦"，推为"十二辰"，积为"二十四气"。这些数理概念在《易》学中是由抽象符号架构的，而抽象符号都对应着相关的"物象"，故《易》学理论的本质是"象数"。换言之，《易》之为学，是由"数"和"象"等量值架构的。"数"是物质世界的客观存在，"象"是物质的具体存在形态即"物象"，"物象"是自然的客观实在，《易》学中的"象数"是华夏人类对自然物质世

---

[1] 这里所说的《易》学不限于《周易》，还有《河图》《洛书》《连山》《归藏》。《连山》与《归藏》虽无完整、直接的传世文献，但根据残存或间接地记载推定，它们和《周易》都是在一个文化原点上衍生的，是华夏上古《易》学的重要组成。

界客观实在形态的抽象，因此，可以肯定地说，《易》的"象数"本体就是"自然生态"，《易传·系辞》（下）说：

> 仰则观象于天，俯则观法于地，观鸟兽之文与地之宜。近取诸身，远取诸物，于是始作八卦，以通神明之德，以类万物之情。[1]

这是典型的"法象"之论，也是高度概括的判断，今天依然可以看到：《易》学的形成是先民生存实践的产物，《易》学的本质是自然生态秩序化和抽象化的形态，以自然生态为对象建立了对天地运行规律、万物消长特征的深刻认识与总结的"象数"模式。其中的核心概念就是以自然生态秩序为原则的"交感"。《系辞》所说的"仰则观象于天，俯则观法于地"与"通神明之德，类万物之情"都在说明《易》体系的形成是"交感"的结果，而用于对人类生存活动指导意义的内涵是：遵守自然法则，敬畏自然物候，监护自然生态，珍重自然生命——这是《易》的文化原点，也是"礼"的文化孳乳。《易》是怎样形成的？《易》是否有前文化？回答这些问题，我们必须就"河洛文化""九畴文化"做必要的考察。

所谓"河洛文化"即指《河图》《洛书》所承载的文化结构与内涵，今统称为"河洛文化"。《河图》《洛书》最早的记载：《河图》的记载见于《尚书·周书·顾命》："……琬、琰，在西序；大玉，夷玉，天球，河图，在东序……"此载成王死，康王即位，在即位大典上所陈列的"礼器"，其中有《河图》；《洛书》的记载最早见于《易传·系辞》（上）："河出图，洛出书，圣人则之。"西汉孔安国注《尚书·洪范》有"天与禹洛出书，神龟负文而出，列于背，有数至于九。……"两则文献所记者为《河图》《洛书》并出。由于"疑伪"之故，此载始终未得到学术界比较一致的重视。

"疑伪"要在两端：一是《尚书》之伪，二是《尚书》孔安国"传"

---

[1] 据《十三经注疏》本《周易正义》卷九，中华书局，1980年，第86页。

（注）之伪。两端的"疑伪"均与清初阎若璩《古文尚书疏证》的结论有关。其实，阎若璩《古文尚书疏证》中有些所谓的"证据"也是查不到出处（无源之证），如何证明前人的真伪？另，近几年又出来一个所谓的"清华简"，其中有《尚书》相关的文字，有人据此证明《尚书》为"伪书"。"清华简"是"竹简"，乘飞机飞到清华的，"竹简"入"清华"之前，又在哪里？笔者戏称为"无本之木"，怎样能证明"清华简"不伪呢？我们认为，《尚书·顾命》《易传·系辞》和孔安国之注所涉及的《河图》《洛书》不伪，出土的史前文物可证。

基于此，笔者以"河洛文化"与早期《易》学的关系为本，做相应的考证，进而延伸到对远古华夏先民的"自然生态伦理"观念的研究，或多未当，甚至谬误，亦待贤达正。

如前所述，今传《古文尚书》是一部有争议的文献，但其中的《洪范》却是可信无疑。简言之，《洪范》是记载商遗民箕子对答周武王治国理民之策的文献，箕子所陈，最集中的观点可以概括为两端：一是自然生态伦理，一是人文生态伦理——这就是箕子授予周武王治国理民之策。按照《洪范》解题之说"洪范"曰"言天地之大法"，自然法则是主体，那么，"自然生态伦理"就是总纲领，《尚书·周书·洪范》载曰：

> 惟十有三祀，王访于箕子，王乃言曰："呜呼，箕子，惟天阴骘下民，相协厥居，我不知其彝伦攸叙。"箕子乃言曰：我闻在昔，鲧陻洪水，汩陈其五行，帝乃震怒，不畀洪范九畴，彝伦攸斁，鲧则殛死。禹乃嗣兴，天乃锡禹洪范九畴，彝伦攸叙。[1]

这是《洪范》中武王问箕子，箕子回答武王问题的开始语，答问之始，即切入"鲧、禹治水"的败、成之由。鲧治水失败，没有获得"洪范九畴"，禹

---

[1] 据《十三经注疏》本《尚书正义》卷十三，中华书局，1980年，第188页。

治水成功[1]所谓"洪范九畴"："洪范"是大法，"九畴"是大法中的九种具体的治理纲领[2]。所谓的"彝伦攸斁"是鲧治水失败的缘由，"彝伦攸叙"是禹治水成功的条件。从鲧、禹治水失败、成功的历史传说中已经可以认识到，尊尚自然生态法则与否，是失败与成功的要义，"彝伦攸斁""彝伦攸叙"恰恰是在说明这样的道理。

那么，"九畴""彝伦"就成为这一历史事件中的关键所在。"九畴"是先民对自然运行规则的总结、归纳和抽象，"彝伦"就是完好的秩序，也可以说是完美地遵循自然运行法则。禹治水成功，是完美遵守"九畴"的结果，夏朝建立，而后治理国家，成为治国的纲领，禹的成功是遵守"九畴"所示即自然运行法则的结果，"九畴"是文化，而且是一个文化序列形态，有着早期华夏人类深刻的自然辩证思考，形成了可以用于治理家国，管理社会的文化结构，故笔者称之为"九畴文化"[3]。它的基础是尧、舜时代，部族联盟之中人类集群管理法则的传递、延续，是夏代的继承、整合、改造和发扬光大。

那么，"九畴"文化是怎样的属性？孔安国传释曰："天与禹洛出书，神龟负文而出，列于背，有数至于九，禹遂因而第之，以成九类，常道所以次叙。"[4]据此，可以说，"九畴"文化的前身是"河洛文化"，是前《易》学，或者说是《易》学的前身，与后来的《易》学具有不可分割的因果关系——《河图》是"八卦"的前文化，《洛书》是"九畴"的前文化，而且，《河图》《洛书》可以互为"八卦""九畴"，两者都是《易》"阴阳"学说的前文化，"象数""交感"是这一文化形态的基本功能，《河图》《洛书》

---

[1] 关于"鲧禹治水"，周延良坚持禹治水成功在于遵守自然法则这一见解，笔者信从之，是获得"天"所赐予的"洪范九畴"。

[2] 《洪范传》："洪，大；范，法也。言天地之大法。"（据《十三经注疏》本《尚书正义》卷十三，中华书局，1980年，第187页。）

[3] 周延良在《"九畴"的天人观念》有专论（见《夏商周原始文化要论》，学苑出版社，2004年，第49页），他也发表过几篇相关的论文。

[4] 据《十三经注疏》本《尚书正义》卷十三，中华书局，1980年，第188页。

图像，布列有别，在于宋人的"经纬之说"，但其文化本质则同。宋陈埴《木锺集·六经总论·〈河图〉〈洛书〉》说：

> 经纬之说，非是以上下为经，左右为纬。大抵，经言其正，纬言其变，而二图互为正变。主《河图》而言，则《河图》为正，《洛书》为变；主《洛书》而言，则《洛书》为正，而《河图》又为变。要知天地间不过一阴一阳，以两其五行，而太极常居其中。二图虽纵横变动，要只是参互呈见，此理所以谓之相为经纬也，表里之说亦然。盖《河图》不但可以画卦，亦可以明畴；《洛书》不特可以明畴，而亦可以画卦。[1]

陈氏此论，辩证地解说了《河图》《洛书》与"八卦""九畴"的关系，《河图》《洛书》并无本质的区别，据《河图》可以画卦，据《洛书》也可以画卦；据《河图》可以纲领"九畴"，据《洛书》也可以纲领"九畴""八卦""九畴"是由《河图》《洛书》衍生的，"八卦""九畴"同样没有本质的区别，"河洛文化"是《易》学的前文化，大抵古代学者的共识，据此可以确定其文化属性为原始"天文历法"。附录宋代的《河图》《洛书》图[2]：

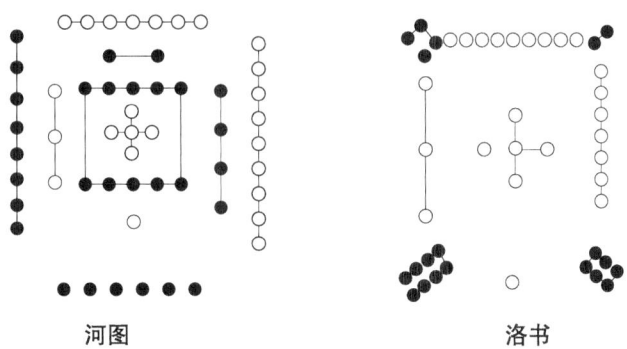

河图　　　　　　　　洛书

---

[1] 据文渊阁《四库全书》本卷三。
[2] 据文渊阁《四库全书》本明胡广等编《周易大全》。

《河图》《洛书》的真伪。

从文化发展的特点认识，《易》学必然有它的前在文化，"河洛文化"是其前文化，"象数""交感"的文化基因可以作为一个重要的根据。从上引《河图》《洛书》可以认识到，"河洛文化"的本质是"象数"与"交感"。至于它的真伪，需要做进一步考察。

前引《洪范》"天乃锡禹洪范九畴"孔颖达疏云：

> 《汉书·五行志》，刘歆以为，伏羲系天而王，河出图，则而画之，八卦是也。禹治洪水，锡《洛书》，法而陈之，《洪范》是也。"（同上）

孔颖达述引《汉书·五行志》刘歆之说：伏羲画卦是参考《河图》，大禹治水之法是参考《洛书》，但孔颖达处在疑似之间。"河出图，洛出书"之说见于《系辞》（上）所谓"河出图，洛出书，圣人则之"，宋苏轼《书传·周书·洪范》论之曰：

> 旧说河出图，洛出书，《河图》为八卦，《洛书》为九畴，其传也尚矣。学者或疑而不敢言，以予观之，《图》《书》之文，必粗有"八卦""九畴"之象数，以发伏羲与禹之知。[1]

苏轼此论甚是，肯定了《汉书·五行志》所出的结论，认为《河图》就是"八卦"，《洛书》就是"九畴"，而且特别强调"《图》《书》之文，必粗有'八卦'、'九畴'之象数"申说了"八卦"的"象数"特征。又，苏轼《东坡〈易传〉》则曰：

> 《河图》《洛书》，其详不可得而闻矣。……而今学者或疑焉。山川

---

[1] 据文渊阁《四库全书》本卷十。

之出"图、书",有时而然也。魏晋之间,张掖出"石图",文字粲然,时无圣人,莫识其义尔。《河图》《洛书》,岂足怪哉?且此四者(指"四象"——引者),圣人之所取象以作《易》也,当是之时,有其象而无其辞,示人以其意而已。[1]

苏轼此说有三点值得注意,举"魏晋之间,张掖出'石图'"之证,在苏轼的北宋时期,尚且知晓"张掖"出土的"石图";强调作《易》"象数"的意义,"象数"是《易》学的根本,没有了"象数",《易》之为学,就是无本之木;言及《易》之初"有象"而"无辞"。此说非常符合历史,事实上,《易》的早期确是有"图"象而无文字,《易》学的文字是产生了文字之后所加,——苏轼所出数证,均可为确论。又,清胡渭《易图明辨·河图、洛书》说:

按《隋志》云:济南伏生之传,唯刘向父子所著《五行传》是其本法。歆以《洛书》为文字,盖亦本伏生。伏生尝为秦博士,习闻古训,《洛书》即"九畴",必三代以来相传之学,非臆说也。天地之文,理当简要。[2]

胡渭是清代初年著名学者,其学,博通经史,兼擅天文历法、地理之学,胡氏认为,"《洛书》即'九畴',必三代以来相传之学,非臆说",今人周止礼先生说:"《河图》《洛书》并不是神奇之物不可理解的,它不过是出土的古代民族文化遗产罢了。是刻着有龙或马的图形石刻或石画;'洛书'或'龟书'也就是刻有古代文字(甲骨文)龟甲片。"[3]其实,1987年,安徽省含山县的凌家滩挖掘的原始古墓中,出土了一方"玉版"和一尊"玉龟"与宋

---

[1] 据文渊阁《四库全书》本卷七。
[2] 据文渊阁《四库全书》本卷一。
[3] 据《〈易经〉与中国文化》,学苑出版社,1990年,第4页。

代以来考说的《河图》《洛书》有着诸多的吻合，"河洛文化"存在于华夏史前，此"玉版""玉龟"上的图式最好地证明了前贤苏轼、胡渭和今人周止礼之说的高明见解，"疑古"之非，不攻自破。《河图》《洛书》不伪，此"玉版图"固可为证。

附录"玉版""玉龟"[1]

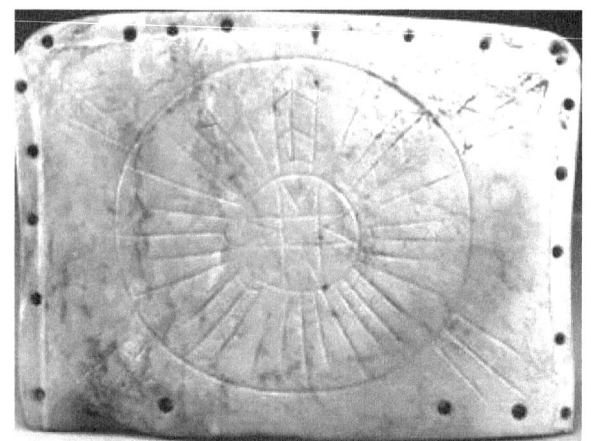

安徽省含山县凌家滩出土的史前"玉版图"

安徽省含山县凌家滩出土的史前"玉龟图"

出土之际，"玉龟"夹着"玉版"，说明两者是一个文化整体。两块玉龟上有钻孔，龟背钻八个孔，龟腹钻五个孔。龟腹五孔，具有"五行"模式的特征，而且与《河图》《洛书》两图中心部位五个正对角方形的圆点布列具有相同的文化含义，图示：

---

[1] 按，此两件文物出土的墓葬距今约5300年到5600年。

洛书中心图

龟背两侧各是四个孔，具有"四象"的模式特征。发掘时，玉版藏于玉龟腹中，置于墓主胸部，与汉代纬书中记载的"元龟衔符""元龟负书"等说法相吻合。经过学者深入研究，"玉版""玉龟"与古代天文历法、《易》学相关的认知在学界基本上形成共识。"玉版"及"玉龟甲"是一个整体构思，设计精细，式样典重，承载着丰富的文化内涵，至少应该包括《河图》《洛书》、四象、五行、八卦、九畴、十二辰、二十四节气等——总之，此图与史前社会的天文历法有直接关系。

又，《洛书》其实是一个"象数"模式，也可以说是"九宫"模式。"九宫"模式：以"象数"言，无论从哪个方位旋看，叠加其圆点数字的和都是十五，这是九宫图最突出的特点。玉版象数，四周孔的数字是：最上边是九，左右两边分别是五，下边是四。从下边的四起数，无论左旋，还是右旋，都是四加五等于九，是很典型的"九畴"文化模式，与《洪范》孔传"天与禹洛出书，神龟负文而出，列于背，有数至于九。"的注解完全吻合，从原理上认识，"玉版图"的孔洞布列与《洛书》的圆点布列，其思维方式和应用导向是一致的——可以肯定地说，玉版上的孔数图示就是"九畴"文化的原型。

又，"玉版图"大圆与小圆夹中的图像，类似测影所用"圭"之象（参看下面临摹的图式），大圆外边的四个"圭"象，是方位的标示：东北→东南→西南→西北，大圆内的八个"圭"象与"八节"可以互解，与外围的四个"圭"形图像相加为"十二"，应是"十二辰"的暗示。小圆中的构图具有文

摹绘"玉版图"的中心图

化的重合特征,除了与《河图》《洛书》的中心图布列方位相同,与周代的"明堂"布列很相似[1],"明堂"属于房屋建筑的堂宇,"明堂"主要是用于测知天象,确定历法以授民时的所在,是从史前社会晚季传递下来的。文献载,夏曰"世室",殷曰"重屋",周曰"明堂",都是指史前时期。甘肃省秦安县大地湾发掘的史前文化遗址中的房屋基址,有一处基址,考古界称呼所谓的"大房子"就有"明堂"的某些特点。周代的"明堂制"在立国之初就很成熟[2],绝不是偶然。

"玉版""玉龟"的出土,有力地证明了《河图》《洛书》在华夏文化的建始之际是存在的,同时,也证明华夏天文历法起源之际的特征与形态:据此图可以感知到"象数""交感"的文化内涵,同样折射着史前先民深邃的"自然生态伦理"观念。那么,《尚书·洪范》中的"九畴"孔传注文所称"天与禹洛出书"并非无据,孔传或为"伪",但其注义不伪!

以上,无论是《河图》《洛书》,还是"玉版""玉龟",它们有一个共同点则是:"自然生态属性"和"人文秩序属性"。自然生态属性的人文化也可以说是秩序化,最合理的界定就是"自然生态伦理"。自然生态伦理观念的图式化,是早期人类技能文化的"物化",技能文化"物化"具备产生"直感"的效果,其目的不仅备忘,重要的是普及化——这是"人"的类本质,也是"人"作为动物有别于其他灵长目动物类本质的关键所在。

---

[1] 笔者主要参看的是清陈奂《礼说》构图,王国维的《明堂寝庙通考》的构图与陈奂《礼说》之图雷同,应是从陈奂书抄录。

[2] 可参看《礼记》的《明堂位》。

"河洛文化"的起点,其实就是原始天文历法。《易》是进入"三代"史前阶段的不断改造、创新与整合的产物。《易》基于"河洛文化"的天文历法,定型以后,首要的功用是天文历法,其次是测知人事。《易》学的核心是"八卦","八卦"产生的早期是用于测知天象,制定历法的,《河图》《洛书》与"八卦"具有紧密的联系,它们是史前社会用于测知天文、制定历法的文化载体就不难理解了。其实,这一认识,在古代已经形成,唐李鼎祚《周易集解》引侯果[1]曰:

> 圣人法《河图》《洛书》制历象,以示天下也。[2]

《易传·系辞》(上)有"河出图,洛出书,圣人则之"说,这与"圣人法《河图》《洛书》制历象,以示天下"可以互证,与"伏羲画卦"之说亦可互证。"伏羲画卦"的初始就是为了记载天象,建立历法——"象数"交感:本于自然天象,用于人文历法,是形成华夏先民敬畏天地,尊尚自然,珍重物类,笃诚生命最早的文化先机。无论《河图》《洛书》,还是原初的《易》学,它们共同具备的理论支点就是"阴阳"。明潘士藻《读〈易〉述·〈系辞(上)传〉》引彭山曰:

> 《河图》者,阴阳推行之正;《洛书》者,阴阳混合之中。会而为一则正,在中,分而为二则中,在正,其理未尝不同,虽名《河图》为《洛书》,《洛书》为《河图》亦何害耶?[3]

是说恰在阐明《河图》《洛书》的"阴阳交感"之理无别于彼此。此谓"《河图》者,阴阳推行之正;《洛书》者,阴阳混合之中",《河图》所侧

---

[1] 侯果,汉、晋人,生履不详。
[2] 据文渊阁《十三经注疏》本卷十四。
[3] 据文渊阁《四库全书》本卷十二。

重的是"正",《洛书》所侧重的是"中"。"分而为二"即是"中",同样,也可以是"正"——"中"和"正"都是"分而为二"的"阴阳相推",因此《河图》《洛书》并无本质区别。

《易》学的"象数"与"交感"。

"交感"得以形成是先民认识到"物象"与"数理"的关系最终建立了"象数"的"交感"模式,"象数"是《易》这一文化形态的核心和初元,也就是说,《易》最早的文化结构形态是"象数","象数"最本质的属性是"自然生态","自然生态"最本质的属性是有序化衍生即人类认定的"人文秩序",《易传·说卦》说:

> 圣人之作《易》也,参天两地而倚数。观变于阴阳而立卦,发挥于刚柔而生爻。[1]

《说卦》系统地论述了"象数"自然生态的本质属性,也准确地解释了"象数"自然生态属性的有序衍生规则即"人文秩序"特征。"参天两地而倚数"三国·吴·虞翻说"谓分天象为三才,以地两之,立六画之数,故倚数也。"[2]此所谓"天象为三才"即"乾"卦和"坤"卦的本卦"☰""☷""以地两之,立六画之数"即"乾、坤"卦的后天卦"䷀""䷁"(各为六画)。《说卦》所说的"参天两地而倚数"盖专指"乾""坤"两卦的"象"和"数"——"象"是笔画,"数"是笔画的数字,每卦六画即"六爻","六爻"界分为"阴阳","阴阳"分别为"刚柔",这是"爻"孳乳的必备条件,即《说卦》所谓的"发挥于刚柔而生爻"。这是"象数"的基本理论。要特别强调的是"卦"的"象"是高度抽象的"物象",也是高度抽象的"物象"属性(阴阳)。"数"是"象"的排列之序与"物象"的存在、运行规则,都是

---

[1] 据《十三经注疏》本《周易正义》卷九,中华书局,1980年,第93页。
[2] 据文渊阁《四库全书》本,(唐)李鼎祚《周易集解》卷十七。

在"物类"各自属性的条件下进行。物质世界的"物象"是有"类"别的，故"物象"可以称为"物类之象"，在《易》学中，"物类之象"都有各自的属性界定，比如"天、地、风、雨、草木、虫鱼"等都体现在"—"（阳）和"- -"（阴）基本的"象数"中，"—"（阳）和"- -"（阴）是本体物象的抽绎，《系辞》有"八卦以象告"[1]之说，就是在说明"象数"的道理。这两个基本符号重叠六次，便是一卦。"象数"的功用在《易》学中可以概括为：象以物生，数因象成，两者源于"自然生态"，类比于人间繁务——人间繁务皆浓缩在"象数"之中，就具备了人文秩序属性，如《系辞》所说的"爻也者，效此者也；象也者，像此者也。爻象动乎内，吉凶见乎外"。[2]在《易》学中，"—"（阳）和"- -"（阴）对立生成（即交感）是永恒的——人类所及的自然生态中的万事万物永远在对立生成（交感）中延续、发展，"六爻"就是在这一渺远的认识思维起点上产生的，而这一认识思维又是在先民长期认识"自然生态"的过程中建立的，《系辞》（下）说："天地絪缊，万物化醇；男女构精，万物化生。"[3]"天地""男女"是自然本体的具象，"乾、坤"则是自然本体的抽象，也是"象数"的基本形态。人类所及的万物是因为有了"天地"这一自然本体才可以滋生，《易传·序卦》："有天地，然后万物生焉。盈天地之间者，唯万物。"[4]《序卦》就是在阐述"交感"这一哲学命题。"八卦"，除了"乾、坤"两卦之外，还有"六卦"，即震、巽、坎、离、艮、兑。以"八卦"为基础，以"正对""反对"[5]之理演绎为"六十四卦"，先民建立了"交感"这一认识论，以"象数"为系统推

---

[1] 据《十三经注疏》本《周易正义》卷八，中华书局，1980年，第91页。
[2] 据《十三经注疏》本《周易正义》卷八，中华书局，1980年，第86页。
[3] 据《十三经注疏》本《周易正义》卷八，中华书局，1980年，第88页。
[4] 据《十三经注疏》本《周易正义》卷九，中华书局，1980年，第95页。
[5] 《周易》的卦象中"正对"和"反对"是"六十四卦"形成的原则，也是"交感"的理论基础，比如"否、泰"两卦就很典型——"正对"为"泰"，反对为"否"。这个问题不难解，但很繁琐，故略之。

演，完成了"六十四卦"的"象数"体系，如宋朱元升《三易备遗·后天〈周易〉·〈周易〉述意》说："夫《易》之理，托象数而明。古者，仰观俯察，远物近身，象数备矣。"[1]此说《易》的基本原理就是依赖"象数"而明确，仰观天象，俯察地理，自然的"物象"完备了。

最初的《易》，是服务于农耕记历，当时并无文字，仅仅是一个符号化体系，也可以说是"物象化"体系，"观物取象"是"伏羲画卦"的主要思维形态。明胡居仁《易像钞》引金氏曰：

> 伏羲之画卦也，有图而无书，有占而无文。时未有文字，此六十四卦者，即六十四大字也。是六十四字者，天地、人事、时义、物理之常变，悉管乎是矣。[2]

此说甚是。历史上记载的《三坟》《五典》《八索》《九丘》与历史文献中所说的"周天历度""黄帝历""颛顼历"等都属于这样的文化特征。《周礼·春官·外史》载："外史……掌三皇五帝之书，……"[3]"三皇五帝之书"即《三坟》《五典》《八索》《九丘》类的书，而且，这类书都属于早期的天文历法的内容，当然，应该重审的是它们属于一个符号化体系的记事方式，并没有文字——"观物取象"是三皇五帝时代，文化创造的总体思维形态，而这一思维形态的基础却是"交感"认知，也就是说"交感"认知是人类"观物取象"的智力功能。我们今天见到的《周易》是由符号系统和文字系统构成的[4]，它的符号系统是经过"三代"时期的夏、商两代改进与整合，创制

---

[1] 据文渊阁《四库全书》本卷八。

[2] 据周延良主编《古代〈周易〉经传疏义辑要》本《易像钞》卷三，中国古文献出版社，2014年。

[3] 据《十三经注疏》本《周礼正义》卷二十六，中华书局，1980年，第820页。

[4] 我们所说的《周易》文字系统不包含《易传》。

了《连山易》《归藏易》，此时虽已有文字，但"画像"应是主体[1]，到周部族发展壮大，经文王的整合、改造与创制，成为传承的《周易》，史书中记载的"文王演易"并非无稽之谈。此时之《易》依然是以卦象为主，如《系辞》（下）说："八卦成列，象在其中矣"，此言，"八卦"按所规定之序排成列，物象已经包含在其中了——叙说了"观物取象"之理。这一文化格局，大约在夏、商时代仍是以抽象的符号（卦象）标示为主，到了周文王"演易"，除了依旧保留抽象符号（卦象），还加上与卦象意义相为配备的文字：卦题和卦辞。《易传·说卦》曰：

> 天、地定位，山、泽通气，雷、风相薄，水、火不相射。八卦相错，数往者顺，知来者逆，是故《易》逆数也。[2]

此文是在阐述"八卦"观物取象的逻辑关系，唐代孔颖达疏做了合理的解说，其说曰："……《易》以乾、坤象天、地，艮、兑象山、泽，震、巽象雷、风，坎、离象水、火。……"[3]孔颖达此说，已经很明了地解释了八卦所对应的物象：乾、坤象天、地，艮、兑象山、泽，震、巽象雷、风，坎、离象水、火。先民按照"八卦"各卦以及与各卦对应的物象属性排列了一个"八卦图"：

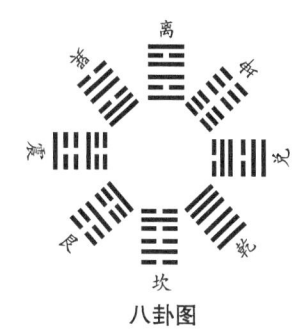

八卦图

"八卦图"的序列是以"交感"理念排比的，"自然生态"为基础，"人文秩序"是条件——自然生态伦理，在八卦排序上具有决定性的意义，孔颖达疏上《说卦》之文曰："若使天地不交，水火异处，则庶类无生成之用，品

---

[1] 《周易·系辞》（下）："八卦成列，象在其中矣。……是故《易》者，象也。象也者，像也。"（据据《十三经注疏》本《周礼正义》卷八，中华书局，1980年，第87页。

[2] 据《十三经注疏》本《周礼正义》卷九，中华书局，1980年，第94页。

[3] 据《十三经注疏》本《周礼正义》卷九，中华书局，1980年，第94页。

物无变化之理，所以因而重之。今八卦相错，则天地、人事莫不备矣。"[1]孔氏此说，意在强调事物"交感"的意义："天"与"地"、"水"与"火"代表着事物属性的"阴阳""阴阳"不交，物类（庶类）就不可能有生成的作用，不同的物种就不会有变化的道理——申说"交感"在物质世界中的存在、价值和意义。《说卦》把"八卦"不同属性的"交感"确定为"定位""通气""相薄""不相射"，其总原则是"相错""相错"就是"交感"，孔颖达做了更具体的解释，其说曰：

> 天、地定位而合德，山、泽异体而通气，雷、风各动而相薄，水、火不相入而相资。既八卦之用，变化如此，故圣人重卦，令八卦相错。乾、坤、震、巽、坎、离、艮、兑，莫不交互而相重，以象天、地、雷、风、水、火、山、泽，莫不交错，则易之爻卦，与天地等。成性命之理，吉凶之数，既往之事，将来之几，备在爻卦之中矣。[2]

"天地""山泽""风雷""水火"都是不同的事物，同样，也具备不同的事物属性，只有如此才能构成相对的事物，也才能具备"交感"的条件，"天地"是相对的，它们的"交感"结果是"合德"；"山泽"是相对的，它们"交感"的结果是"通气"；"风雷"是相对的，它们的"交感"结果是"相薄"；"水火"是相对的，它们的"交感"结果是"相资"。孔氏所说的"乾、坤、震、巽、坎、离、艮、兑，莫不交互而相重，以象天、地、雷、风、水、火、山、泽，莫不交错"，准确地解说了"八卦"与"八卦"对应"物象"的"交感"关系原理。每卦以六画而成，称之为"六爻"。"六爻"也莫不是在"交感"的前提下存在。

"八卦"对应于"物象"交感而成"六十四卦"，亦以"象数""交感"

---

[1] 据《十三经注疏》本《周礼正义》卷九，中华书局，1980年，第94页。
[2] 据《十三经注疏》本《周礼正义》卷九，中华书局，1980年，第94页。

之理推演成体，限于篇幅，略而不论。我们要说的是《易》学"交感"理念的根基依然是自然生态和人文秩序，以"交感"理念为前提，以自然生态为对象，建立了对天地运行规律、万物消长特征的"象数"模式。其中的核心概念是自然生态秩序原则的"交感"。而用于对人类生存活动指导意义的内涵是遵守自然法则，敬畏自然物候，监护自然生态，珍重自然生命——这是《易》的文化原点，也是《易》之为学的扩展与延伸、孳乳，"礼乐"就是在这一文化原点上的文化孳乳。

二、"礼乐"与"物候"

"十二辰"即十二月，十二月又分为四季。在《易》学之内，"十二月"即为"十二辰""四季"称为"四象"。在早期《易》学之中，这些概念不仅很固定了，而且已经普及成为先民生存的基本知识。一年分为四季应是事实，有"四季"，就会有"十二辰"这类用于记"月历"的概念。只是原始历法没有文字记载，唯其记于刻画，此所以与《易》学关联紧密。

历法本身就是人类本之"自然生态"，加以"人文秩序"的思想产物，"四象""十二辰"与《易》有关联是《易》原点的符号体系，同样，"礼"也是在这一思维架构中完成，《礼记·月令》厘"四时""十二月"是《易》学制导下的结果，自不会脱离"自然生态伦理"思想。

《礼记》中有一篇《乐记》，是中国文化史上最早成为有系统的音乐理论，所论"乐"之本源，不出"自然生态""人文秩序"之伦。

以下，就这些问题做基本考察。

"四正""八节""十二辰"与"二十四气"。

关于"十二辰"与"十二地支"的"月历"，其产生时间，固然不可遽为结论，但它是史前的文化产物，天文史学已成共识。明董斯张《广博物志·时序》引《事始》[1]曰：

> 黄帝立子午、十二辰以名月，又以十二名兽属之。[2]

此载大抵可信，史前炎黄时代已经进入原始农耕文明，原始农耕文明的前提条件是"历法"文明。《尸子》载炎帝定"四时"，黄帝立"子午、十二辰"，季节和"月历"都建构完成，《事始》所云"十二辰以名月，又以十二名兽属之"即现在依然用于历法的"十二地支"。今天，华人的属相也是以此为始源。可以说，至少在炎黄时代就有了"四时"即"季节历"之法，黄帝增而为"月历"之法，且命大挠作"甲子[3]制历象"，故名为"黄帝调历"至尧、舜时代，其历为"虞历"，原始"历法"之制已经完备。"三代"的夏（"夏历"）、商（"殷历"）、周（"周历"），史前阶段是沿用和修正前代历法遗续而已。《汉书·律历志》（上）说：

> "颛顼命南正重司天，火正黎司地。"[4]其后，三苗乱德，二官咸废，而闰余乖次。……尧复育重、黎之后，使纂其业。……其后，以授舜，……舜亦以命禹，至周武王访箕子，箕子言大法九章，而"五纪明历法"，故自殷、周，皆创业改制，咸正历纪，服色从之，顺其时气，以应天道。[5]

据上文所载，大致梳理出自颛顼时代到西周初年历法的脉络。历史文献

---

[1] 按，《事始》佚。
[2] 据文渊阁《四库全书》本卷四。
[3] 关于天干、地支的记历以及天干地支最初的起源，目前尚无定论，有人认为至少在殷商以前就形成，黄帝时代已经创制，当非为过之论。
[4] 按，此语为班固引《史记·太史公自叙》，按，即司马迁之说。
[5] 据《二十五史》本《汉书》卷二十一上。

中记载的"颛顼历"或"颛帝历"可与司马迁"颛顼命南正重司天，火正黎司地"之说互补，有的考古学家依据出土的文物专就颛顼时代的历法做了深入的研究，所论可信。颛顼之后，"三苗乱德"，其结果是"闰余乖次"，实即历法的混乱，到了尧时，重修历法，尧禅位于舜，舜本尧制，修订历法而称为"虞历"，今天见到的《夏小正》是为"夏历"，依旧在使用。《逸周书》和《三礼》中的历法，都是沿用"夏历"而有所增损、改造。

史前时代已经建立了"四时"（"四象""四正"）即四季，可以称为"季节历"，建立了"十二辰"（即"十二月"），可以称为"月历"，建立了"二十四气"（节气），可以称为"节气历"。那么《易》卦与"四象""四正"对应，延伸为"八节""十二辰""二十四气""七十二候"。

《周易乾凿度》："天地烂明，日月星辰布设，八卦错序，律历调列，五纬顺轨。……四维正纪，经纬仲序度毕矣。"[1]此文要在阐明《易》卦与天体、四季的关系，汉郑玄注曰："四维正四时之纪，则坎、离为经，震、兑为纬，此四正之卦，为四仲之次序也。"（同上）据郑玄注文可知，"四维正纪"即确定《易》卦的"四维"方位进而核准"四时"的经纬律度——"坎"与"离"为"经""震"与"兑"是"纬"。这种与卦相应的"四季"之设是建立在"自然生态秩序"的基础上用"策"计算的结果，有着科学依据，"四维"及于"四时"其中也隐含着"节气"，"节气"及于"四"，分而为"八"，环而为"十二"，增之为"二十四"。"四节"即春分、秋分和夏至、冬至。春分、秋分为"经"，则夏至、冬至为"纬"，历史上把这种历法格局称之为"四正"，宋朱震《汉上易传·卦图》说：

> 《说卦》言，坎，北方之卦也；震，东方之卦也；离，南方之卦也；兑，正秋也。于三卦言方，则知坎、离、震、兑各主一方矣。于兑言正

---

[1] 据文渊阁《四库全书》本卷上。

秋，秋分也。兑言秋分，则震春分，坎冬至，离夏至，为四正矣。[1]

春分、秋分、夏至、冬至，是以方位东、西、南、北为坐标，标示寒温冷热的物候，古今统称为"节气"。"节气"原名"节、中"，是基于"阴阳交感"而得名。"节"为"阳"，"中"为"阴"。"春分"是"春"之正气，"秋分"是"秋"之正气；"夏至"是"夏"之正气，"冬至"是"冬"之正气，故称之为"四正"或"四正气"；在"春分"之前有一个"春"的预示期是"立春"，在"秋分"之前有一个"秋"的预示期是"立秋"，在"夏至"之前有一个"夏"的预示期是"立夏"，在"冬至"之前有一个"冬"的预示期是"立冬"，每个季节的两个阶段，合而为"八节"，它与"八卦"是相应的。清王宏撰的《周易筮述·卦德》说："凡术皆本之《易》"，王氏所谓的"术"即指"律度"和"历法"之术，申其说而引《奇门秘要》曰：

> 以八卦分八节，有云："八节者，冬至、立春、春分、立夏、夏至、立秋、秋分、立冬也。"[2]

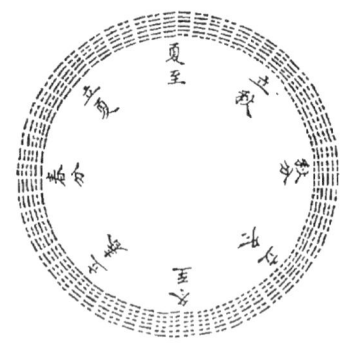

清人杨道声所绘制的《节气图》

天文历法以《易》学为原点，这是历史上研究《易》"象数"学的共识，"四象"是《易》象数学的概念，"四季"或"四时"是历法学概念，但两者可以互换，它们是同义概念。同样，"八卦"与"八节"也是同义概念，宋司马光《易说》谓："四象，四时也；八卦，八节也……。"[3]此用清

---

[1] 据文渊阁《四库全书》本卷下。
[2] 据文渊阁《四库全书》本卷五。
[3] 据文渊阁《四库全书》本卷五。

人杨道声所绘制的《节气图》[1]更可获知它们之间的关系：

此图是由左向右旋看，春分、夏至、秋分、冬至——"四时"俱在，冬至、立春、春分、立夏、夏至、立秋、秋分、立冬——"八节"亦甚有序。从"四时"分而为"八节"，并非数字游戏，相反它是先民认知物候气象之后，以"律度"为依据推演的结果（用现在的话说就是把测试的数字按照公式"演算"出来的）是对自然生态的认识以及消长规律总结之后所做的"历法"界定。据上考察可知，"四时"有"节气"，"八节"也有"节气"。"四时"的每一"时"是三个月，"八节"的每一节是一个半月，"四时"是十二个月，"八节"也是十二个月，"十二月"，在古代天文历法学中称之为"十二辰"。"十二辰"或"十二月"的循环周期是一年（除了闰月，一年十二个月），不能多，也不能少，即上引《易传·系辞》中所说的"不过"。"八卦"与"八节"是同义关系，足证，"八卦"的文化本体是远古天文历法。

"十二辰"在《易传·系辞》里就有很含蓄的概括，《系辞》（上）说："范围天地之化而不过"，唐李鼎祚《周易集解》引：

> 《九家易》[2]曰：范者，法也；围者，周也。言乾坤消息，法周天地而不过于十二辰也。辰、日、月所会之宿，谓：诹訾、降娄、大梁、实沈、鹑首、鹑火、鹑尾、寿星、大火、析木、星纪、玄枵之属是也。[3]

按照《九家易》的解释，"范"是"法"之义，即今所谓"法则""规律"；"围"是"周""周期"之义，也可谓"循环"或"回环"；"乾坤

---

[1] 据文渊阁《四库全书》本（清）陈梦雷《周易浅述·图》。

[2] 按，唐陆德明《经典释文·〈周易〉注解撰述人》载曰："荀爽《九家集注》十卷，不知何人所集，称荀爽者，以为主故也。其序有荀爽、京房、马融、郑玄、宋衷、虞翻、陆绩、姚信、翟子玄，子玄，不详何人，为《〈易〉义注》内又有张氏、朱氏，并不详何人。"清惠栋《易汉学》说："《九家易》，魏晋后人所撰，其说以荀爽为宗，朱氏遂谓爽所集，失之。"（卷七）惜，其书已佚。

[3] 据文渊阁《四库全书》本卷十三。

消息，法周天地而不过于十二辰"，是谓一年循环周期为十二辰这一有规律的循环，"范围天地之化而不过"即暗示此义。所谓"乾坤消息"即指十二辰是在"乾坤消息"中回环往复。"乾"为纯"阳（—）""坤"为纯"阴（— —）"，阴阳交感，故为"消息"。"乾坤"两卦推为"十二辰"，是以"策（木片）"计算的，《易传·系辞》（上）说：

> 天地之数，五十有五，此所以成变化而行鬼神也。乾之策二百一十有六，坤之策百四十有四，凡三百有六十，当期之日。[1]

这里，是在说明按照"乾坤"两卦的"策"数计算"当期之日"，所谓"当期之日"即"乾坤"两卦"乾之策二百一十有六，坤之策百四十有四""策"数相加之和，即"三百六十"。"乾坤"两卦的"策"数，按照汉郑玄注：乾，"阳爻六，一爻三十六策，六爻，二百一十六策"即六乘以三十六等于二百一十六；坤，"阴爻六，一爻二十四策，六爻，百四十四策"即六乘以二十四等于一百四十四。"二百一十六"和"一百四十四"相加，等于"三百六十"，"三百六十"即为"当期之日""当期之日"谓之"一岁""一岁三百六十五日四分日之一""三百六十"，是一岁而不足，《〈周易〉乾凿度》曰：

> 文王因阴阳定消息，立乾坤，统天地。……二卦十二爻而朞一岁……历以三百六十五日四分度之一为一岁，《易》以三百六十析，当朞之日，此律、历数也。五岁再闰，故再扐而后卦，以应律、历之数。[2]

据此可知，以"乾坤"两卦"策"数作"正对""反对"的推演为一个周期成一岁，但对应天数是三百六十日，按照一岁的运行周期，还差"五日四

---

[1] 据《十三经注疏》本《周礼正义》卷七，中华书局，1980年，第80页。
[2] 据文渊阁《四库全书》本卷下。

分度之一",这是"律管"测知的数字,此即古代"律、历"数的差异,亦即"律"和"历"在"物候"上的区分,汉郑玄注曰:

> 历以记时,律以候气。气率十五日一转,与律相感,则三百六十日,粗为终也。历之数有余者四分之一,参差不齐,故闰月,建四时成岁,令相应也。(同上)

郑玄此说在于分析"历"和"律"与"物候气象"以及"律吕"上的功用有区别,所以得出的数字就不会相同的缘故:"历"是历法,是用于记录时间的;"律"是"律吕"从"声律"引申到测知气象的节气,所以得出"三百六十日"是"粗为终"即为约数的结论。这个约数是怎样测知的?"气率十五日一转,与律相感"暗含着"候气"[1]:所谓"气率十五日一转",比如从"立春"到"雨水"到"惊蛰"到"春分"到"清明"到"谷雨"……一直到一年的最后一个"节气"——"大寒",每一个节气的过渡时间都是十五天,此即"气率十五日一转"之义。三百六十日除以十五日等于二十四,此即"气"与"律"相感而得出的"二十四节气"[2]之象。按照这一计算角度求得的一岁周期天数是"三百六十日",如果循环下去,四季的寒温冷暖就会混乱,与测知的历数也不相符,因此郑玄说为"粗为终"。按"历"法之数计算,剩余五日四分日之一,那么,一岁就应该是三百六十五日四分日之一,这样才能符合"四时"寒温冷暖与"一岁"相对应的循环天数,但这样循环会积加天数,故把所积累日数置一"闰月",即如郑玄说"故闰月,建四时成岁,令相应也"。郑玄所说的"历以记时,律以候气",从"正月"到"十二月"是"历",是记时;另外这种公式还隐含着汉代的"律吕相生"关系:以地支的"子"为始,"律吕相生"的关系便是"黄钟"是"子"生"林钟","林

---

[1] 《后汉书·律历志》(见卷十一)记载的"候气之法"由来已久。
[2] 以下将专门讨论"二十四气"。

宋人杨甲的《六经图》的《六律六吕图》

钟"是"未"生"太簇","太簇"是"寅"生"南吕","南吕"是"酉"生"姑洗","姑洗"是"辰"生"应锺","应锺"是"亥"生"蕤宾","蕤宾"是"午"生"大吕","大吕"是"丑"生"夷则","夷则"是"申"生"夹锺","夹锺"是"卯"生"无射","无射"是"戌"生"仲吕","仲吕"是"巳"——恰好是以"十二地支"对应"十二律吕"的一个循环周期,与干支纪年的循环之理殊途同归。按照"十二地支"的规则,循环到"仲吕"再派生的乐律应是"黄钟",但因有"三分损益之数,往而不返,'仲吕'再生黄锺"其音不谐,故"'仲吕'再生,别名'执始',转生四十八律,其三分损益不尽之筭,或弃或增,夫'仲吕'上生不成'黄锺'"。此即记述汉代京房声律学之见,它的根基依然是上古《易》学的孳乳,从《礼记》中可以窥知两者之间的深层联系,"自然生态伦理"仍可以成论的根基。上录宋杨甲《六经图》中的《六律六吕图》可备参考。

从这一图示中可以获知,在上古时期,"声律"与"物候""月令"是一个整体的不同分支,因为先民认识的母体是基于"阴阳交感"的"自然生态",梁刘昭补《后汉书·律历志》载曰:

> 古之人论数也曰:物生而后有象,象而后有滋,滋而后有数。……元帝时,郎中京房,房字君明,知五声之音,六律之数。上使太子太傅韦玄成,字少翁、谏议大夫章杂试问房于乐府,房对:受学故小黄令焦延寿六十律相生之法,以上生下,皆三生二;以下生上,皆三生四。阳下生阴,阴上生阳,终于"中吕",而十二律毕矣。"中吕"上生"执始","执始"下生"去灭",上下相生,终于"南事",六十律毕矣。夫十二

律之变，至于六十，犹八卦之变，至于六十四也。[1]

汉代京房博通《易》学、律吕（声律）学，其师焦延寿也是《易》学和声律之学的名家[2]。古代的声律学，原本《易》象数学所挚乳，此论"阳下生阴，阴上生阳"其中阴阳相生、阴阳交感与《礼记》中所载声律相生之理是一致的，"声律"相谐，是以"声气"为标准；"候气"相当，是以"律气"为标准——都是以自然生态为根本建立的人文秩序[3]。西汉以来的《易》学、律吕学是在钩沉发微，并非创制。周代的礼乐至春秋而瀽败，唐孔颖达疏《礼记·乐记》"原目"谓："周衰礼坏，其乐尤微，以音律为节，又为郑、卫所乱，故无遗法矣。"继秦火，礼乐之毁，尤甚，西汉早期，兴废继绝是主流，今天依旧可以借助于文献记载研究《礼记》中有关《易》理与"乐"理的自然生态伦理观念。《礼记·乐记》《月令》等文献中记载的《易》与律吕的关系都深蕴着浓厚的自然生态伦理内涵，是可以作为系统研究的课题。

古人认定的阴阳交感是"顺向"也就是"顺象"状态，"顺象"预示着正常的气象物候，出现此种物候气象，是因为人尊尚自然，敬畏天地的结果，故会得"天（自然）"的嘉惠，也是"万物化生"的气象——是很典型的自然生态伦理思想的反映。宋罗璧《识遗·天干地支》曰："阴附阳，地承天也。二气错综，万物化生，故分阴分阳，必曰动静互根云。"[4]阴阳交互存在，各为根本，是相互助益、相互生成的关系，罗璧所论是合理的概括。

《易》学"象数"学与"律吕"之学是以"自然生态"为基准，以"人文秩序"为理论从而产生和发展、存在和延续，《礼记》时代已经运用于人类社

---

[1] 据《二十五史》本《后汉书》卷十一。

[2] 京房研究《易》学，著书十种之多，今惟传《京氏易传》，焦延寿师孟喜，有《焦氏易林》传世。

[3] 这里旨在作"自然生态伦理"的理论阐述，并非钩稽或演算"律度"数理，因为"律度"的具体演算极为繁复，故略之。

[4] 据文渊阁《四库全书》本卷十。

会的各个领域，也是当时人类生存的不二规矩。敬畏自然万物，遵循自然法则就是人类必需的行为范式。

笔者在《"礼"的"物类之理"认知》一章中就"二十四气""七十二候"等问题做了文化形态的基本考察，以下，讨论"二十四气"与"七十二候"的历史源流与《易》学的关系问题。宋张根《吴园〈周易〉解》说：

> 大衍之数，一岁之数也；天地之数，五行之数也。五行运于天地之间，五岁而小成，故五日为一候，三候而为气，二气而为月，三气而为节，二节而为时。四时、八节、十二月、二十四气，凡七十二候，三百六十日，而岁功成，乾坤之策具于此矣。[1]

此说可准为确论，但有几个概念需要解释：一是"五日为一候"。"候"此指一种自然气象，"五日为一候"是指每隔五日就会出现自然气象的变化，把这种自然气象的变化称为"候"，古人用一个有代表性的自然物候作为"候"的名称；二是"三候而为气"，"气"即是现在笼统地称为"节气"之义，"三候而为气"即三个"候"的叠加（自然气象变化的叠加），也可以说是五乘以三的积（十五天），称为"气"，质言之，十五日为一个节气；三是"二气而为月"，按照顺向推及，两个"气"即两个十五天是一个月；四是"三气而为节"即是前文讨论的"八节"，所谓"三气而为节"即三个十五日（即三个"气"）为一"节"；五是"二节而为时"，每节四十五日，两个"节"是九十日，为"四时"中的"一时"即"四季"中的"一季"；六是"二十四气"与"七十二候"的关系，"二十四气"即现在"历法"学依然保留的气象物候"节气"，每一"气"是"三候"，二十四气乘以三候等于"七十二候"，一岁便是"七十二候"。

上引张根《吴园〈周易〉解》之说，大抵可为"三候""二气""四

---

[1] 据文渊阁《四库全书》本卷七。

时""八节""十二月""二十四节气""七十二候"的公式,笔者意在借助于这个公式梳理出一个端绪。要讨论的是"二十四节气"与"七十二候"的源流以及其"自然生态伦理"内涵。

关于"二十四节气"在华夏文化史上,是何时为先民认知的?根据今天能见到的文献,最早也是最系统记载的是《逸周书[1]·时训》,但这并非源头。《夏小正》是早于《逸周书》产生的,《夏小正》已经记载着一岁"四季"十二个月的历法形态,而且已经以"物象"标示"气候",如"正月启蛰,雁北乡,雉震响,鱼陟负冰。"[2]是很典型的以"物象"标示"气候",后出的《逸周书》标记"立春之日"用"东风解冻,又五日,蛰虫始振;又五日,鱼上冰。"[3]等显然是《夏小正》的规范和发展,同样,《礼记·月令》中标记"气象"的方式与《夏小正》《逸周书》是一脉相承的,《月令》载"孟春之月,……东风解冻,蛰虫始振,鱼上冰,獭祭鱼,鸿雁来。"足见传承的脉络很清楚,故宋朱震《汉上易传》说:"《夏小正》具十二月,而无'中气';有候应,而无日数。至于《时训》,乃五日为候,三候为气,六十日为节。二书详略虽异,其大要则同,岂《时训》因《小正》而加详欤?"[4]"二十四节气"是非常久远的"历法"文化,从诸多历史文献的记载中都可以看到,它的文化原点是《易》学"阴阳交感"观念,是原始文化的产物。《史记·历书》载汉文帝诏书曰:"……黄帝合而不死,名察度验,定清浊,起五部,建气、物、分数。"[5]裴骃《集解》引孟康曰:"……黄帝作历,历终复始,无穷已,故曰不死。清浊,律声之清浊也。五部,五行也。天有四时,为五行也。气,二十四气。物,万物也。分,历数之分也。"(同上)如果此说可信,那

---

[1] 《逸周书》是一部重要的历史文献,已故著名史学家杨宽《西周史·附录》有专论。
[2] 据文渊阁《四库全书》本宋傅崧卿注《夏小正戴氏传》卷一。
[3] 据《逸周书》点校本,齐鲁书社,第55页。
[4] 据文渊阁《四库全书》本卷中。
[5] 据《二十五史》本《史记》卷二十六。

么，在黄帝时代已经认识到一年之中在北方地区的"二十四气"。

"二十四气"是由数字公式建立的，"二十四"是"十二"的倍数，"十二"即"十二辰""十二月"。"气"是以"候"为最小单位，每"候"是五日，"三候"为"一气"，每"气""十五日"，每月"二气"是三十日，十二个月即一岁，一岁是"二十四气""三候"为"一气"，一岁为"七十二候"，这种"历法"文化形态，在《素问》中也有记载，《黄帝内经·素问》载黄帝问岐伯"夫子言积气盈闰，愿闻何谓气？请夫子发蒙解惑焉"，岐伯对曰：

> 五日谓之候，三候谓之气，六气谓之时，四时谓之岁，而各从其主治焉。[1]

《素问》所说的"三候谓之气"，这里的"气"与《史记》集解引孟康之说"气"为"二十四气"其义无异，《素问》"三候谓之气""气"即为"节气"之义。固然不能据《黄帝内经》之载"三候为气"便定"二十四气"为"黄帝"时代产物（《黄帝内经》的成书年代，今无定论），但是，《逸周书·时训》系统而完整地记载着"二十四气""七十二候"是西周立国之前的文化传承——这一结论自不会有问题，况且，《素问》《史记》中载此，绝非空穴来风，据此，至少可以说，"三代"时期，"二十四气"这种文化形态已经十分成熟、稳定。明张介宾《类经·运气类》引《素问·六节藏象论》作注曰：

> 天地之气，五行而已。日行天之五度，则五日也。日有十二时，五日则六十时，是甲子一周，五行毕而气候易矣，故五日谓之候，而一岁三百六十日，共成七十二候也。……气，节也。岁有二十四节，亦曰

---

[1] 据文渊阁《四库全书》本卷三。

二十四气，一气统十五日二时五刻有奇，故三候谓之气。[1]

"候气"之说建立了一个公式化的数字系统，最终数是"七十二"，起点数是"五"和"一"即"五日为一候"，从张介宾的注释文中可以认识到，"五行"文化依然是主体。此引宋杨甲《六经图》中的《二十四气图》[2]备参（见右图）。

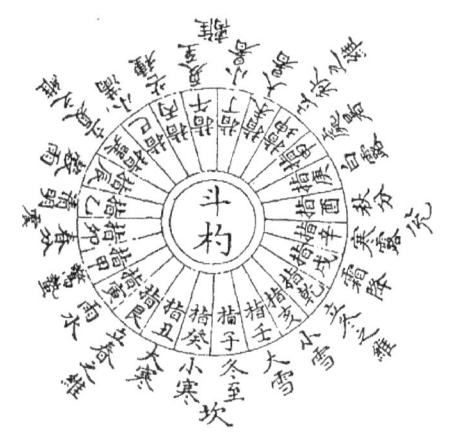

宋人杨甲《六经图》中的《二十四气图》

此图，文化含量很大：其一是"坎、震、离、兑""四正"卦（亦可谓"四象"）对应"四时"（亦可谓"四季"）和"冬至、春分、夏至、秋分"等"四气"；其二是"艮、巽、坤、乾"对应的"立春、立夏、立秋、立冬"合"冬至、春分、夏至、秋分"为"八节"总为八个方位；其三是自"冬至"始，环形左旋至最终点"大雪"，"二十四气"至于此而终，同时也是一个新"节气"循环的起点，即"周而复始"。符合古代以"罗盘"测知天文历法的原理。以上《六经图》中的《二十四气图》图示是根据《易传·说卦》："万物出乎震，震，东方也。齐乎巽，巽，东南也。齐也者，言万物之洁齐也。……"[3]的解释以及《礼记》中记载的"物候""月令"推演出来的，换言之，此图是有前在文化依据的。需要补充说明的是此图中的"干支"，此图用"天干"之数唯"八"而无"戊己"，以"甲乙"对应"三春"（孟春、仲春、季春），以"丙丁"对应"三夏"（孟夏、仲夏、季夏），以"庚辛"对应"三秋"（孟秋、仲秋、季

---

[1] 据文渊阁《四库全书》本卷二十三。
[2] 据文渊阁《四库全书》本卷八。案，杨甲此图是在图解《礼记》中"物候"节令。
[3] 据《十三经注疏》本《周易正义》卷九，中华书局，1980年，第94页。

秋），以"壬癸"对应"三冬"（孟冬、仲冬、季冬），这种程式一本《礼记·月令》，《月令》中记载季节，在"夏"和"秋"之间又有"中央""戊己"对应的是"中央"。"中央"在"三代"时期已经不划定在季节之内，但在"三代"以前，先民以"五方位"而厘定为"五季"之制。《月令》虽不强调"五季"，但仍保留"中央"这一过渡季节，故此图无"戊己"，亦足见，此图之有所本，而其所示不外两端："自然生态"和"人文秩序"。

另，又有"三微一著"之说，《周易乾凿度》曰："天气三微而成一著，三著而成一体。"[1]"三微"即是"三候"是十五天；"一著"即是一个"节气"；"三著"即是三个"节气"，"一体"即是一个季节。郑玄注曰："五日为一微，十五日为一著，故五日有一候，十五日成一气也。冬至阳始生，积十五日至小寒，为一著，至大寒，为二著，至立春，为三著。凡四十五日而成一节，故曰三著而成体也。"[2]"十五日为一著"的"一著"即是一个节气，一个节气都有一个明确的自然生态中的物候，比如"冬至""小寒""大寒"等，同样，"一著"是由"三微"顺序积加的，比如"小雪"是"一著"，它是由"虹藏不见"（一微）、"天气上腾，地气下降"（一微）、"闭塞而成冬"（一微）[3]这三个具有气象特征的物候构成"三微"。三个物候叠加就是"一著"即一个节气。很显然，"三微一著"具有两个重要的属性："自然生态""人文秩序"，它是"自然生态伦理"抽象的具象。

按照西周历法"建子"，以"夏历"的十一月为岁首，其四季循环周期与地支、节气的关系是：十一月，对应的地支是"子"，对应的卦是"复（復）"，其节气是"大雪子之初，冬至子之半"[4]/十二月，对应的地支是"丑"，对应的卦是"临"，其节气是"小寒丑之初，大寒丑之半"/正

---

[1] 据文渊阁《四库全书》本卷上。

[2] 据文渊阁《四库全书》本卷上。

[3] "三微"的物候是从《逸周书·时训》引。

[4] 按，宋代理学家邵雍有"子半"之说，宋以后推演其义者甚众，此据其理而论之。

月,"寅",其卦为"泰",其节气是"立春寅之初,雨水寅之半"/二月,"卯",其卦为"大壮",节气是"惊蛰卯之初,春分卯之半"/三月,辰,其卦"夬",节气"清明辰之初,谷雨辰之半"/四月,"巳",其卦"乾",节气"立夏巳之初,小满巳之半"/五月,"午",其卦"姤",节气"芒种午之初,夏至午之半"/六月,"未",其卦"遯",节气"小暑未之初,大暑未之半"/七月,"申",其卦"否",节气"立秋申之初,处暑申之半"/八月,"酉",其卦"观",节气"白露酉之初,秋分酉之半"/九月,"戌",其卦"剥",节气"寒露戌之初,霜降戌之半"/十月,"亥",其卦"坤",节气"立冬亥之初,小雪亥之半"。中含十二卦,对应十二个月。所指"……之初,……之半"即一个月两个节气的第一个节气对应的地支与月数相等,"初"是月初,"半"即一月的十五天是一个月的一半。另外一层含义是与《易》卦爻数的对应:一爻五日为一候,三爻则三候,为十五日,是一个节气,六爻是三十天,两个节气,故每月之中又对应着一卦。

以上,从"交感"之说到"七十二候"之义,虽所指有别,但它们有一个共同的特点,即"物象"的"类比化"——用自然界的某一个物象作为"喻体"比况时令这一"本体"事象,而且"喻体"和"本体"之间的紧密关联的是"自然生态""人文秩序"。我们应该特别强调,在这一范畴中有着"喻体""本体"的多重性抽象、具象的互换规则,比如:"四象"或"四时"的本体是自然界的四个季节,它的"喻体"是抽象的四卦(卦象略之)"震、离、兑、坎",在这一范畴中,"震、离、兑、坎"又是"雷、火、泽、水"的本体,看到"震、离、兑、坎"就知道"四象"或"四时",而且,"震、离、兑、坎"与"雷、火、泽、水"以及这四卦象是多重的抽象与具象,在逻辑认知上又可以互换;"八节"的冬至、立春、春分、立夏、夏至、立秋、秋分、立冬对应着"八卦""八节"是"本体",八卦是抽象的"喻体",八卦的"震、巽、离、坤、兑、乾、坎、艮"与"雷、风、火、地、泽、天、水、山"是抽象的具象,也是"喻体"和"本体"的互换;"十二月",从"一"

到"十二",在这一范畴中,是时令一个循环周期的概念,是"本体",这种循环周期的认定是根据"月"的出没圆缺周期计算出来的,"月"是具象物类,但被抽象为记录时令的专用,"月"即是"本体",也是"喻体",是具象的抽象。另,十二月又可以用"十二地支"表述,"十二地支"对应着十二个动物"物类":鼠、牛、虎、兔、龙、蛇、马、羊、猴、鸡、狗、猪。这十二种动物物类是具象的,但用于标示月令(甚至"时辰")它又是抽象的,是"本体"与"喻体"互换的多重性、多义性。"二十四气"与"七十二候"同样是这样的"类比化"逻辑,限于篇章,此略之。

"礼、乐"的历法属性与"自然生态伦理"。

从上考述中可知,先民建立"礼法"的原初是本于"自然生态",建立"人文秩序",进而制定"礼法",遵守"礼法",首先,必须遵守自然生态法则,《礼记·礼运》所说的"礼,必本于大一,分而为天地,转而为阴阳,变而为四时"(此文见第二章已有引注)不难看出,这是很典型的《易》文化的思维模式,《礼记·乐记》论"乐",仍以"自然生态"为本以"人文秩序"建置。《礼记·乐记》说:

> 大乐与天地同和,大礼与天地同节。和,故百物不失;节,故祀天祭地。[1]

此说"大乐"的乐律必须与天地和合,"大礼"的章法必须与天地具有相为协调的节序。乐,只有和同、顺应自然,生长之物才能不失时令。礼,只有章法协调,才能敬畏天地(自然生态)。乐可以和同天地,礼可以秩序万物。"礼本太一""乐本天地"实殊途同归。《吕氏春秋·大乐》说:"音乐之所由来者,远矣。生于度量,本于太一,太一出两仪,两仪出阴阳,阴阳变

---

[1] 据《十三经注疏》本《礼记正义》卷三十七,中华书局,1980年,第1530页。

化，一上一下，合而成章。"[1]可见，"礼""乐"同源。宋雷思齐《易图通变·河图辨征》解说"礼本太一"则强调《易》与《礼记》"太一""四象"等概念的内在联系，其说曰：

> 其所谓之"太一"者与"太极"则无以异也，苟未识其然。《记》曰："夫礼，必本于太一，分而为天地，转而为阴阳，变而为四时……"其理，固与"太极"无以异也，自可旁通而无间然者，《记》经之属也，因附诸传后以征。[2]

《易》之"太一""四象"或"四时"均属为"阴阳"，而通于"交感"——是很明确的"自然生态观念"。雷氏此说，正是在阐述这样的原理。《礼记》论乐，本于"自然生态"，厘为"人文秩序"而用为社会，其中，秩序是不可违背的原则。

天文历法是上古"礼法"中的主体，遵循天之文与地之宜，是坚守"礼法"的主要条件。相反，如果违背"礼法"即不遵守自然生态运行法则，自然生态就会出现异变，或即遭到自然的灾罚。《易》学"交感"理论不仅是上古华夏文化建立的思维契机，也是上古华夏自然生态伦理形成的起点——此论，在《周易》《尚书》《周礼》《礼记》中有大量的证据，《周礼·春官·典同》：

> 典同掌六律、六同之和，以辨天地、四方、阴阳之声……[3]

上古的"声律之学"原属天文历法整体的一个分支，如前所引《吕氏春秋·大乐》之说"乐"者"生于度量，本于太一，太一出两仪，两仪出阴阳，

---

[1] 据陈奇猷《吕氏春秋校释》本卷五，学林出版社，1984年，第255页。
[2] 据文渊阁《四库全书》本卷四。
[3] 据《十三经注疏》本《周礼注疏》卷二十三，中华书局，1980年，第793页。

阴阳变化"，故而有"四时""八节""十二辰""二十四气"，都是依据"度量"确定的，"声律"也是凭"度量"确定，分阴，分阳，辨别声律，都在"律度"的象数推演中完成——这一过程是由严格的数理和物象计算、推演（也可以说是实验）出来的，是一个缜密的逻辑系统。《典同》之载"六律、六同之和"，其所实指，仍是"律吕"的"度数"，于天文的"律度"是一样的，宋王安石《周官新义·春官（三）》即从自然生态的"律度"象数之理给予解释，其说曰："数本起于黄锺，始于一而三之，历十二辰，……以十二律为之数度。"[1]参看上引《六律六吕图》的相生（交感）关系可知，声律与历律是在同一个理论框架中阐述、计算、推演，因为它们的起点相同——自然生态为母体。"礼"本于自然而生，"乐"也是本于自然而成，《礼记·乐记》说："乐者，天地之和也；礼者，天地之序也。和，故百物皆化，序故群物皆别。"乐，是自然和谐的产物；礼，是自然有序的呈现——两者本于自然而然，故声律不合"律度"，必然是"历律"不合"数度"，乐不合，礼不叙，是律度出现差错，于是，就会出现自然气象的异变，《礼记·乐记》载曰：

> 天地之道，寒暑不时则疾，风雨不节则饥，教者，民之寒暑也。教不时，则伤世；事者，民之风雨也。事不节，则无功。[2]

此为论"乐"之理，却强调自然之序当按时节运行，如果不按时节运行，就会风雨无度而失收，人民会因此而遭受饥饿之灾。"教者""事者"使人民知道寒暑风雨有时，做不到的话便会伤害世道，致农事无功。"礼"本于"太一"而生，"乐"也本于"太一"而生，它们都是在"阴阳交感"的作用下存在和延续。"乐"协于"节（律）""历"合于"时（令）"，成为共时关系——两者是在同一个文化"时空"行迹中产生。"礼、乐"的完美境界则是

---

[1] 据文渊阁《四库全书》本卷十。
[2] 据《十三经注疏》本《礼记正义》卷三十八，中华书局，1980年，第1534页。

"相生"。"相生"就是"交感"。《礼记·乐记》载曰：

> 清明象天，广大象地，终始象四时，周还象风雨，五色成文而不乱，八风从律而不奸，百度得数而有常。小大相成，终始相生，倡和清浊，迭相为经。[1]

此文是为论"乐"之佳境立说，乐律的最佳境界便是符合自然生态的正常运行之律，所言"四时""五色""八风""百度"等数理概念都与自然生态有着直接关系，"四时"对应"四季"，"五色"对应"五行"，"八风"对应"八卦""八节"，"百度"对应"律度"或"象数"，遵守自然之常，便可"道五常之行，使之阳而不散，阴而不密。刚气不怒，柔气不慑。四畅交于中，而发作于外，皆安其位，而不相夺也"。[2]宋卫湜《礼记集说》卷九十六引金华应氏曰：

> "周还"者，四时风雨之变；乐之纯如，绎如者，象之，合之，则象两仪，分之则象四时，增以中央土，则为五行，分以四隅，则为八方；五声配乎五行之色，故各成文而不乱；八音配乎八卦之风，故各从律而不奸。自是衍之，而至于百，则百度各得其数，犹八卦至于六十四，而其变无穷也。大而日月星辰之度，小而百工器物之度，各有数焉。[3]

"乐"合于"律度"必须遵行天文历法之序，物象的合理认知，交感的有度推演，是天文历法之序，也是乐律和合的必要条件——此说甚得其要。

---

[1] 据《十三经注疏》本《礼记正义》卷三十八，中华书局，1980年，第1536页。
[2] 据《十三经注疏》本《礼记正义》卷三十八，中华书局，1980年，第1535页。
[3] 据文渊阁《四库全书》本。

结　语

　　此章通过讨论"'交感'的文化背景"揭示"交感"之说的起源。研究《易》学，多以《易》为"交感"学说的起始。《易》并非自商、周始有，远在商、周之前的伏羲时代以后，此说已经粗成，"河洛文化"是"交感"之学完备的标志。"河洛文化"的标志性记载即是《河图》《洛书》，《河图》《洛书》在历史上就为儒士们质疑，但当今出土的文物证明，《河图》《洛书》不伪，它与《尚书》中记载的《洪范》箕子所述"九畴"是异曲同工。"河洛文化"不伪，"九畴文化"也不伪。两者具有的共性就是原始天文历法，成为史前华夏先民赖以生存的重要手段。天文历法形成的基本条件是"自然生态"，换言之，天文历法是先民长期认识"自然生态"的知识、经验的积累，把经验的认知系统化是一个"人文秩序"的过程，完成了"自然生态"的"人文秩序"也就是原始的天文历法建构。

　　在中国文化历史的长河中，完整记载天文历法的文献，界定于先秦时期这一历史阶段，《夏小正》为先，其次是晚于《夏小正》的《逸周书》《礼记·月令》《吕氏春秋》等，《周髀算经》其中有关于天文历法内容，但不是纯正的天文历法之书，可以不计。从这几种可以确定的天文历法文献看，是由简约到具体的流变过程。《夏小正》最清晰的特点是确定了一年为一个回环周期，回环周期中厘为春、夏、秋、冬四季，每个季节再分为三个月，每月都有物象作为"气候"的标识。所及物象，都是自然生态之中的可见之物，因为物象与气象协同出现，先民把这一现象秩序化，那么，自然生态的物象与人类把物象秩序化之后，就具备了完整的"自然生态伦理"规则。其次是《逸周书》，《逸周书》集中记述天文历法的篇目是《周月》和《时训》。《时训》是今天所见到记载"二十四节气"最为完整的文献，而且也是最早系统记载"七十二候"的文献。这在中国天文历法之学的发展中具有重要的意义，而我们尤其必须强调的是"二十四节气"也好,"七十二候"也好,它们集中了先民认识问题的共同视点就是"自然生态"——这些天文历法的法则是把"自然生态"作为最崇高的认知对象,进而以有序的方式确定其法规模式,即"人文秩序",构筑了完整的"自然生态伦理"体系。《礼记》是阐释和发义"礼"的系统,是"经学"中"礼学"的义理之学,天文历法属于"礼学"系统中的重要内容,因此《月令》也就成为"礼学"义理之学的组成部分。《月令》载籍天文历法是兼及而不是主述,《月令》主述的是借助于时令的推演发义治国理民和养生之道,但从客观地出现天文历法所及最典型的特点是自然生态的人文秩序化,"自然生态伦理"成为不可替代的内涵。

《逸周书》的"二十四气""七十二候",《月令》多有沿用,因为侧重点不同,所以并非完全,但建立在这一认识基点上,可以发现天文历法中的"四时""八节""十二月""二十四气"和"七十二候"与《易》的文化亲缘关系,是确定"自然生态伦理"的时代特征——最重要的意义所在。

第五章

《礼记》"物象""交感"与
"违时灾异"

《礼记》中常有灾异的记载，《礼记》所记灾异，多与"背时反道"即违背"时令"不遵"常道"行事有关，换言之，出现灾异之变是人不遵守礼法的结果，在《礼记》中属于违"礼"，其实就是不遵守自然运行法则，与自然生态伦理有着直接的关系，"四正""八节""十二辰""二十四气""七十二候"的天文历法与"象数"交感之学成为深层的文化认知。就这个范畴的问题，按照今天可见、可知的文献理出一个纵向脉络，它就是：《河图》、《洛书》[1]、《夏小正》、《尚书·洪范》、《周髀算经》[2]、《逸周书》、《周礼》和《礼记》——这些历史文献中都有关于自然灾异的记载，而且，灾异的出现主要是：一、人尊尚自然法则而有自然之变，用今天的话说是"天灾"，二、人为的不尊尚自然法则而生自然之变，用今天的话说属于"人为之祸"。笔者考察上述文献始知，"八卦"与天文历法是《礼记》灾异之说的主线。为了获知这一文化形态的基本特征，先从《尚书·洪范》记载的"九畴"考察切入。

一、商、周时期的自然法则

宋程颐《伊川易传》解"艮其止，止其所也"有说：

　　夫有物必有则，……万物庶事，莫不各有其所。得其所则安，失其

---

[1] 《河图》《洛书》的真伪问题，第四章已有说。
[2] 《周髀算经》载周公与时人荣方对话，故当在《洪范》之后。

所则悖。圣人所以能使天下顺治，非能为物作则也，唯止之，各于其所而已。[1]

程颐此论是在借《周易》"艮"卦之题而发挥，程氏所谓的"物必有则"是在说明事物产生与存在必定具有自身的法则，因此，"万物庶事，莫不各有其所"，具有产生、存在的法则，才能具备应时、应地的遵守自然生态法则和社会生态法则的道理。

正常而完好的自然法则在《洪范》中界说为"彝伦"。遵守自然法则称为"攸叙"，违背或不遵守自然法则称为"攸斁"。简言之，顺应自然生态运行法则为"彝伦"，也可以说，完好地遵守自然运行法则就是"彝伦""彝伦"——显然是一个"自然生态伦理"的命题。

前一章引鲧治水失败的缘由是"彝伦攸斁"，禹治水所以成功是"彝伦攸叙"——这是周武王咨询箕子治国理民之法，箕子回答问题的开场白，箕子真正要授予武王治国理民的大法是"洪范"中九条策略即所谓的"九畴"。箕子所引证，要在强调遵守自然法则，他代表的是殷人的自然辩证观念或自然哲学观念，但这种观念是从夏代以前传递下来的。

《尚书·周书·洪范》载"九畴"中的第八是"庶徵"。所谓"庶徵"即是以自然生态之徵为标准检验治国的好坏，国之治，首先要顺应自然生态法则，所以，"庶徵"凡五，无一不是突出尊尚自然生态，顺应自然生态法则，其文曰：

> 曰雨，曰旸，曰燠，曰寒，曰风，曰时，五者来备，各以其叙，庶草蕃庑。一极备凶，一极无凶。[2]

---

[1] 据文渊阁《四库全书》本卷四。
[2] 据《十三经注疏》本《尚书正义》卷十三，中华书局，1980年，第192页。

"雨、旸、燠、寒、风"都是自然物象，可以统称为"气"，其中隐含着"时令"气象亦即四季的气象，所言"曰时"即指温热寒冷都有"时令"性这一层意思，正常的物候气象是按照秩序运行，所有的物类才会生息有节，繁殖不毁，"五者来备，各以其叙，庶草蕃庑"便是此义。孔传说"雨以润物，旸以干物，暖以长物，寒以成物，风以动物。五者，各以其时，所以为众验。"[1]尊尚自然生态法则，才能"一极无凶"，否则就会遭遇自然灾害即"一极备凶"。其中的"象数"与"交感"认知是最深刻的思想根基，宋胡瑗在《洪范口义》中的解释，甚得其义，胡氏说：

> 盖王者修五事，有恭与不恭；叙五行，有顺与不顺。及其阴阳，以之交感，天地为之见象，如是，则众徵至焉。然则，所为徵者，即雨、旸、寒、燠、风是也。雨以润万物，旸以干万物。长乎万物者，惟燠；成乎万物者，惟寒。风者，春生夏长，秋成冬藏，鼓舞万物，而不知其所以然，莫疾乎风也。五者，皆天地、阴阳之气，而种植万物者，未有不由此而出也。王者岂可不修德而召之哉！谓之"时"者，各得其时，若顺时而来，则为嘉为瑞，若不时而来，则为灾为孽。五者各以其时，然后为庶征之应，故用时而结之。[2]

胡氏此说是建立在"象数"与"交感"理论的基点上解释《洪范》"庶徵"，其说具有明确而浓重的"自然生态伦理"意识，符合夏、商、周三代的自然生态观念。此文强调"王者"恭谨执事与荒怠职事的结果是不一样的："王者修五事，有恭与不恭。叙五行，有顺与不顺。及其阴阳，以之交感，天地为之见象，如是，则众徵至焉。"这种对"王者"敬谨执事的祈愿观念，至少在尧、舜时代就很牢固是有文献可证的。"王者"敬谨执事，首先是负责测

---

[1] 据《十三经注疏》本《尚书正义》卷十三，中华书局，1980年，第192页。
[2] 据文渊阁《四库全书》本卷下。

知、历算自然天文运行之叙，然后据测知、历算的"象数"确定历法，如是则为"恭、顺"，即所谓"彝伦攸叙"，其结果"为嘉为瑞"；荒怠草率职事测知、历算的"象数"就不准确，以此制定的历法便会错乱，如是则为"不恭、不顺"，即所谓"彝伦攸斁"，其结果"为灾为孽"。准确地解释了《洪范》箕子说"庶徵"中五种自然物候与"王者"执事勤民之间的关系，首先是把握天文历法的可靠程度，换言之，执政勤民或荒怠职事的具体表现首先是测知天文历象的准确与否。

《洪范》中，箕子此说是代表了夏、商两代的自然生态观念，其中最核心的含义是天文历法。要治理一方土地、一方生民而获得安定，作为一方首领就必须遵守自然法规，遵守自然法规就必须"协理阴阳"，统晓天文历法，在当时，熟知统理天文历法之术，就必须懂得"象数"之法，"交感"之道，《易》在这样的时代背景中的作用也就显而可见了。《易纬·通卦验》说：

> 《易》，八卦之气验，应，各如其法度，则阴阳和，六律调，风雨时，五谷成熟，人民取昌，此圣帝明王所以致太平法。故设卦观象，以知有亡。夫八卦缪乱，则纲纪坏败；日、月、星、辰失其行，阴阳不和，四时易政。……乾气不至，则立夏有寒伤禾稼，万物多死，人民疾疫，应在其冲。[1]

此说，其实是为"彝伦攸叙"和"彝伦攸斁"最好的注脚。"各如其法度，则阴阳和，六律调，风雨时，五谷成熟，人民取昌，此圣帝明王所以致太平法。"即是"彝伦攸叙"，相反，"八卦缪乱，则纲纪坏败；日、月、星、辰失其行，阴阳不和，四时易政"便是"彝伦攸斁"——"象数"之理，"交感"之道在此文献中记载得很清楚。《通卦验》此说，虽在汉代，但它是从三代延续下来而历久弥新的"自然生态伦理"观念——《逸周书》与《礼记》是

---

[1] 据文渊阁《四库全书》本卷十。

这一过渡中的中间衔接。

其中，最能体现先民所关注的生存状况就是"自然生态"，从"河洛文化""九畴文化"所容积的自然生态现象，大抵可以推定，"河洛文化"时代，"自然生态"已经具有"制度化"的特征，到了《易》卦的"三代"时期，"自然生态"在制度化的作用下，已经完全观念化、伦理化了。我们在前面的第三章中论及，夏代对自然生态的管理，是礼法化的形态，其实也就是制度化形态，所引的《逸周书·大聚》之说："……禹之禁：春三月，山林不登斧，以成草木之长；夏三月，川泽不入网罟，以成鱼鳖之长。……"为了物产的再生，设定的"禁令"（所谓的"禹之禁"可以理解为：禹设定的禁令），夏禹时代已经有"自然生态禁令"或"自然生态管理制度"，不仅可以从《逸周书》中获知，在《尚书·禹贡》中也有相关的记载，夏代的成功建立，得益于遵循自然法则"治水"，建立"自然生态禁令"是很合理的事实。"禁令"就是制度，属于制度文化，"制度"又是伦理或伦理观念形成的重要动因。因此，《礼记》中也记载了大量的"自然生态管理法规"，我们不能否认其观念与《周礼》的关联，但更直接的自然生态管理法则与"灾异"说的记载是源于《逸周书》，《逸周书》中的相关记载，为《礼记》有所修正或增损，抑或沿用，《礼记》所记载的"施令违时"观念是《逸周书》这一认知的延伸与发展。下就《逸周书》中所记物候与"灾异"现象关系的内容做必要的梳理。《逸周书·时训》载曰：

> 立春之日，东风解冻；又五日，蛰虫始振；又五日，鱼上冰。风不解冻，号令不行；蛰虫不振，阴奸阳；鱼不上冰，甲胄私藏。[1]

此记"立春"为"三候一节"，即三个物候构成的一个"节气"。"三候"是："东风解冻，蛰虫始振，鱼上冰""一节"即"立春"。"立春之

---

[1] 据《二十五别史》本第一册《逸周书》卷六，齐鲁书社，2000年，第55页。

日"即正月的第一天,也是"二十四节"的第一个节气。正常的物候是"东风解冻、蛰虫始振、鱼上冰",如果治历错乱,就会出现相反的物候:"风不解冻、蛰虫不振、鱼不上冰",其结果是"号令不行、阴奸阳、甲胄私藏"——今天看来,这些物候现象与社会现象没有必然的逻辑关系,但在三千年前的上古时代,古人却认定它们之间是有关联的,重要的文化媒介则是"象数"和"交感"——是建立在"自然生态伦理"观念的基础上形成的。

《礼记·月令》是按一个季节分三个月来记述"灾异"的,而《逸周书·时训》是按照一个月分为两个"节气"来记述的。"立春"是一年的第一个"节气",上引文字即是。又,《逸周书·时训》所记的第二个节气是"惊蛰",其说曰:

> 惊蛰之日,獭祭鱼;又五日,鸿雁来;又五日,草木萌动。獭不祭鱼,国多盗贼;鸿雁不来,远人不服;草木不萌动,果蔬不熟。[1]

此记"惊蛰"为"三候一节",即三个物候构成的一个"节气"。"三候"是:"獭祭鱼,鸿雁来,草木萌动","一节"即"惊蛰"。此说"獭不祭鱼"的结果是"国多盗贼",两者成为因果关系,换言之,"国多盗贼"的结果是因为"獭不祭鱼"这种反常的自然物候现象,同样这个节候的正常状态是"鸿雁来""鸿雁不来",便可认定为"背时",违背自然生态法则,就会出现"远人不服,草木不萌动,果蔬不熟"的结果。这一结果对当时的人类生存而言,无疑是灾异。"灾异"之变都是建立在这样的因果关系中成论。

"立春"和"惊蛰"是正月中的两个节气,二月的两个节气是"雨水"和"春分",《时训》又载"雨水"曰:

---

[1] 据《二十五别史》本第一册《逸周书》卷六,齐鲁书社,2000年,第55页。

> 雨水之日，桃始华；又五日，仓庚鸣[1]；又五日，鹰化为鸠。桃不始华，是谓阳否；仓庚不鸣，臣不□主，鹰不化鸠，寇戎数起。[2]

此记"雨水"为"三候一节"，即三个物候构成的一个"节气"。"三候"是"桃始华，仓庚鸣[3]，鹰化为鸠"，"一节"是"雨水"。此说"雨水"的物候、气象，"桃始华""仓庚鸣""鹰化为鸠"是三个物候，与《礼记·月令》所记同，《礼记·月令》："仲春之月，……始雨水，桃始华，仓庚鸣，鹰化为鸠。"（卷十五）与《时训》完全相同。"雨水"这一节气出现三个物候，是正常的"时令"运行，如果反常，就会因为阳气不足（"阳否"）导致桃花不开，因为"仓庚不鸣"导致的"臣不□（事）主"，因为"鹰不化鸠"导致"寇戎数起"。这些物候气象的出现，先民则确定为"灾异"。《逸周书·时训》又载"春分"曰：

> 春分之日，玄鸟至；又五日，雷乃发声；又五日，始电。玄鸟不至，妇人不娠；雷不发声，诸侯失民；不始电，君无威震。[4]

此记"春分"为"三候一节"，即三个物候构成的一个"节气"。"三候"是"玄鸟至，雷乃发声，始电"，"一节"是"春分"。此记与《礼记·月令》所记不同，《礼记·月令》："……是月也，玄鸟至。至之日，以太牢祠于高禖，天子亲往。……是月也，日夜分，雷乃发声，始电。蛰虫咸动，启户始出。"《时训》载三个物候："玄鸟至""雷乃发声""始电"，都是春天气象的代表物象。燕子从南方飞回，开始打雷和打闪。《月令》所记则为"玄鸟至""日夜分""雷乃发声""始电"和"蛰虫咸动，启户始

---

[1] 按，《夏小正》二月载"有鸣仓庚"。
[2] 据《二十五别史》本第一册《逸周书》卷六，齐鲁书社，2000年，第55页。
[3] 按，《夏小正》二月载"有鸣仓庚"。
[4] 据《二十五别史》本第一册《逸周书》卷六，齐鲁书社，2000年，第55页。

出",比《时训》多一物候"蛰虫咸动,启户始出",所记"日夜分"即是"春分"的气象。"春分",昼夜时长等量,故《月令》作"日夜分",与"春分"的含义是相同的,可见,《月令》记"春分"比《时训》更准确。《时训》所记历律反常现象是"玄鸟不至",导致的结果则是"妇人不娠","雷不发声"导致的结果则是"诸侯失民","不始电"导致的结果则是"君无威震"——这些现象的出现,先民以为或"灾"或"异"。

三月也是两个节气,即"清明""谷雨",《时训》又载"清明"曰:

> 清明[1]之日,桐始华;又五日,田鼠化为鴽;又五日,虹始见。桐不华,岁有大寒;田鼠不化鴽,国多贪残;虹不见,妇人苞乱。[2]

此记"清明"为"三候一节",即三个物候构成的一个"节气"。"三候"是"桐始华,田鼠化为鴽,虹始见","一节"是"清明"。《礼记·月令》则曰:"季春之月,……桐始华,田鼠化为鴽,虹始见,萍始生。"[3]与《时训》所记多一"萍始生"物候。按照《时训》之说,"桐不华"就会出现"岁有大寒"的反常气象,"田鼠不化鴽"就会出现"国多贪残",用现在的话说就是国家出现腐败的现象,"虹不见"就会出现"妇人苞乱"。《钦定叶韵汇辑》卷八解释"苞乱"引《焦氏易林》谓:"阴作大奸,欲君勿言。鸿鹄利口,发其祸乱。"《易林》此文是在解说《易》卦"中孚"的"象数"与"交感"的位次。"中孚"凡六爻,为"下兑上巽"之象,二阴爻居于中,乃"阴"干"阳"之象,此象出现,先民确定为"灾异"之兆。

《时训》又载"谷雨"曰:

> 谷雨之日,萍始生;又五日,鸣鸠拂其羽;又五日,戴胜降于桑。

---

[1] 按,《二十五别史》本"清明"作"谷雨","谷雨"作"清明",今依《四库》本。
[2] 据《二十五别史》本第一册《逸周书》卷六,齐鲁书社,2000年,第55页。
[3] 据《十三经注疏》本《礼记正义》卷十五,中华书局,1980年,第1363页。

萍不生，阴气愤盈；鸣鸠不拂其羽，国不治兵；戴胜不降于桑，政教不中。[1]

此记"谷雨"为"三候一节"，即三个物候构成的一个"节气"。"三候"是"萍始生，鸣鸠拂其羽，戴胜降于桑"，"一节"即为"谷雨"。《礼记·月令》则曰："季春之月，……鸣鸠拂其羽，戴胜降于桑。"[2]唯有"鸣鸠拂其羽，戴胜降于桑"这两个物候气象与《逸周书·时训》合。按照《时训》之说，"萍不生"是因为"阴气愤盈"；"国不治兵"是因为"鸣鸠不拂其羽"；"政教不中"是因为"戴胜不降于桑"——物候气象的反常导致社会生态的异变，即"灾异"之兆。

以上分析了春季三个月凡六个"节气"，所及"灾异"，要有三端：其一是气象"灾异"，其二是人主荒怠执事，导致"灾异"，其三是兵革"灾异"。其实质均属"阴阳相干""阴阳愆候"所致"灾异"。虽然上引文字只有"立春之日"出现的所谓"阴奸阳"，"雨水之日"出现的"是谓阳否"，"谷雨之日"出现的"阴气愤盈"等，明确地记述"阴阳"的字面，但自然灾异也是"政失致灾"。汉韩婴《诗外传》卷八载曰：

> 三公者何？曰司空、司马、司徒也。司马主天，司空主土，司徒主人，故阴阳不和，四时不节，星辰失度，灾变非常，则责之司马；山陵崩竭，川谷不流，五谷不植，草木不茂，则责之司空；君臣不正，人道不和，国多盗贼，下怨其上，则责之司徒。故三公典其职，忧其分，举其辩，明其隐，此三公之任也。[3]

《诗外传》所记应是可信，从《周礼》中大抵可以体会到上引《诗外传》

---

[1] 据《二十五别史》本第一册《逸周书》卷六，齐鲁书社，2000年，第55页。
[2] 据《十三经注疏》本《礼记正义》卷十五，中华书局，1980年，第1363页。
[3] 据文渊阁《四库全书》本。按，此载"三公"见于《周礼》，但商代有无"三公"，未可征。

中的内容。在商、周时期,"得政"与"失政"不仅关乎人事,亦关乎于自然气象的否泰。《诗外传》所说"三公"的职责,以及"失政"的后果,与《逸周书·时训》记载的物候气象的失常之状,尚可吻合,而且《逸周书·时训》所记属于周初,当无疑义。

《时训》中记载物候气象的灾异,实与"占候"无异,或可谓肇"占候"之端。

《礼记》以及《礼记》以后的汉代,记载物候气象中的灾异,与《逸周书·时训》确系源流之伦。归其本,导其序,"象数""交感"是其母体,《时训》《月令》记"灾异"者,盖其流亚——自然伦理伦理观念,通贯终始。

二、时令、物象与灾异

前面,我们论及《易》学的直接亲缘文化是"天文与历法"。也可以说,最早的天文历法与《易》为互体。《易》学的骨干理论是建立了"六爻"模式的"象数""交感"。"六爻"的"象数"交感是本于"生生之为《易》"的成见[1],则架构了"终始循环,不见首尾"[2]的思维体系。这一思维逻辑体系,可以界定为哲学意义上的"循环论",论其产生之源,当以伏羲时代之后的新石器早期,安徽含山县凌家滩出土的"玉版""玉龟"足为证据。物候、象数,阴阳交感之说,成为这一思维体系的枢纽,宋朱震做了合理的概括,其说曰:

> 阳聚而动,动极则散之,散则复聚。阴积而润,润极则烜之,烜则复

---

[1] 《易传·系辞》(上)语。"成见"盖成熟之见,《系辞》是这一成见的概括。
[2] 宋朱震《汉上易传》语(见卷九)。

润。此雷霆、风雨、日月、寒暑，所以屈信相感而成万物也。[1]

可以认为，这是具有科学因素的"物理学"之论。其中的核心概念是物质形态的互换："物象"的存在形态是相对的，相对的条件是阴阳交感中的"制约"，相对的"有限性"是"物极必返"，相对的"无限性"是万物生成的永恒，万物生成是结果，而这一结果也是消亡的起点，消亡是起点同时是再生的预示——物质世界永久存在的理由是无休止循环中的生成，"物类"生命的定位是无休止循环的内在动因。早期《易》学的"太极"或"太一""两仪""三才""四象""六爻"或"六合""八节"或"八卦""十二辰"或"十二月""二十四气""七十二候"等都氤氲着先民的这一"循环论"认识思想。史前出土的"玉版图""玉龟图"即早期的"河洛文化"或"九畴文化"都容积着这种认识思维。

从考古"图像学"的角度论，除了《河图》《洛书》与《易》学卦象的关联之外，前文论及的《尚书·洪范》也非常典型的关联。我们在引述《洪范》文献中已经可以领悟到，敬畏自然物类，遵守自然法则是尧、舜时代重要的社会观念和价值观念，"彝伦攸叙"和"彝伦攸斁"是从正反两个不同的结果来证明，那么，自然生态的"彝伦攸叙"和"彝伦攸斁"所给予人类的福祉或灾异，势同水火。敬谨执事的结果是"彝伦攸叙"，其中重要的具体内容：准确历算"象数"和辨识"物类"——这是给予"人主"的警示，也是预告万民必须遵守的自然生存法则。《庄子·秋水》中有说：

> 夏虫不可以语于冰者，笃于时也；曲士不可以语于道者，束于教也。[2]

---

[1] 据文渊阁《四库全书》本《汉上易传》卷九。
[2] 据《诸子集成》本郭庆藩《庄子集释》第三册，中华书局，1954年，第248页。

这是《庄子·秋水》中"北海若"所说的一段话。此说，要在以"夏虫"与"冰"的物类属性作为客体比拟，进而阐述"道"之理——夏天的虫类不可能与"冰"相提并论，原因就在于这两种物类是不同"时令"的存在，此说隐含着一个"物类"与自然气象相为顺应的道理：物类的消长必须顺应自然物候，顺应自然物候，就是遵循"阴阳交感"之理，违背自然物候的运行规律，古人认为是"阴阳相干"或"阴阳愆候"——是符合自然物质消长规律的结论。这种观念在先秦、两汉的很多文献中都有记载，事实上，它是从史前时代敬畏自然，尊尚物类属性观念延续下来的思想产物，我们研究《礼记》中的"灾异"说，"灾异"说即是建立在"阴阳愆候"的自然生态观念中形成的。

《礼记》所记"灾异"均可界定为"阴阳相干"或"阴阳愆候"形态，而影响《礼记》这一文化观念形成的直接史料则是《逸周书》。《礼记》所记的"灾异"是建立在"顺象思维逻辑"即"阴阳交感"之上确定的，故以"物象"为原则，具有明晰的"时令"之序认知。我们把这个问题放置在"自然生态伦理"范畴中考察，有三个要素作为依据：

一是"物象"，所谓"物象"即是标示气象的"物类"，如"东风解冻，蛰虫始振，鱼上冰""桃始华，仓庚鸣，鹰化为鸠""玄鸟至，雷乃发声，始电"等这些"物类"之象与"时令"的关联是本于自然，但它们的出现与自然气象又是因果关系；

二是"物象"的自然属性，如"桃始华，仓庚鸣"。宋张虙《月令解》说："雨水，则不复冰矣。桃始华，春华之盛，莫如桃。仓庚，黄鹂也，出于幽谷，迁于乔木，故鸣也。"[1]"玄鸟至，雷乃发声，始电"，郑玄注"玄鸟"曰："玄鸟，燕也。燕以施生时来巢人堂宇而孚乳，娶嫁之象也。"[2]孔颖达疏《诗经·玄鸟》诗有"玄鸟以春分而至，气候之常"[3]之说，无一列外

---

[1] 据文渊阁《四库全书》本卷二。
[2] 据《十三经注疏》本《礼记正义》卷十五，中华书局，1980年，第1361页。
[3] 据《十三经注疏》本《毛诗正义》卷三十，中华书局，1980年，第623页。

地以自然生态属性为理论切入；

三是"时令"性，首先"时令"是一种自然生态现象，把"时令"这一自然生态现象按照次第排列为有秩序的文化形态，那么，"时令"存在的意义就是确立在自然秩序认知之上，换言之，没有自然秩序认知，就没有"时令"。

据此三个要素，可以确定其属性："自然生态""人文秩序"，两者的叠加即是"自然生态伦理"——因此，"灾异"属于"自然生态伦理"范畴的命题。

"四季历"之序，《夏小正》有很完整的记载，但未见把每季三个月分称为"孟、仲、季"，如"春季"三个月份，一月为"孟春"，二月为"仲春"，三月为"季春"，先民每记一个季节分为三个阶段：孟、仲、季，这种记历方式，《尚书·虞书·尧典》中已经出现[1]，如果可信，尧、舜时代已经具备这样的记历形态，但并未固定，以"孟、仲、季"记历而作为一种固定的法式，最早见于《逸周书》，《逸周书·周月》载曰：

> 凡四时成岁，有春、夏、秋、冬，各有孟、仲、季，以名十有二月。[2]

"春、夏、秋、冬"是"四时"的记载方式，"孟、仲、季"是十二个月的分配记载方式，即每个季节三个月，每月用"孟、仲、季"表述。这种记述每季三个月的法式，应该与"六合"有关（详后）。"顺象思维"是远古历法成功的基础，明确的社会功利祈向是人类进步的动因。故而，当历法计算不准确甚至错乱之际，就会出现反常气象抑或灾异，即如前述，属"阴阳相干"或"阴阳愆候"。系统记载这一文化的先秦文献是《逸周书·时训》和此后的

---

[1] 按，《尧典》有"仲春""仲夏"等名义以之为记历。
[2] 据《二十五别史》第一册《逸周书》卷六，齐鲁书社，2000年，第54页。

《礼记·月令》《吕氏春秋》"十二纪"等文献[1]，我们也可以借此认识到，"阴阳相干"或"阴阳愆候"导致的气象反常或灾异是先民的"自然生态伦理"思想的反映。

以下，将以"四时"之序为准，考察《礼记·月令》中记载"灾异"之说的文化含义。在《礼记·月令》记载的灾异中，最突出的灾异产生原因是时令的错乱，即为"违时"。

下以春、夏两季为例试论之，仍分为"孟、仲、季"。《礼记·月令》载"孟春之月"说：

> 孟春行夏令，则雨水不时，草木蚤落，国时有恐。行秋令，则其民大疫，猋风暴雨总至，藜莠、蓬蒿并兴。行冬令，则水潦为败，雪霜大挚，首种不入。[2]

《月令》此载均属灾异现象，这种灾异的出现均属"违时"行令所造成。

第一，"孟春"实施"夏令"就会出现"雨水不时"和草木过早凋落的物候——这几种物候可以认定为天之"灾异"。郑玄注则以"十二辰"之理为解，其说"孟春行夏令，则雨水不时"为"巳之气乘之也"[3]，按照"夏历"的记历[4]，"孟春"为"一月"，属"十二辰"之"寅"，"巳之气乘之"即为"四月"的"巳"之气干预"寅"之气，形成灾异，是因为"愆候"。

第二，"孟春"施行"秋令"就会出现流行病或大的疫疠，施行"冬令"水涝伤稼，也会有大雪严霜物候，就会直接导致春耕无法进行——这几种物候可以认定为"天灾"而导致的"人祸"。郑玄注"行秋令，则其民大疫"说

---

[1] 按，《淮南子·时则》的记历与上述几种文献的记历方式有着明显的源流关系，虽出于汉代，但本质上属于先秦的记历形态。

[2] 据《十三经注疏》本《礼记正义》卷十四，中华书局，1980年，第1357页。

[3] 据《十三经注疏》本《礼记正义》卷十四，中华书局，1980年，第1357页。

[4] 按，以下涉及"十二辰"与"十二月"，均以"夏历"为准。下文不再出注。

为"申之气乘之也"[1]，七月为"十二辰"中的"申"，是秋季，"申之气乘之"即为七月的"申"之气干预"寅"之气。

第三，"孟春"之时"行冬令，则水潦为败，雪霜大挚，首种不入"造成了天灾，这一天灾的出现仍属"愆候"，郑玄注曰"亥之气乘之也"[2]，"亥"属"十二辰"中的十月，"亥之气乘之"即为十月的"亥"之气干预"寅"之气。

"孟春"施行"时令"的"违时"而出现的"灾异"，唐孔颖达疏文说：

> 论当月施令之事，若施之顺时，则气序调释；若施令失所，则灾害滋兴，故自此以下论政失致灾之事。[3]

孔颖达此说，大致符合上古时期华夏先民的文化观念。孔氏把《月令》此记的物候现象分为"自然生态"与"施令"的相互关联作用的两个方面：

第一，出现"施之顺时"和"施令失所"。"气序调释"是因为"施之顺时"；"灾害滋兴"是因为"施令失所"。首先是自然生态现象。

第二，强调"施令"的人即执政的人，"施之顺时"与"施令失所"是执政者"施令"的不同而导致的不同结果："气序调释"与"灾害滋兴"，出现这两种相对结果的原因是"顺时"与"违时"。孔氏指涉的"政失致灾"与《洪范》之说"彝伦攸斁"虽千百年而不变，观念所存，其义不悖。

又，《礼记·月令》载"仲春之月"：

> 仲春行秋令，则其国大水，寒气总至，寇戎来征。行冬令，则阳气不胜，麦乃不熟，民多相掠。行夏令，则国乃大旱，暖气早来，虫螟

---

[1] 据《十三经注疏》本《礼记正义》卷十四，中华书局，1980年，第1357页。
[2] 据《十三经注疏》本《礼记正义》卷十四，中华书局，1980年，第1357页。
[3] 据《十三经注疏》本《礼记正义》卷十四，中华书局，1980年，第1357页。

为害。[1]

此记"仲春行令"之失，可别为"天灾"和"人祸"。郑玄所注之义，依然用"十二辰"的"违时"为解。

第一"仲春行秋令，则其国大水，寒气总至，寇戎来征"，其中的"其国大水""寒气总至"是因为"仲春行秋令"所造成的结果，这一结果属于自然生态的异常，故可确定为"天灾"。其中的"寇戎来征"是战争，也可以说是兵灾，兵灾是人为的结果，这一结果的出现也是因为"仲春行秋令"造成，它是基于自然生态而延伸到社会生态的灾变，故可确定为"人灾"。按照郑玄注是"酉之气乘之也"[2]，"仲春"为"十二辰"的"卯"，是二月，"酉"是八月，八月雨水多，"酉"乘"卯"之气，就会出现二月大水的气象。

第二"行冬令，则阳气不胜，麦乃不熟，民多相掠"，其中的"阳气不胜，麦乃不熟"是因为"仲春"实施"秋令"造成的结果，这一结果属于自然生态的异常，故可确定为"天灾"。其中的"民多相掠"是"仲春"实施"冬令"引发的灾祸，它是基于自然生态而延伸到社会生态的人祸，故可确定为"人灾"。"行冬令"按郑玄注是"子之气乘之"，即二月之"卯"为十一月的"子"之气相乘，十一月阴气盛，故出现阳不胜阴的物候。

第三"行夏令，则国乃大旱，暖气早来，虫螟为害"，其中的"暖气早来"是因为"仲春"实施"夏令"造成的结果，"暖气早来"是仲春季节的异常气候，属于自然生态现象，故可确定为"天灾"。其中的"国乃大旱"是旱灾，"虫螟为害"是虫灾，属于"违时"而造成的自然生态现象，故也可确定为"天灾"。"行夏令"按郑玄注是"午之气乘之"（同上），即二月之"卯"为五月之"午"相干，宋卫湜《礼记集说》引方愨《礼记解义》说"……行夏令而阳亢，故大旱。大旱，故暖气早来，虫螟，则暖气所生也。…

---

[1] 据《十三经注疏》本《礼记正义》卷十五，中华书局，1980年，第1362页。
[2] 据《十三经注疏》本《礼记正义》卷十五，中华书局，1980年，第1362页。

…"[1]方惷此说是按郑玄的思路引申。

上例,均属"违时"而导致的"灾异""违时"即"阴阳相干"或"阴阳愆候"出现"灾异"在《礼记》中属于一种因果关系。宋卫湜《礼记集说》引方惷《礼记解义》曰:"……多雨,故其国大水也。水之气为寒,故'寒气总至'。'寇戎来征'则感金气而然也。凡此,皆酉之气乘之。麦以秋稼,至夏乃穑,仲春则向成矣,而阳气不胜,故'麦乃不熟'也。'民多相掠'则以阳不胜阴故也。……"[2]方惷此说是从郑玄注引申,但其说以"阴阳相干"或"阴阳愆候"为解,符合"阴阳交感"的文化观念。"仲春"是二月,属"卯",郑玄注"酉之气乘之"云云,"酉"是八月,为"仲秋""酉"厘十二地支,恰对应"仲秋"。"酉之气"乘"卯"即"仲秋之气"乘"仲春之气"。以《易》卦之理论之,二月对应"卯",对应《易》卦是"震";八月对应"酉",对应《易》卦是"兑""震"干"兑"是为"愆候",余可类推。

又,《礼记·月令》载"季春之月":

> 季春行冬令,则寒气时发,草木皆肃,国有大恐[3]。行夏令,则民多疾疫,时雨不降,山林不收。行秋令,则天多沈阴,淫雨蚤降,兵革并起。[4]

此载"季春行令"之失,亦可别为"天灾"和"人祸"两端:

第一"寒气时发,草木皆肃"是因为"季春行冬令"导致的结果,在晚春季节出现"寒气时发"的气候,连锁的结果就是草木出现凋落境况,属于气候

---

[1] 据文渊阁《四库全书》本《礼记集说》卷四十。

[2] 据文渊阁《四库全书》本卷十四。

[3] 郑玄注:"以水讹相惊。"似是水灾预警而恐。据《十三经注疏》本《礼记正义》卷十五,中华书局,1980年,第1364页。

[4] 郑玄注:"阴气胜也。"认为,此为秋天气象,阴气即金气,金属秋。

的反常，故可确定为"天灾"。"国有大恐"按照郑玄注所说应是"水警"导致的生民惊恐，亦当属"天灾"；

第二"民多疾疫，时雨不降，山林不收"此谓"季春行夏令"导致的结果，疾疫流行，天气干旱，山林没有收获，对生民而言直接影响到存活状况。故可确定为"天灾人祸"；

第三"天多沈阴，淫雨蚤降，兵革并起"此谓"季春行秋令"导致的结果，"天多沈阴，淫雨蚤降"是天气异常，应无成灾之虞，可属在"天灾"，"兵革并起"就是兵灾，属于"人灾"，即属天灾人祸。

上例，均属"违时"而导致的"灾异"，"违时"即"阴阳相干"或"阴阳愆候"出现"灾异"，在《礼记》中属于一种因果关系，即由于自然（天地）灾害导致人祸。

又，《礼记·月令》载"孟夏之月"：

> 孟夏行秋令，则苦雨数来，五谷不滋，四鄙入保。行冬令，则草木蚤枯，后乃大水，败其城郭。行春令，则蝗虫为灾，暴风来格，秀草不实。[1]

宋张虙《月令解》就此所解曰："行秋令，则孟夏之时似秋，秋雨伤稼，谓之'苦雨'。此雨数来，谷何以养？鄙，界上邑。小城曰保。'入保'，虑饥也。行冬令，则孟夏之时似冬，草木未寒而枯。冬德属水，水尤为盛，故大水败城郭也。行春令，则孟夏之时似春，蝗虫以温气而生，夏宜热而温，故蝗生也。'暴风'，卒然之风，春多有之。夏行春令，故有此风。草当春则生，今非时，故秀而不实也。"[2]张氏此说甚为通达明晰，据此"孟夏""行令"之失，亦可别为"天灾"和"人祸"两端。

---

[1] 据《十三经注疏》本《礼记正义》卷十五，中华书局，1980年，第1366页。
[2] 据文渊阁《四库全书》本卷四。

第一,"苦雨数来,五谷不滋"是"天灾"即自然灾害,"四鄙入保"以张虑之说"虑饥",由于自然之灾导致的人灾;

第二,"草木蚤枯,后乃大水"是"天灾"即自然灾害,"败其城郭"是由于"大水"造成的"人灾";

第三,"蝗虫为灾"属于"虫灾","虫灾"是自然灾害,即属"天灾","暴风来格,秀草不实"亦属"天灾",其中暗含着对人的伤害。

以上属于"孟夏行令"之失导致的天灾人祸,仍可看到,这种天灾人祸之间的逻辑认定。

又,《礼记·月令》载"仲夏之月":

> 仲夏行冬令,则雹冻伤谷,道路不通,暴兵来至。行春令,则五谷晚熟,百螣时起,其国乃饥。行秋令,则草木零落,果实早成,民殃于疫。[1]

据此文所载,仍可见以"阴阳相干"或"阴阳愆候"而出现的灾异。灾异的出现是建立在自然生态的基点上而延及人类——是由天灾而及于人祸,属于阴阳失衡之故,宋卫湜《礼记集说》引方悫《礼记解义》曰:"夏行冬令,是以阴包阳也,故'雹冻伤谷'。'道路不通',则冬为闭塞。'暴兵来至',则阴贼之感也。春主生,夏行春令,则生之日长,生之日长,故熟之时晚。螣食苗叶,春之气盛于末,故虫之为害者,特及叶而已。'五谷晚熟',而又'百螣时起',故'其国乃饥'也。'草木零落'与'果实早成',皆秋之气候故也。当盛暑之月,而感秋气则相薄,而众成疾。"[2]方悫依然用"阴阳"之说阐释上引《月令》之文。所谓"夏行冬令",是阴盛阳之象,故谓之"以阴包阳"。因为"以阴包阳"即为阳不盛阴,故而有"雹冻伤谷、道路不通"

---

[1] 据《十三经注疏》本《礼记正义》卷十六,中华书局,1980年,第1370页。
[2] 据文渊阁《四库全书》本卷四十二。

的反自然之象，它可类推。

又，《礼记·月令》载"季夏之月"：

> 季夏行春令，则谷实鲜落，国多风欬，民乃迁徙。行秋令，则丘隰水潦，禾稼不熟，乃多女灾。行冬令，则风寒不时，鹰隼蚤鸷，四鄙入保。[1]

此文所记灾异，仍属由天灾而导致人灾。

第一，"季夏行春令"的结果是"谷实鲜落，国多风欬"属于天灾，"民乃迁徙"就是天灾造成的人祸。按照郑玄注，这种自然的灾异是"辰之气乘之也。未属巽，辰又在巽位，二气相乱为害"[2]。简言之，郑玄注之意"辰"不当位。"十二辰"中的"辰"在三月之位，"季夏"是六月，属"十二辰"的"未"，即所谓的"二气相乱"，故有灾异之变。

第二，"季夏行秋令"的结果是"丘隰水潦，禾稼不熟，乃多女灾"。季夏在"十二辰"的"未"位，实施"秋令"，郑玄注为"戌之气乘之"（同上），"十二辰"的"戌"位在八月，是"戌"干"未"位，故有天灾人祸。

第三，"季夏行冬令"的结果是"风寒不时，鹰隼蚤鸷，四鄙入保"，唐孔颖达疏仍然以"阴阳交感"之理解说，其疏文曰："以丑、未属巽，十二月建丑，得巽之气，故为风。又建丑之月，大寒中，故多风寒，此天灾也。'鹰隼蚤鸷'，季夏地气，杀害之象，地灾也。"[3] 按，"巽"是八卦中的卦题，如果依照《文王八卦图》之序，其位在"四"，其属性为"风"。"十二辰"的"未"对应的是"季夏"的"六月"；"丑"对应的是"十二月"，故孔颖达说"以丑、未属巽，十二月建丑，得巽之气""未"与"丑"一个对"六月"，一个对"十二月""未""丑"均得"巽（☴）"之气，即得风之气，

---

[1] 据《十三经注疏》本《礼记正义》卷十六，中华书局，1980年，第1371页。
[2] 据《十三经注疏》本《礼记正义》卷十六，中华书局，1980年，第1371页。
[3] 据《十三经注疏》本《礼记正义》卷十六，中华书局，1980年，第1371页。

属于"不当位";又,按照阴阳学说,季夏为阳气最盛,阴气最衰,但都处在转换的预期,如汉京房《易传》说《小畜》卦曰:"夏至起纯阴,阳爻位伏藏。冬至阳爻动,阴气凝地,阴阳升降,以柔为刚……。"[1]阐述的就是这个理论核心,故孔氏有"季夏地气,杀害之象"说。宋张虑说:"……行冬令,则季夏之时似冬,因风而寒,故曰'风寒'。冬时如此,鹰隼未阴而先击,注谓得疾厉之气,孟夏行秋令,季夏行冬令,皆'四鄙入保',皆有所畏而然。"[2]两家之说,可以互相参证,都涉及了"阴阳相干""阴阳愆候"学说。

四季之中,考察了春、夏二季,因为秋、冬,在《月令》的灾异之说中,也是这一路数,故略之。我们要申说的是,《礼记》所载的"灾异"或"灾变""政失致灾"[3]为主要的因缘,其次是自然灾害。无论是"政失致灾"还是自然灾害,先民所重视的都在"阴阳相干"或"阴阳愆候"这一范畴内。

明章潢《图书编·历法总论》说:

> 历法之难言也,久矣。天道无端,惟数可以推其机;天道至妙,惟数可以明其理。是故,理因数显者也,数从理出者也。理、数可相倚,而不可相离者也。治历以正天时,因时以兴民事,而帝王为治之先务,在是矣。[4]

章氏此说古代的天文历法,"惟数可以推其机""惟数可以明其理",实为确论。象数是上古天文历法唯一的法式,其中的"物象"逻辑是运算"数"与"物象"的对应关系,推寻而得于"理","理"是"正天时"的依据,凭

---

[1] 据文渊阁《四库全书》本卷中。

[2] 据文渊阁《四库全书》本卷六。

[3] 按,此为孔颖达疏《月令》"孟春行夏令"语(据《十三经注疏》本《礼记正义》卷十四,中华书局,1980年,第1357页)。

[4] 据文渊阁《四库全书》本卷二十五。

借着"正天时"的数理达到"兴民事"的目的,是古代帝王治理国民最重要的事务。农耕经济,治国理民的先务是风调雨顺,风调雨顺决定于对历法的测知与颁行,阴阳和则四时顺,四时顺则风雨调,风雨调则五谷丰稔,宋袁燮《絜斋家塾书钞》说:

> 观《月令》一篇,如孟春行夏令、孟夏行秋令,变异随见,此岂可侮之?古之极治之时,阴阳和,风雨时。五谷畅茂,庶草蕃庑。凡盈天地之间,无有一毫悖戾之气者,抚于五辰之所致也。五行之不顺,天下事何往而不失其序乎![1]

所论,及于"五行""五行"之说,由来已久,至西汉董仲舒钩沉发微,做了系统的论述,就自然生态的灾变,基于"交感"的认识,从"五行"相感、"五行"生克成说,《春秋繁露·治乱五行》说:

> 火干木,蛰虫蚤出,雷蚤行。土干木,胎夭卵,鸟虫多伤。金干木,有兵。水干木,春下霜。土干火,则多雷。金干火,草木夷。水干火,夏雹。木干火,则地动。金干土,则五谷伤,有殃。水干土,夏寒雨霜。木干土,倮虫不为。火干土,则大旱。水干金,则鱼不为。木干金,则草木再生。火干金,则草木秋荣。土干金,五谷不成。木干水,冬蛰不藏。土干水,则蛰虫冬出。火干水,则星坠。金干水,则冬大寒。[2]

董仲舒此说是典型的"五行生克"论,是"象数""交感"的发展。从上考察可见,董氏此论,并非无根之木。虽然此论"五行相克"所对应的关系,今已不能尽数证实,但它是曾经的合理存在,是历时文化的延续、嬗变,具有时代、历史的合理性以及存续的意义。

---

[1] 据文渊阁《四库全书》本卷四。
[2] 据明程荣编《汉魏丛书》本《春秋繁露》卷十四,吉林大学出版社,1992年,第138页。

三、交感与"六合"

《逸周书》记"灾异",则以《时训》为主,《礼记》当属《月令》。从以上的考察中大致可以感知到"阴阳交感"与灾异的关系,其中先民对"六爻""十二辰"的认知成为重要的因素,兆示或征兆,是"六爻""十二辰"存在的功能之一。"六爻"交感的"数度"为"和合"者,属祥瑞——这里,有着严密的数理运算,并非仅仅凭借物象的观察;"六爻"交感的数度为错误属于"愆候"者(实际上就是计算的错误),属"滋灾"。"六合"之说,便是从"六爻"对立存在的认识论中滋长出来的。下将讨论"六合"与"象数"的"交感"关系。

在古代,"六合"语用广泛,通常指"天地四方",天地四方可谓之"六合",其语义的本根未变。就其语源而言,仍在于《易》学以"六"为回环指数的"物象"模式,如宋朱震所说的"终始循环,不见首尾,《易》之道"[1]。此谓"左旋环形""六爻"之变,犹有"平直互感"模式,是先民确认"物候"而推知气象的一种方法,所关注或祈望的焦点仍是对立生成"顺象"的无限性思维模式,是以"时令"为坐标而认知"物候""物类"消长规律的形态。这种认知观念,起源很早,根据文献记载,伏羲以后就有依据"先天卦"作推演的程式,炎黄时期的"卦气"模式,应是"六合"模式的前身,至商、周时期,业已成熟。它的形成机缘仍是"律度""象数"推演之术的扩展,从《礼记·月令》的相关记载,依然可以获知"六合"思维形态的前缘,《礼记·月令》中记载相关"祥瑞"或"灾变"即以"六合"的格局为条件,从以上考察《月令》中的灾异或灾变之说大致可以窥知。

第一,"孟春"与"孟秋"之"合"。"孟春"与"孟秋"相合的理

---

[1] 据文渊阁《四库全书》本《汉上〈易传〉》卷中语。

由是以"物象"可否交感为条件,"孟春"与"孟秋"的"物象"可成为以"合"为前提的交感,按照《礼记·月令》的记载是:"孟春之月……其日甲乙,……天气下降,地气上腾,天地和同,草木萌动"[1],是天地的阴阳之气"交感"最突出的时令,按郑玄注"其日甲乙"之说,孟春"发生万物""万物皆解孚甲,自抽轧而出"是万物生发、万物舒放的最基础月份。"孟春"与"孟秋"为"合","孟春"是万物萌动、生发之时,而"孟秋"是万物由萌动、生发到更新成熟的时令,《月令》说:"孟秋之月……其日庚辛",郑玄注:"庚之言更也,辛之言新也。日之行秋,西从白道,成熟万物。月为之佐,万物皆肃然改更,秀实新成。"[2]与生发舒放相较,"孟秋"是"摧蓐而收敛"(孔颖达疏文语)的时令——可见,"合"是"和合",但首先是"相对",只有"相对"才能"和合",《淮南子·时则》所说"孟春始嬴,孟秋始缩"[3]正是对《礼记·月令》"孟春""孟秋"物候气象特征的总结,也是提出"合"的理由。

第二,"仲春"与"仲秋"之"合"。《月令》载:"仲春之月……是月也,日夜分,雷乃发声,始电。蛰虫咸动,启户始出"[4]"仲春之月"明显的物候特征是"日夜分,雷乃发声,始电。蛰虫咸动,启户始出"。在这个季节的时间点上,"日"和"夜"的时间为等分,唐孔颖达说:"此'日夜分',谓昼夜漏刻,马融云:'昼有五十刻,夜有五十刻,据日出日入为限。'"[5]那么,《月令》记载的"仲秋之月"在时间差上,也是"日夜分",也就是说,"仲春"与"仲秋"按照"漏刻数度"计算的昼夜长短是没有时差的,所以,宋张虙《月令解》说"仲秋"的"日夜分"为:"'日夜分'与仲春同,

---

[1] 据《十三经注疏》本《礼记正义》卷十四,中华书局,1980年,第1353~1356页。
[2] 据《十三经注疏》本《礼记正义》卷十六,中华书局,1980年,第1372页。
[3] 据文渊阁《四库全书》本《淮南鸿烈》卷五。
[4] 据《十三经注疏》本《礼记正义》卷十五,中华书局,1980年,第1362页。
[5] 据《十三经注疏》本《礼记正义》卷十五,中华书局,1980年,第1362页。

无长短之差也"[1]，这是"仲春"与"仲秋"相合的条件之一。《月令》载仲春"雷乃发声，始电。蛰虫咸动，启户始出"，载"仲秋之月"则是"雷始收声，蛰虫坏户。杀气浸盛，阳气日衰，水始涸。"（同上）"仲春"万物开始生发，"仲秋"万物开始收纳，"仲春"是"二十四节气"中的"春分"，"仲秋"是"二十四节气"的"秋分"，《淮南子·时则》说："仲春始出，仲秋始内"[2]，其物候气象基本相对，故相合。

第三，"季春"与"季秋"之"合"。《月令》载：季春之月"……是月也，生气方盛，阳气发泄，句者毕出，萌者尽达，不可以内。……鸣鸠拂其羽，戴胜降于桑"。[3]"季春"，此记中物候气象特征是"生气方盛，阳气发泄"。《月令》载"季秋之月"的物候气象特征是"霜始降"是"阴气"聚集之象，故宋卫湜《礼记集说》卷四十四引方愨《礼记解义》说："阳气散而成暑，阴气聚而成寒。"[4]"霜降"是"阴气聚而成寒"的物候气象，与"生气方盛，阳气发泄"相对，又，季春的"句者毕出，萌者尽达，不可以内（纳）"是大的舒张，与季秋的"草木黄落，乃伐薪为炭"[5]，"伐薪为炭"是谓大收纳，与"萌者尽达，不可以内"是谓萌生的万物尽其舒展之性相对，此时，不可以收纳，以损其本性——两者是很典型的相对物象，《淮南子·时则》说："季春大出，季秋大内"，故谓之"合"。

第四，"孟夏"与"孟冬"之"合"。《月令》载："孟夏之月……其日丙丁……蝼、蝈鸣，蚯蚓出[6]。王瓜生，苦菜秀。……"[7]此记大抵与《逸周书·时训》相当，《时训》曰："立夏之日，蝼、蝈鸣；又五日，蚯蚓出；

---

[1] 据文渊阁《四库全书》本卷八。
[2] 据《诸子集成》本第七册，《淮南子》卷五，中华书局，1954年，第85～86页。
[3] 据《十三经注疏》本《礼记正义》卷十五，中华书局，1980年，第1363页。
[4] 据文渊阁《四库全书》本卷四十四。
[5] 据《十三经注疏》本《礼记正义》卷十七，中华书局，1980年，第1380页。
[6] 《四库全书》本卷四，（宋）张虙《月令解》云："蝼，蝼蛄也，能鸣。蝈，蛙也。"
[7] 据《十三经注疏》本《礼记正义》卷十五，中华书局，1980年，第1364～1365页。

又五日，王瓜生；"[1]最能代表"孟夏"季节特征的物候气象是"蝼、蝈鸣，蚯蚓出。王瓜生，苦菜秀"，同样，最能代表"孟冬"季节特征的物候气象是"水始冰，地始冻"，两种物候气象构成了"孟夏"与"孟冬"之"合"的条件。另，郑玄注"其日丙丁"说："丙之言炳也，日之行夏，南从赤道，长育万物，月为之佐。时，万物皆炳然著见而强大。"[2]郑玄注"其日壬癸"说："壬之言任也，癸之言揆也。日之行冬，北从黑道，闭藏万物，月为之佐。时，万物怀任于下，揆然萌芽。"[3]可见"长育万物"与"闭藏万物"是孟夏与孟冬相对的重要因素。《淮南子·时则》说："孟夏始缓，孟冬始急"，故谓之"合"。

第五，"仲夏"与"仲冬"之"合"。《月令》载："仲夏之月……小暑至，螳螂生，鵙始鸣，反舌无声。……是月也，，阴阳争死生分。"[4]载"仲冬之月……冰益壮，地始坼。鹖旦不鸣，虎始交。……是月也，日短至，阴阳争诸生荡。"[5]"仲夏"与"仲冬"最能体现相当而"合"的条件是两个季节的时差。仲夏"日长至"，仲冬"日短至"，唐孔颖达疏文曰："'长至'者，谓此月之时，日长之至极。大史漏刻，夏至昼漏六十五刻，夜漏三十五刻，是日长至也。'死生分'者，分，半也。阴气既起，故物半死半生。蔡云：感阳气长者生，感阴气成者死。故于夏至日相与分也。"[6]孔氏此说"仲夏之月"，仲夏昼长夜短，与仲冬是相反的关系，宋张虑解曰："此章与仲冬对文。夏日长至，冬日短至，至之言极也。阴阳争者，夏则阴方来，而与阳遇。冬则阳方来，而与阴遇。未各止其所，故争也。天地造化，阴阳消长，

---

[1] 据《二十五别史》本第一册《逸周书》卷六，齐鲁书社，2000年，第55页。
[2] 据《十三经注疏》本《礼记正义》卷十五，中华书局，1980年，第1364页。
[3] 据《十三经注疏》本《礼记正义》卷十七，中华书局，1980年，第1380页。
[4] 据《十三经注疏》本《礼记正义》卷十六，中华书局，1980年，第1369~1370页。
[5] 据《十三经注疏》本《礼记正义》卷十七，中华书局，1980年，第1382~1383页。
[6] 据《十三经注疏》本《礼记正义》卷十六，中华书局，1980年，第1370页。

著于《易》者，何尝有争，此亦以人所料度言之耳。"[1]因此，《淮南子·时则》说："仲夏至修，仲冬至短"，亦谓之"合"的重要条件。

第六，"季夏"与"季冬"之"合"。《礼记·月令》载："季夏之月……温风始至，蟋蟀居壁，鹰乃学习，腐草为萤。……是月也，土润溽暑……"（同上，卷十六）"季夏"是六月，属"十二辰"的"未"，当一岁之半，也是温热气象给人类带来万物生长德惠季节的终极，是物候气象施惠人类的节点，即指"阳气"施与人类的"德惠"的终结，即将转入秋季的"肃"继而为"杀"——所谓"肃杀"。"肃杀"是对"季冬"气象的描述，先民认为，这种气象用于人类的社会就是"刑杀"即将到来的终极，也是一年的节点，《礼记·月令》载："季冬之月……日穷于次，月穷于纪，星回于天数，将几终。"（同上，卷十七）郑玄注曰："言日月星辰，运行于此月，皆周匝于故处也。次，舍也。纪，会也。"（同上）按照西周的法制，秋季牢狱审理，死刑犯当按季节"肃杀"的特征而行刑，至于季冬则止，"季冬"是十二月，亦"十二辰"的"丑"，是旧一年的结束，新一年的开始，故宋张虙《月令解》说："十二月之辰在丑，曰星纪，盖月当建丑，日月星辰之行至此月，皆周于故处，既会之后，于是又分行焉。"《淮南子·时则》："季夏德毕，季冬刑毕"，汉高诱注曰："德毕，阳施结。刑毕，刑狱尽。"高诱此说，盖源于《周礼》《礼记》阴阳象数交感之论。

《淮南子·时则》专列"六合"，据上所考，其源无逾《逸周书·时训》《礼记》"律历"之"物候""数度"的"象数"之囿，《易》之"六爻"是"六合"的理论背景，阴阳交感是其理论骨干，《时则》之说"六合"曰：

> 孟春与孟秋为合，仲春与仲秋为合，季春与季秋为合，孟夏与孟冬为合，仲夏与仲冬为合，季夏与季冬为合。孟春始赢，孟秋始缩；仲春始

---

[1] 据文渊阁《四库全书》本卷五。

出,仲秋始内;季春大出,季秋大内;孟夏始缓,孟冬始急【缓,四月阳安;急,十月寒肃】[1];仲夏至修,仲冬至短;季夏德毕,季冬刑毕。[2]

此载,以"十二律"的数理理论为基准,以"十二辰"为参照对象,建立在"六"位数理回环模式的"物候""物类"历时消长认知形态基础上形成的思维模式,换言之,此说是"十二辰"圆图左旋,由"孟春"到"孟秋"是"六宫",由"仲春"到"仲秋"是"六宫",由"季春"到"季秋"也是"六宫"……以此类推,是"后天六宫之交"的发挥与增殖——"六爻"是这一理论背景的初元。此外,上文所记是两两相合的时令,它们具有"起点"的共性:孟春是"赢"的起点——"孟春始赢",孟秋是"缩"的起点——"孟秋始缩",仲春是"出"的起点——"仲春始出",仲秋是"内(纳)"的起点——"仲秋始内",季春是"大出"的起点——"季春大出",季秋是"大纳"的起点——"季秋大内",孟夏是"缓"的起点——"孟夏始缓",孟冬是"急"的起点——"孟冬始急"——这种"相对论"的逻辑思维模式是以"四时""六爻""十二辰"为基准的"交感"观念("合"是很典型的"交感")。每一个"合"以及"起点"都规定着"物象"与"物候"历时消长的关系——这里,我们称之为"顺象循环逻辑"。

根据《淮南子·时则》此文的记载,我们梳理出:时令→交感→物象→物候等于"顺象循环逻辑",其结果则"为嘉为瑞",亦可称之为"彝伦攸叙",是《易》学思维在远古"历象"学中的应用,体现着典型的"自然生态伦理"思想。一如前面所说,"王者"荒怠职事,草率测知历算,所得的"象数"就不准确,以此制定的历法便会错乱,其结果就会出现非常态的自然之象,对人类而言,则"为灾为孽",亦可称之为"彝伦攸斁",可以界定为"逆象循环逻辑"。同篇《淮南子·时则》载:

---

[1] 方括号文字是汉高诱注。
[2] 据《诸子集成》本第七册,《淮南子》卷五,中华书局,1954年,第85~86页。

> 故正月失政，七月，凉风不至；二月失政，八月雷不藏；三月失政，九月不下霜；四月失政，十月不冻；五月失政，十一月蛰虫冬出其乡；六月失政，十二月草木不脱[1]；七月失政，正月大寒不解[2]；八月失政，二月雷不发；九月失政，三月春风不济[3]；十月失政，四月草木不实[4]；十一月失政，五月下雹霜；十二月失政，六月五谷疾狂。[5]

所谓"失政"可以笼统地理解为荒怠"政事"，但在这里是专指，有着专定的指涉对象即主理"历象"的人（"王者"）荒怠执事，测算的"象数"不准，制定的历法便会错乱，故而出现类同灾异的物候气象，是"逆象循环"的结果。"孟春与孟秋为合""仲春与仲秋为合"，一直到"季夏与季冬为合"是"历象"测算的"度数"准确，出现的自然物候、气象必然是正常的，比如"孟春与孟秋为合"即正月与七月是合理的"交感"（合），到了七月（初秋）就会有凉风吹拂，如果"王者"荒怠，"正月失政"，其实是"历算"度数出错，那么，到了七月就没有凉风吹拂而是温热之风，以此类推，都属于"六宫"不谐而显现的反常气象，也可以界说为"逆象循环逻辑"。

《淮南子·时则》所说的"六合"，是"十二律"的"律度""历数"准确，故谓之"合"；"不合"是"失政"实即"律度""历数"测算出错，故曰"不合"——都与"时长"有关。

如果"律度""历数"测算大错，那么就会"四时"混乱，必有"灾异"即如《时则》所言："春行夏令，泄；行秋令，水；行冬令，肃；夏行春令，风；行秋令，芜；行冬令，格。秋行夏令，华；行春令，荣；行冬令，耗。冬

---

[1] 高诱注为："不脱，叶槁著树，不零落也。"即树叶枯槁而不落。

[2] 高诱注为："东风不解冻也。"

[3] 高诱注为："济，止也。"

[4] 高诱注为："实，长也。"

[5] 高诱注为："疾狂，不华而实也。"按，《淮南子·时则》文悉据《诸子集成》本第七册，《淮南子》卷五，中华书局，1954年，第85~86页。

行春令，泄；行夏令，旱；行秋令，雾。……"这就是灾异，古人以此为"阴阳愆候"所致，"阴阳愆候"即阴阳失度，物象错乱。又，汉班固《汉书·魏相传》载魏相奏对曰："东方之卦，不可以治西方。南方之卦，不可以治北方。春兴兑治则饥，秋兴震治则华，冬兴离治则泄，夏兴坎治则雹。"[1]是这一认识论的延续和扩展。《汉书·魏相传》载曰："魏相，字弱翁，济阴定陶人也，徙平陵。少学《易》，……相明《易经》，有师法。"魏相，少即学《易经》，颇有师承，所论均以《易》卦作为最基础的理据"兑、震、离、坎""兑、震、离、坎"在《易》学中是"四卦"对应的"四象"，在气象学中就是"四时"或"四季"，可谓有征之论。

董仲舒《春秋繁露·五行相生》中有过论述"五行生克"的文字，其说曰：

> 天地之气，合而为一，分为阴阳，判为四时，列为五行。行者，行也。其行不同，故谓之五行，五行者，五官也，比相生，而间相胜也，故谓治，逆之则乱，顺之则法。[2]

我们认为，董仲舒此论，可以认为是对上古"象数""交感"之说的总结。细审之，此说仍不失为合理。今天所经历的"四时"，岂无阴阳？董仲舒所论"五行者，五官也，比相生，而间相胜"，依然符合自然生态的运行法则，故谓"逆之则乱，顺之则法"，违逆自然生态的运行法则，就要受到自然生态的惩罚。"灾异"的出现，是违逆自然运行法则的结果，古人的认识固可称道。

对"灾异"的认识，史前社会的人类就做了漫长而艰辛的努力，从今天可以看到的史前文化遗址，以及出土的文物中都暗示着这一文化的存在，大致

---

[1] 据《二十五史》本《汉书》卷七十四。
[2] 据明程荣编《汉魏丛书》本《春秋繁露》卷十三，吉林大学出版社，1992年，第137页。

可以证明，先秦文献中的相关记载是可信的。我们从考察史前与史后文献中所记载的"物象""交感"理论，先民对"灾异"的认知，是与天文历法同步进行的。到尧、舜时代，天文历法与"灾异"基于"象数""交感"已经形成了完整的理念，从《逸周书》到《礼记》是这一理念的承载。文献中记载的"灾变"或"异变"未必如此应验，但我们考察这方面的问题，重要的主导是在挖掘和阐发先民的自然观，甚或宇宙观，进而认识先民的"自然生态伦理"思想。这不仅是研究历史的需要，在一定意义上，先民的"自然生态伦理"思想依然具有不能忽视的现实意义。

结　语

"相对论"在当今哲学中是具有普遍意义的理论，称述此论，大多追寻西方哲学家的某某学说，当然这无可厚非。问题是，我们先人早在三千多年以前已经发现了自然生态中物质存在的相对关系，并建立了非常严密的理论体系。我们现在见到的中国哲学史一类的著作，20世纪50年代到80年代之前，大都受两种思维方式的影响：一是极左思潮，一是疑古思潮。极左思潮制导下的中国哲学史，漠视历史的历史性，用所谓的马克思主义哲学生搬硬套先民的哲学思想，推出的结论臧否，可想而知；疑古思潮制导下的中国哲学史，忽视历史文献的传承，盲目地怀疑甚至诬毁古人留下的文化财富。以至于出现了己所蒙昧而强施于人的怪异现象！

"阴阳"学说，虽见于《易经》，但在新石器时代已经形成，河南濮阳西水坡出土的新石器时代的古墓中"龙虎蚌壳图"的图式即是以"阴阳"相对的思维方式创制的，这一古墓群大抵仰韶文化。笔者不仅到此地参加过学术会议，还发表过相关的论文。我们有理由说，"阴阳"学说是最早的相对论。

《易传·系辞》(上) 有"生生之谓'易'"说,"易"的本体就是在永恒变化生成中周匝的认识论。三国·韩康伯注曰:"阴阳转易,以成化生。"[1] 都是在阐发这个道理。作《易》的先民首先认识到:物质类型只有在相对的条件下才能变化,变化才能生成,生成才能恒久。唐孔颖达疏《序卦》文题,论及《易经》"六十四卦"的建构形态,有着可以肯定的理论,其说曰:

> 今验六十四卦,二二相耦,非覆即变。覆者,表里视之,遂成两卦,屯、蒙、需、讼、师、比之类是也;变者,反复唯成一卦,则变以对之,乾、坤、坎、离、大过、颐、中孚、小过之类是也。[2]

《易》卦的形成是先民以自然生态中物象类型为唯一的参照,因此,可以说《易》卦是物质世界物质类型属性的抽象。"卦"的抽象是以"二二相耦,非覆即变"为本论。"二二相耦,非覆即变"就是"阴阳交感"的另一种表述方式。所谓"二二相耦"即指物质和物质类型属性的相对存在;所谓"非覆即变"即指物质类型的属性相对存在中变化的必然性或绝对性,其结果必然是"交感""生成"。物质类型属性的相对存在是构成"交感"变化的前提,《易》卦是以自然物质类型属性为参照的抽象——"阴阳"便是属性的描述方式,可见,"易"首先是自然物质类型属性相对存在、生成建构理论样本,在此基础上才引入到对社会人生的预判——这是"易"文化的派生文化形态。"易"最初的形态是用于对天文历法的记载与描述,因此,"易"的"交感""物象""物候"甚至"时令"都融合在早期天文历法之学中。

天文历法是早期人类对感知自然生态的人文秩序过程,以感知"自然生态"为前提而建构的"人文秩序"法则。因此,天文历法的首要条件就是"自然生态"存在,其次是"人文秩序"法则,遵循以"自然生态"为本建立的

---

[1] 据《十三经注疏》本《周易正义》卷十一,中华书局,1980年,第78页。
[2] 据《十三经注疏》本《周易正义》卷十三,中华书局,1980年,第95页。

"人文秩序"法则是人类最基本的社会生存行为要求——尊尚自然,敬畏物质生命是最典型的逻辑,违背"自然生态伦理"就会接受自然生态的惩罚,它是"自然生态伦理"研究的重要命题,也就不难理解了。

这是一个很繁难的命题,又是"自然国学"应该深入研究的范畴。

第六章

"祈年""通感"与自然生态伦理

《三礼》中都有关于宗教内容的记载，特别是《周礼》和《礼记》不仅记载着相关的宗教仪式内容，还记载着宗教的仪式之所以形成的缘由，前贤在记述仪式和仪式缘由之际，就先民的生存形态、生存祈向做了深刻的解析，其中不乏哲理思考。

　　祭祖敬宗，反古复始，是"礼经"中的重要宗教类型。

　　"礼经"中的宗教，属于"原始宗教"（"原始宗教"之说可见《绪论》注脚文）。任何宗教，都有膜拜的对象，原始宗教当然也有膜拜对象，原始宗教膜拜的对象、宗教行为都体现在祭祀行为中，最突出的两点是："崇拜对象原则"和"仪式秩序原则"。《礼经》记载的宗教（祭祀）活动，有着确定的"膜拜对象原则"和"仪式秩序原则"。以"膜拜对象"言之，可以厘定为两种类型：一是祖先崇拜，一是自然崇拜。祖先崇拜的文化心理机制是尊祖敬宗而"报本反始"（语见《礼记·郊特牲》），自然崇拜的文化心理机制则是对自然物质世界馈赠人类生命、福祉的报答，是尊崇天地之道、敬畏自然万物之理，祈福禳灾，原始反终的宗教行为，"教民美报"（语见《礼记·郊特牲》）是它的重要目的；以"仪式秩序原则"言之，每一个祭祀仪式都有规定性，乐舞是规定性中的重要形态，或者说是规定仪式中的载体。无论是祖先崇拜还是自然崇拜，在《礼记》中都是以"自然生态"的平衡、稳定进而给予人类福祉为目的，向自然生态祈福的宗教（祭祀）活动，可以界定为"宗教生态理论"。"宗教生态伦理"融汇在"崇拜对象原则"和"仪式秩序原则"中。

　　西周是农耕经济社会，农耕文明集合着物质文化、精神文化和制度文化。物质文化在农耕社会中的生命存续祈向是前提，精神文化是物质文化补充的最大化，制度文化是物质文化和精神文化存在、继续和发展的"礼法"保证——

尊祖敬宗就成为"制度文化"中的一个重要的内容。早期的农耕经济，最重要的经济产成是凭借着自然生态条件，因此，从文献中所能获得的证明都集中于农耕→敬畏自然生态→尊祖敬宗这一流程中。按照这一程式而简论之，西周立国之前的周部族，已是多部族中农耕经济发达的共同体。尧、舜时代的"弃"，被族人奉为农神"后稷"是明证。"后稷"是继炎、黄时代"神农氏"农耕文明之后又一位推进农耕经济极大发展的"文化哲人"。"后稷"不仅是农耕技艺的创新、持有和教授者，也是为西周立国农耕"礼法"架构奠定基础的人（《尚书·虞书》《诗经》《周礼》《礼记》等先秦文献中都有记载）。西周立国，建立了完备的农耕"礼法"，是"三代"农耕文化延伸、发展，历久弥新的结果，宋代叶时在《礼经会元·重农》中说：

  周人以农立国，自后稷以来，稼穑有教。今观《周礼》而知周公稼穑之教为甚详。太宰九职之任，一曰三农；司徒十二职之颁，一曰稼穑。其重农之意，可知矣。小司徒之井牧，立田制也；遂人之沟洫，兴水利也；草人辨其地之刚舄、坟垆，辨壤粪也；稻人掌其水之畜，止均写（泻），防旱潦也。……王籍，所以劝天下之力田。内宰何关于农？而帅宫以献王种，所以示天下之重谷。尝之日，预卜来岁之芟，而为田业荒芜之虑。社之日，预卜来岁之稼而为旱干水溢之备。其始也，于田祖而祈年，以祈农事；其终也，享百神而祭蜡，以报农功。凡有可以佐百姓力农者，无不设官而劝导之，且以成周盛时，天下之田，皆井矣；天下之民，皆农矣。有田可耕，何患其不耕？有土可稼，何患其不稼？[1]

此文所述，自"后稷"传授农耕技艺[2]，到西周立国，周公颁示"稼穑之

---

[1] 据文渊阁《四库全书》本卷三上。
[2] 《尚书·虞书》《尚书·周书》《诗经·大雅·生民》等上古文献中都有关于"弃"亦即"后稷"主司农耕，教民稼穑的事况记载。

教"，以及《周礼》中记载的农耕时令的宣示，农田管理的条陈，农耕水利、水患的治理，农物的收储，"王籍"劝农，"祈年于田祖"，享祀蜡祭等相应的"礼法"建立。这些"礼法"实施，又以尊祖敬宗为基准而具象到祭祀或祭享活动中，敬畏自然，保护生态则是全部活动的主体。叶时此说，最终集结在"祭蜡""祈年"和"王籍"——三者皆属祭祀活动，其中的祭祀对象以自然生态为主体，或虽以人祖为对象，其深层仍是自然万物，凝结着先民高度的"自然生态伦理"思想。

一、祭蜡、逆暑、迎寒、祈年

关于"祭蜡"的农耕文明与史前礼俗。

"祭蜡"是原始礼俗，大致在神农时代形成，即文献中所载的"伊耆氏"，到"三代"时期已经成熟，一直到春秋时期，依然很受重视，而且，孔子曾经参与过这种祭祀活动，《礼记·礼运》载曰："昔者，仲尼与于蜡宾。"[1]这是孔子仕鲁国之际，作为助祭参与"祭蜡"活动的记载，因为"礼数"不备而孔子犹多感慨。郑玄注曰："蜡者，索也。岁十二月，合聚万物而索飨之，亦祭宗庙。时，孔子仕鲁，在助祭之中。"[2]据此可证，在春秋时期，"祭蜡"这一礼俗依然受到特别的重视。

最早记载"祭蜡"礼俗的文献是《周礼·夏官·籥章》，最早叙说"祭蜡"礼俗程式、祭祀对象以及祭祀内涵的文献是《礼记·郊特牲》等。但"祭蜡"礼俗，至少在"三代"的史前时期已经形成，从西周上推，可以及于"伊耆氏"时代，"伊耆氏"亦为后人称为"神农氏"，此时，是史前农耕文明的

---

[1] 据《十三经注疏》本《礼记正义》卷二十一，中华书局，1980年，第1413页。
[2] 据《十三经注疏》本《礼记正义》卷二十一，中华书局，1980年，第1413页。

初期阶段，"祭蜡"大抵已经形成，以至于延及"三代"。按照东汉蔡邕之说，"三代"的"祭蜡"称谓不同，夏代称"祭蜡"为"嘉平"，商代称"祭蜡"为"清祀"，周代称"祭蜡"为"大蜡"[1]，唐陆德明《〈礼记〉释文》说："蜡，仕嫁反，祭名。夏曰清祀，殷曰嘉平，周曰蜡。……"[2]《释文》以蔡邕之说为正解，故有相同的解释。此为信史，毋庸置疑。夏、商"祭蜡"礼俗程式，虽然没有具体的文字记载，但西周以后"祭蜡"应是整合夏、商之制而有所增损。

西周"祭蜡"是在"周历"十二月，"夏历"十月，即"孟冬之月""祭蜡"实与"祈年"并时举之。《礼记·月令》载：

> 孟冬之月……天子乃祈来年于天宗，大割祠于公社及门闾，腊先祖五祀。[3]

此文记载着主持"祈年"的是"天子"，记载着"祭蜡"之前的几项祭祀活动："大割"和"大割"的地点以及祭祀的对象，记载着"祈年"的时令是在"孟冬之月"即"夏历"十月，最后记载着区别于"大割"的"腊先祖五祀"等仪式与对象。按照郑玄注所说，《月令》此载是"蜡祭""大割"和"腊先祖五祀"依次进行的祭祀活动，其实质是"蜡祭"。郑玄注："此《周礼》所谓蜡祭也。天宗，谓日、月、星、辰也。大割，大杀群牲，割之也。腊，谓以田猎所得禽祭也。五祀，门、户、中霤、灶、行也。或言祈年，或言大割，或言腊，互文。"[4]郑玄称此几种礼法之俗并时举之，是为"互文""祈年"是这几种礼俗并时而举的核心。宋张虙《月令解》解《礼记》"天子乃祈来年于天宗、大割"曰：

---

[1] 参见《蔡中郎集·独断》（据文渊阁《四库全书》本卷一）。
[2] 据《十三经注疏》本《礼记正义》卷二十一，中华书局，1980年，第1413页。
[3] 据《十三经注疏》本《礼记正义》卷十七，中华书局，1980年，第1382页。
[4] 据《十三经注疏》本《礼记正义》卷十七，中华书局，1980年，第1382页。

> 天宗：日为阳宗，月为阴宗，北辰为星宗。祈年，则《诗》所谓"以兴嗣岁"也。祈年之礼，大而简，故不以牲言。公社及门闾，则大割以祠之。大割，大杀群牲也。先祖五祀，则曰腊。腊谓以猎得之肉祭之，此等之祭总谓之蜡。[1]

张处在郑玄注的基础上又做了解说，所说"天宗"实即古人所称的"三光（日、月、星）"，而张氏以"阴阳"之理为解，实为有见，其中不乏深刻的自然生态观念。

上略有说，"蜡祭"或"祭蜡"是原始农耕文明的思想产物，在原始农耕时期，它是一种合于礼法的礼俗，"三代"时期，已特受重视，经西周立国后的整合，"祭蜡"之俗已经定型为"礼法"。《周礼》专设"伊耆氏"职官，《周礼·秋官·伊耆氏》："伊耆氏，下士一人徒二人。"郑玄注曰："伊耆，古王者号，始为蜡，以息老物。"[2]郑玄此说，为言之有据。《周礼》所载的"伊耆氏"，即是史前发展农耕的"文化哲人"，周部族在举行"大蜡"活动中，演奏的乐章是"昼击土鼓，歙《豳诗》"，《周礼·夏官·籥章》载曰："中春，昼击土鼓，歙《豳诗》，以逆暑。"[3]这里所记者是"逆暑"使用的乐章，实际上，在"祭蜡"活动中也是使用这一乐章。

"击土鼓，歙《豳诗》"在四种礼俗中演奏：一是在仲春之时迎祭"暑气"演奏，即所谓的"逆暑"。一是在"中秋，夜迎寒"即在中秋夜，迎祭寒气演奏，所谓"迎寒"。一是在春季"祈年于田祖"演奏，即所谓"祈年"。一是在岁终"祭蜡"活动中演奏。

这一乐章之式又是从"伊耆氏"即炎、黄时代传递下来的。《礼记·明堂

---

[1] 据文渊阁《四库全书》本卷十。
[2] 据《十三经注疏》本《周礼注疏》卷三十四，中华书局，1980年，第869页。
[3] 据《十三经注疏》本《周礼注疏》卷二十四，中华书局，1980年，第801页。

位》载："土鼓、蒉桴、苇籥，伊耆氏之乐也。"[1]土鼓、蒉桴、《豳诗》、苇籥是伊耆氏之乐。"土鼓"是史前的打击乐已经为诸多史前文化遗址出土的文物所证明[2]，"蒉桴"是用草编的鼓槌，《豳诗》见于《诗经·豳风》，其中《七月》[3]诗便是，"苇籥"是用苇制作，带孔，似竹笛类的吹奏乐[4]。"祭蜡"演奏的乐舞，实即"伊耆氏之乐"的延续与改进，上引文献可以证明。又，《礼记·郊特牲》有一则《蜡辞》，读其辞文，会心其义，很是符合史前巫术文化"咒语"或"咒辞"之式，而且，明代冯惟讷辑《古诗纪》作《伊耆氏蜡辞》[5]，应是"祭蜡"演奏乐章中的一章，其辞曰：

土，反其宅。水，归其壑。昆虫，母作。草木，归其泽。[6]

这一首《蜡辞》当是在"祭蜡"活动中演奏的乐舞之辞，是"伊耆氏"时代的文化遗产。根据《周礼》和《礼记》的记载，"祭蜡"是"伊耆氏"之祭，"伊耆氏"大抵源于史前的炎、黄时代，在夏、商、周的史前三代时期，三个部族都有这一礼俗文化，以上史料，大致可证。

"祭蜡"所用乐舞之器，在春秋时期，仍认为简陋，《礼记·礼运》载孔子说："……夫礼之初始，诸饮食，其燔黍、捭豚，污尊而抔饮，蒉桴而土

---

[1] 据《十三经注疏》本《礼记正义》卷三十一，中华书局，1980年，第1491页。

[2] 如山西襄汾陶寺史前遗址、河南濮阳西水坡史前遗址、甘肃兰州永登县乐山坪马厂文化遗址，青海的马家窑文化遗址、山东的大汶口文化遗址、龙山文化遗址等都有"土鼓"出土。

[3] 按《诗经·豳风·七月》诗，已故文化史学家张松如先生认为，《七月》诗是史前周部族史诗，其说可从（见张松如、郭杰著《周部族史诗研究·结语：史诗的探索》，长春出版社，1998年，第131页。

[4] 陈旸《乐书·〈礼记〉训义·明堂位》解"土鼓、蒉桴、苇籥……"说："中央为土，天地冲和之气在焉。乐也者，锺冲气之和者也。以土为鼓，则中声具焉；以蒉为桴，则中声发焉；以苇为籥，则中声通焉。籥之为器，如笛而三孔，通中声故也。古之作乐，自伊耆氏始，而蜡祭之礼，亦始于此，故《周官》有伊耆氏之职。"（据文渊阁《四库全书》本卷七）

[5] 见文渊阁《四库全书》本《古诗纪》卷六。

[6] 据《十三经注疏》本《礼记正义》卷二十六，中华书局，1980年，第1454页。

鼓，犹若可以致其敬于鬼神。"[1]孔子此说"礼之初始"即为炎、黄的制礼作乐时代之礼，其中含有"祭蜡"之礼，所言"蒉桴而土鼓"是史前农耕祭祀礼俗使用的乐器，"祭蜡"尤不可少。

"祭蜡"即是通过祭祀对人类有功义的万物表达时人的敬畏之心，预祝来年丰稔而万民无饥寒之虞，顺及慰问、礼敬年长又有劳动功业的人。《周礼·夏官·籥章》载曰：

> 国祭蜡则龡《豳颂》，击土鼓，以息老物。[2]

此载国君举行"祭蜡"之礼，此礼要吹《豳颂》，击土鼓等形式，其义：岁终，以万物协同人类一岁的劳作而获得丰收太平，举行祭祀之仪，祭祀万物，同时也慰劳农夫[3]和已经衰亡的万物，到了冬季，农夫可以休养生息，即给人类带来资用、福祉的"老物"（即孟冬衰亡的万物）也可以休息以待来年重生。郑玄注曰："谓十二月，建亥之月也。求万物而祭之者，万物助天成岁事，至此为其老而劳，乃祀而老息之，于是，国亦养老焉，《月令》'孟冬，劳农以休息之'是也。《豳颂》，亦《七月》也。《七月》又有'获稻作酒，跻彼公堂，称彼兕觥，万寿无疆'之事，是亦歌其类也。谓之颂者，以其言岁终人功之成。"[4]郑玄注文所称引的"获稻作酒，跻彼公堂，称彼兕觥，万寿无疆"，此为《诗经·豳风·七月》中诗句，与冬季行"蜡祭"之礼亦相吻合。除了上引"祭蜡"要吹奏《豳风》之诗，击奏"土鼓"之外，在"祭蜡"之后，可以以网罗捕猎鸟类等活动，《周礼·夏官·罗氏》载："罗氏掌

---

[1] 据《十三经注疏》本《礼记正义》卷二十一，中华书局，1980年，第1415页。

[2] 据《十三经注疏》本《周礼注疏》卷二十四，中华书局，1980年，第802页。

[3] 贾公彦疏"以息老物"谓"息田夫、万物也。"（《周礼注疏》卷二十四，中华书局，1980年，第802页）

[4] 据《十三经注疏》本《周礼注疏》卷二十四，中华书局，1980年，第802页。

罗乌、鸟，蜡则作罗襦。"[1]郑玄注："此时火伏，蛰者毕矣，貉既祭兽，可以罗网围取禽也。《王制》曰'貉祭兽，然后田'，又曰'昆虫已蛰，可以火田'。今俗放火张罗，其遗教。"[2]依郑玄之说，在"周历"十二月"祭蜡"之后，可以张网或"火田"即"放火张罗"捕猎鸟类是因为此时，阳气已沉下，昆虫悉蛰伏，不致伤及其他生物，汉代民间依然有此活动，是西周遗俗。宋易祓《周官总义》就《周礼》此载文说："或谓伊耆即神农氏，始教民耕者也。以土鼓应《豳籥》，示不忘本而已。然民事之终始，实关乎天时之消长，故必先之以迎寒、逆暑，……谓阳常居大夏，而主岁功故也。"[3]易祓此说强调"祭蜡"中"民事"农耕，始终与时令的寒温冷暖"自然生态"有着直接的关联，其说可信。

从以上《周礼》的文献记载理解"祭蜡"可以从分五个方面认识：

一是"祭蜡"的始源，属史前的"伊耆氏"时代（与黄帝、神农相当），其乐其诗，今或可考——均基于自然生态；二是"祭蜡"的程式，即"祭蜡"要演奏《蜡辞》，"歙《豳颂》，击土鼓"，属于祭祀活动的载体。依据《伊耆氏蜡辞》《诗经·豳风·七月》诗歌的内容分析，"蜡祭"与《蜡辞》《豳颂》（即《豳风》）内涵暗合——均基于自然生态；三是"蜡祭"的对象，《周礼》所记并不具体，只是简要地说"老物"，借助于郑玄的注和贾公彦的疏，可以知道，"老物"是农夫和孟冬之月衰亡的万物——均基于自然生态；四是"蜡祭"的目的，首先是"息老物"，此语有两个语义或两个概念："息"指向"老物"中的农夫，即属休养生息之义，指向"老物"中冬季衰亡而春季复生的万物，孟冬即属肃杀后的蛰伏，也是息眠状态——对两者而言，

---

[1] 据《十三经注疏》本《周礼注疏》卷三十，中华书局，1980年，第846页。按，《礼记·郊特牲》有"大罗氏，天子之掌鸟兽者也"的记载，是对《周礼·罗氏》"罗氏掌罗乌、鸟，蜡则作罗襦"的阐发，也可与《周礼·罗氏》此文互证。

[2] 据《十三经注疏》本《周礼注疏》卷三十，中华书局，1980年，第846页。

[3] 据文渊阁《四库全书》本卷十四。

具有祝祷祈福之愿，其中暗含着祭拜先祖农神而希望赐福的动义——均基于自然生态；五是"蜡祭"后的围猎活动。按照郑玄的注释，此时属在"周历"的十二月，即"夏历"的十月，是冬季，"此时火伏，蛰者毕矣，貉既祭兽，可以罗网围取禽"，而且"貉祭兽，然后田；昆虫已蛰，可以火田"冬眠蛰伏之物已经衰亡或息眠，用焚烧田野和张网捕猎这两种狩猎方式都不会伤及不当伤及之物——均基于自然生态。

就以上分析可见，《周礼》所载"祭蜡"活动的全程都贯穿着明确的"自然生态伦理"思想，也可以说，"自然生态伦理"思想是"祭蜡"活动的主体。

西周的"祭蜡"活动，是继承史前部族农耕文明的延伸和发展，如果必须确定它的文化属性，那么，它属于"原始宗教文化"，厘在"祖先膜拜""自然膜拜"之中。《礼记·郊特牲》载曰：

> 万物本乎天，人本乎祖，此所以配上帝也。郊之祭也大，报本反始也，天子大蜡八。伊耆氏始为蜡，蜡也者，索也。岁十二月，合聚万物而索飨之也。蜡之祭也，主先啬而祭司啬也。[1]

此说，万物之本是自然，人类之本是祖先，郊祭就是为了报答先祖，祭享自然万物给人类起始点的赐予恩惠的事况，祭拜八类神祇（唐陆德明释曰："蜡祭有八神：先啬一，司啬二，农三，邮、表、畷四，猫、虎五，坊六，水庸七，昆虫八。"[2]）。据"蜡祭有八神"认识，"八神"与《蜡辞》中的内容大多吻合，可知，此祭是沿袭了"伊耆氏"祭蜡礼俗，至西周，天子在十二月合聚万物举行大蜡以祭享之，又以祭祀农神为主[3]。

---

[1] 据《十三经注疏》本《礼记正义》卷二十六，中华书局，1980年，第1453页。
[2] 据《十三经注疏》本《礼记正义》卷二十六，中华书局，1980年，第1453页。
[3] 郑玄注："先啬，若神农者。司啬，后稷是也。祭百种以报啬也。"（同上）均为"农神"之伦。

依此文所载，"祭蜡"是在岁终[1]，祭祀对象主体是农神以及与农耕之事有直接关系的万物，此两端与前引《周礼》之文合。"祭蜡"源于"伊耆氏"，是史前新石器时代早期的神农之际，孔颖达疏《礼记正义》"原目"说："……《郊特牲》云：'伊耆氏始为蜡'，蜡，即田祭，与种穀相协。土鼓、苇籥又与黄桴、土鼓相当，故熊氏云：'伊耆氏即神农也'。……"[2]可证，"祭蜡"礼俗是史前神农氏时代的文化产物，为"三代"所沿用，周部族有所创新、发展，祭祀配享的神祇又增奉周部族始祖"后稷"（见引郑玄注说）——此"祭蜡"又一含义。"报本反始"成为"祭蜡"的动机或深层起因，可以概括为祖先崇拜、自然崇拜，可以界定为"自然生态伦理"。又，《礼记·郊特牲》载曰：

> 祭百种，以报啬也。飨农及邮、表、畷、禽兽，仁之至，义之尽也。古之君子，使之必报之。迎猫，为其食田鼠也；迎虎，为其食田豕也。迎而祭之也。祭坊与水庸，事也。曰土，反其宅。水，归其壑。昆虫，毋作。草木，归其泽。[3]

上引《礼记·郊特牲》之文，要在总说"祭蜡"，此文则详为之说"祭蜡"之后更享祀"祭蜡"的对象，是所谓"仁之至，义之尽"。宋卫湜《礼记集说》引严陵方氏[4]曰："百种，百穀之种也。百种，乃啬之所成，故祭百种以报啬也。农，则致所掌以养人，而不失其时者也；邮，则田官于此，有所识；畷，则田官于此，有所联，皆督约农事之处也。故三者合，为八蜡之一焉。鼠之与豕，皆足以为田之害，而猫与虎能食而除之，迎其神而祭之，则所

---

[1] 按郑玄注之说，"十二月"是"周历"即"夏历"的十月。说是。
[2] 据《十三经注疏》本《礼记正义》卷一，中华书局，1980年，第1229页。
[3] 据《十三经注疏》本《礼记正义》卷二十六，中华书局，1980年，第1454页。
[4] 方氏，（宋）方愨，字性夫，著《礼记解》二十卷。（宋）陈振孙《直斋书录解题》、（清）黄虞稷《千顷堂书目》、（清）朱彝尊《经义考》等目录学著作均有著录。

以报之也。于猫、虎如此，则六者可知矣。"[1] "祭蜡"实为"八蜡"，笼统为八个祭享对象，归其类而言之，则为三类：一是先农、先啬（农神），二是从事农耕和管理农耕的人，三是万物以及与农耕有利的动物——"自然生态伦理"是主体，仍可认定为祖先崇拜、自然崇拜。

据以上考察可知，"祭蜡"是原始宗教形态，具备："崇拜对象原则"和"仪式秩序原则"两个重要的因素。"祭蜡"崇祀的对象是"天宗""五祀""先啬""老物""诸神"等，体现了"崇拜对象原则"；参加祭祀的实施者是以天子为主，由"大祝"持掌，祭祀时令是"夏历"十月（即孟冬），祭祀的乐舞是"土鼓"和《豳籥》等，体现了"仪式秩序原则"。"祭蜡"是报本反始，其功利目的是为来年丰稔。

关于"逆暑""迎寒"与"祈年"

"逆暑""迎寒""祈年"与"祭蜡"并不能明确地分开，因为它们是在同一个文化主体中的分项。也就是说，祭祀的"报本反始"祈祝"物我"（即自然与人类）的和谐共荣是主体。最重要的区分是祭祀的规模或级别、具体时令、具体对象，即"祭祀（崇拜）对象"与"仪式秩序"中的不同，比如，"祭蜡"也称为"大蜡"，是"大祭"中的"郊祭"，天子亲往，由"大祝"执掌，属于大型祭祀活动。"逆暑"是在仲春季节的白昼祭祀，以迎接"阳气"，达到"阴阳之气"和谐交替的目的，"迎寒"是在仲秋季节的夜间祭祀，以迎接"阴气"，也是为了达到"阴阳之气"和谐交替的目的，都属于"小祭"，由"小祝"执掌。但"祭蜡"的终极目的是"祈年"，"逆暑""迎寒"的终极目的也是"祈年"，两者融汇着先民的哲学思想是一致的——"阴阳交感"观念成为"祭蜡""逆暑""迎寒"以至于"祈年"等礼俗行为的动因，而深厚的文化积淀却是"自然生态伦理"。宋马晞孟说：

---

[1] 据文渊阁《四库全书》本卷六十六。

> 古者，以中春"逆暑"，以中秋"迎寒"。逆暑，主阳也。迎寒，客阴也。四时之所以变化者，阴阳而已。寒暑，阴阳之盛也，方二分之际而逆之、迎之，则前其气之未至，以待其至也。[1]

马氏认为，中春"逆暑"是因为此时阳气已具，但未至于盛，在物候的运行周期中不占主体之气位，故"逆暑"则主之"阳"气，是阳气将盛之候；中秋"迎寒"是因为此时阳气唯其衰减而未退尽，阴气始于萌动，在物候的运行周期中属于客居之位，故谓之"客阴"，属始至，但未至于盛胜之候。一年四季的变化，只是阴阳之气运行的结果，最寒冷之时是阴气盛，但"阳气"已在涌动之中；最暑热之时是阳气盛，但"阴气"已在涌动之中。"逆暑"和"迎寒"是阴阳分判之际，但尚未到来——"逆暑""迎寒"是等待它们顺利的到来。马氏以"阴阳交感"的哲学之理解释、阐发"逆暑""迎寒"，首先是对自然生态的深刻认知，所以，才能更准确地揭示上古先民"逆暑""迎寒"的文化心理。"击土鼓，龡《豳诗》"便毫无疑问地成为这一文化心理的媒介。

我们在上文中有说，"击土鼓，龡《豳诗》"在几种礼俗活动中的演奏：一是在仲春之时迎祭"暑气"演奏，即所谓的"逆暑"，一是在"中秋，夜迎寒"，即在中秋夜迎祭寒气演奏，即所谓的"迎寒"，一是在春季"祈年于田祖"演奏，即所谓的"祈年"，一是在岁终"祭蜡"活动中演奏，即所谓的"大蜡"。这一乐章形式是从"伊耆氏"即神农时代传递下来的。在传递过程中，必然有所增益和删改。比如，《蜡辞》是"伊耆氏之乐"的组成，但到了西周时期以来的逆暑、迎寒、祈年活动中的配用并非主体，而"土鼓、《豳籥》、蒉桴、苇籥"等乐章之式确在保留的基础上有所增删，其中的《豳颂》是周部族的原始诗歌，在周部族举行"逆暑""迎寒"以至于"祈年"礼俗活动之际，却增益为这一礼俗活动的乐章之式。这一乐舞形态是"逆暑""迎

---

[1] 据宋卫湜《礼记集说》卷三十九（文渊阁《四库全书》本）。

寒"等祈年祭祀或宗教活动中必需的仪式设定。《周礼·夏官·籥章》载曰：

> 籥章掌土鼓、豳籥，中春，昼击土鼓，龡《豳诗》，以逆暑，中秋夜迎寒亦如之。凡国祈年于田祖，龡《豳雅》，击土鼓，以乐田畯。[1]

此说，"籥章"这一职官负责在"逆暑""迎寒"与"祈年"的祭祀仪式中掌管着"土鼓、豳籥"等乐器和乐章，祭祀仪式是由"小祝"主持。"籥章"是祭祀仪式中主持乐章的职官，在仲春之际的白天"逆暑"和仲秋夜晚"迎寒"的祭祀活动中都由这一职官主持演奏，"击土鼓，龡《豳诗》"，向农神"田祖"祈求丰年。三种祭祀活动的时令、具体时间有区别："祭蜡"在"周历"十二月，"逆暑"在"仲春"的白昼，"迎寒"在"仲秋"的夜晚，但在祭祀活动仪式中使用的乐章、祭祀目的相同，都是使用基本相同乐章而祈求丰年。另外，"祭蜡"与"逆暑""迎寒"还有一个重要的不同在于即前所述"祭蜡"属于"郊祀"是大祭祀活动，《礼记·明堂位》载：

> 夏礿，秋尝，冬烝。春社，秋省，而遂大蜡，天子之祭也。【郑玄注：……大蜡，岁十二月索鬼神而祭之】[2]

此记，"秋省"之后即是"大蜡"，"大蜡"是天子亲临的大型祭祀活动，依郑玄注义，"岁十二月索鬼神而祭之"与《周礼》《礼记》其他的记载相合。

"逆暑""迎寒"属于"祈年"是"小祭祀"，主管乐章的职官是"籥章"，主持"小祭祀"的职官是"小祝"，《周礼·春官·小祝》载曰：

> 小祝掌小祭祀，将事侯禳祷祠之祝号，以祈福祥，顺丰年。逆时雨，

---

[1] 据《十三经注疏》本《周礼注疏》卷二十四，中华书局，1980年，第801页。
[2] 据《十三经注疏》本《礼记正义》卷三十一，中华书局，1980年影印本，第1489页。

宁风旱。弥裁兵，远辠疾。[1]

"小祝"主持"小祭祀"，要在"侯禳祷祠"仪式中宣示"祝号"即"祝辞""以祈福祥，顺丰年。逆时雨，宁风旱。弥裁兵，远辠（"辠"同"罪"——引者）疾"。郑玄注："侯之言候也，候嘉庆，祈福祥之属。禳，禳却凶咎，宁风旱之属，顺丰年，而顺为之祝辞。逆，迎也。"[2]郑玄此注，基本揭示了西周以后，这一综合的文化形态所具有的普遍性，"自然生态伦理"是这一综合祭祀活动中的主导观念。

上论"祭蜡"，已知"击土鼓，歈《豳诗》"是这一祭祀仪式中所用的主要乐章，"祭蜡"的祈愿是来年的丰稔。此载"逆暑"和"迎寒"以及"祈年"的祭祀仪式所用乐章也是"土鼓"和"《豳诗》"，所希求的也是年丰人安。使用乐章相同，祭祀的目的也基本相同——祈丰年是几种祭祀仪式的共同主题。又《诗经·小雅·甫田》第二章有"琴瑟击鼓，以御田祖，以祈甘雨，以介我稷黍，以谷我士女"诗句，《毛传》："田祖，先啬也。……"郑玄《笺》曰："……《周礼》曰：'凡国祈年于田祖，吹《豳雅》，击土鼓，以乐田畯。'"[3]郑玄于此之注即用上引《周礼》中文，唐贾公彦在疏《周礼·籥章》"逆暑""迎寒""祈年"等名义时，也以"……《甫田》诗云：'琴瑟击鼓，以御田祖，以祈甘雨，以介我稷黍'"作同义相授之证，是非常正确的史证。很明显，此诗之义与《周礼》载"逆暑""迎寒"和"祈年"具有相同的文化内涵，或者说，它们出自共同的文化本体。这里，我们要强调的是"逆暑""迎寒"和"祈年"等名义都直接与自然生态相关联，换言之，这些名义是以自然生态为基准产生、完成的文化类型，作为一种古代的礼俗，它有着固定的崇拜对象、秩序流程：尊祖敬宗，崇祀万物，使用固定的乐章，由

---

[1] 据《十三经注疏》本《周礼注疏》卷二十五，中华书局，1980年影印本，第811~812页。
[2] 据《十三经注疏》本《周礼注疏》卷二十五，中华书局，1980年影印本，第811~812页。
[3] 据《十三经注疏》本《毛诗正义》卷十四之一，中华书局，1980年影印本，第474页。

各自的职官主持,按照祭祀对象的不同,祭祀的季节、时间有别等成为这一礼俗的综合特征,"祈年"是最不变的目的,故可界定为"自然生态伦理"。

"逆暑""迎寒""祈年"等祭祀礼法,在中华三千多年的农耕文明发展历史中产生了深远的影响,祭祀活动中的"逆暑""迎寒""祈年"成为农耕不可或缺的内容,其中两个重要的环节依然具有启发意义:第一是"报本反始"的尊祖敬宗,第二是崇祀自然生态,膜拜自然秩序。宋陈旉《农书·祈报篇》说:

> 凡法施于民者,以劳定国者,能御大灾者,能捍大患者,皆在所祈、报也。故山川之神,则水旱疠疫之灾,于是乎禜之;日月星辰,则雪霜风雨之不时,于是乎禜之。是以,先王载之典礼,著之令式而秩祀焉,凡以为民祈、报也。《籥章》:"凡国祈年于田祖,则龡《豳雅》,击土鼓,以乐田畯。"[1]

此所谓"祈、报""祈"为祈愿,祈愿之求为丰年;"报"为报恩,报恩之情为万物的惠赐——两者都是在祭祀中实施,于是,可以"御大灾",可以"捍大患"。尽管"山川之神"或有"水旱疠疫之灾""日月星辰"或有"雪霜风雨之不时",但按时祭祀祈、报("于是乎禜之"),既可以驱"水旱疠疫之灾",又可以序"雪霜风雨之不时",因此古人以祭祀"祈、报"载于礼法,建立秩序,民众遵行,可以去不虞之祸,避无虑之灾。此文要在论说"祈、报"的对象以至于给人类带来的福祉,自然崇拜、祖先崇拜,作为两个崇祀的对象,"自然生态伦理"是两者的内涵,而且,说者仍把《周礼·籥章》作为最有力的证据,"乐"成为无可替代的意义支点,"和合"在"逆暑""迎寒"与"祈年"的一系列活动中,殿为终极追求。宋代王昭禹有一段合理的论述,王氏著《周礼详解》解"籥章掌土鼓……"说:"逆暑,迎寒,

---

[1] 据文渊阁《四库全书》本卷上。

召其气之和。声和则气和，故先言击土鼓，以声为主。祈则以言通其意，蜡则美其成功。故先言颂，以词为主。"[1]王氏此说，从文化哲学的角度解释"逆暑""迎寒"和"祈年"。"逆暑""迎寒"……这种仪式的心理祈向是预祝"声气相合""阴阳感应"之气相谐，故用"土鼓"等乐章的音声以和畅气运，"祈"用祝辞，以祝辞的方式"先言颂，以词为主"沟通"物我"之意，祈求丰年或即成为事实。先民对"物类"消长之理、对"我类"存在之意，基于漫长的生活之路，积淀了厚重而深邃的认知，其中"自然生态伦理"仍然是不能回避的核心。

二、《礼记》乐论与自然生态伦理

上文论及《伊耆氏蜡辞》，《伊耆氏蜡辞》的词义符合原始巫术文化的特点，其中最突出的特点是"物我通感"，即以人（我）为主导，祈祝自然万物惠赐福利，勿及人（我）灾害。原始巫术，是原始宗教的母体，也就是说，原始宗教源于原始巫术而产生，随着原始巫术的成熟，逐渐嬗变为原始宗教。到"三代"时期，很多原始巫术类型已经嬗变为原始宗教形式。《伊耆氏蜡辞》在西周以来的"祭蜡"活动中已然存在，一个重要的原因是，此"蜡辞"是"咒辞"，为巫术所用，而"祭蜡"是宗教，不符合周人在"祭蜡"中所实施的宗教仪式秩序，但两者的联系还是可以窥知的，比如两者的功利趋向、两者的实施过程中的载体乐舞——这些都是其共性。《伊耆氏蜡辞》是"咒辞"，但这一"咒辞"是以原始乐律艺术、行为艺术为承载——乐、舞，这与原始宗教的实施也是相合的。可以把原始巫术界定为广义的原始宗教。

---

[1] 据文渊阁《四库全书》本卷二十一。

原始宗教文化中依然有原始巫术的残存，其主要残存是"祈祝"特征，原始巫术是以"祈祝"为主要特征，原始宗教也是以"祈祝"为主要特征。我们将要讨论的问题是《礼记》中的乐律理论与自然生态伦理的关系，都与原始宗教有关，同样，与原始巫术也有关系。在今传《孔子家语》中记载着孔子评说子路"鼓琴"之语，属于上古时期乐论的经典之论，其中既含有原始宗教的文化心理因素，也含有明确的"自然生态伦理"观念。《孔子家语·辩乐》载曰：

> 子路鼓琴，孔子闻之，谓冉有曰："甚矣，由之不才也！夫先王之制音也，奏中声以为节，入于南，不归于北。夫南者，生育之乡；北者，杀伐之域。故君子之音，温柔居中，以养生育之气。忧愁之感，不加于心也；暴厉之动，不在于体也，夫然者，乃所谓治安之风也。小人之音，则不然，亢丽微末，以象杀伐之气。中和之感，不载于心；温和之动，不存于体，夫然者，乃所以为乱之风。昔者，舜弹五弦之琴，造《南风》之诗，其诗曰：'南风之薰兮，可以解吾民之愠兮。南风之时兮，可以阜吾民之财兮。'唯修此化，故其兴也……"[1]

子路的"鼓琴"之音，今已不得而知，但孔子的论乐之理悉见诸文字。依孔子此论，义可两端，或者说是"乐论"的相对论。在孔子此论中，所说"奏中声以为节"，主张的音乐标准是"中声以和节"，质言之，即是用中和之声协调音节，才会演奏出"温柔居中"的乐律，产生的听觉审美感受就必然是"温柔中和"，在这种审美感受中而激发的心理活动便是"忧愁之感，不加于心也；暴厉之动，不在于体"，其社会效应就是"所谓治安之风"。相反，演奏的音乐是"亢丽微末，以象杀伐之气"，那么，产生的审美感受而形

---

[1] 据清陈士珂《孔子家语疏证》本卷八，上海书店，1987年，第205页。案，《家语》此载子路鼓琴，孔子之评，与《说苑·修文》所记不尽相同。

成的心理活动则是"中和之感，不载于心；温和之动，不存于体"，其社会效应则是"所以为乱之风"。孔子的社会思想观念是通过"中和"教化达到社会稳定、人民安居的目的。在这里，孔子把这一思想观念付诸乐论。此论中的核心命题是"养育"与"杀伐"，"养育"与"杀伐"体现在对乐律论述中，是建立在当时的哲学认知之上，哲学的认知又是对"自然生态秩序"的深刻认知。"养育"反映在音乐上是"君子之音"，只有"君子之音"，才能"温柔居中"；只有"温柔居中"的音乐效果，才能获得"养生育之气"的反应。那么，这种乐律就是"南"音——"南"是空间方位，同时它也是时间（季节）定位"夏"，又是"五行"之一，其属性"火"——这些都是人类依据自然生态规律确定的，因此，在自然时空定位中居"南"而产生的音乐，在空间的认知上，孔子认为，它是"生育之乡"，孔子此举《南风》歌之例为证，《南风》歌中蕴含的文化重点是"自然生态伦理"，所谓的"南风之薰"是"自然生态"的，"南风之时"是"自然生态"的——其中暗示着舜时"风调雨顺"这一自然景象，因此孔子认为《南风》歌是"养生育"的音乐气象。孔子对子路"鼓琴"而不满，在于子路所奏音乐有"北鄙之声"[1]，"北者，杀伐之城"，所以，"北鄙之声"属于"杀伐"之音。这一古远的认识，依然是建立在"自然生态"的基础上："北"与"南"相对，都是空间概念，是时间"冬季"的"季节"概念，同样也是"五行"中的"水"属于哲学概念。从季节上认知，确定了冬季肃杀荒敝的自然生态特征——"北鄙之声"必然融聚着肃杀荒敝的"自然生态"特征，而且，"北鄙之声"又是商纣所喜为之，属于不具备"中和之音"的亡国之声。在古人的认识视域中，"乐"具有感动天地自然以"和中"的功能，宋陈旸说："顺天地之和莫如乐"[2]顺应天地自然的运行法则莫如音乐，人类的生存形态应该顺应天地自然规则，暗含着仿生态的

---

[1]　《说苑·修文》载："子路鼓瑟，有北鄙之声，孔子闻之，曰：'信矣，由之不才也！……'"（卷十九）所载文字，与《家语·辨乐》大同小异。

[2]　据文渊阁《四库全书》本《乐书·礼记训义·乐记》卷十五。

认识论。又，明孙毂说："古人凡制一器，必取象于百物，其于乐器尤谨也。观笋、簴之象，可以知鳞介飞动，皆关音乐矣。"[1]孙氏此说制造乐器"必取象于百物""百物"是自然界生长或存在之物，制造乐器一定要"取象百物"就是仿拟自然界之物，是明确的"仿生态"之论，或者说，强调音乐与自然生态的仿拟关系，先秦时期的乐器具有这一文化特征应是共性。"乐器"仿拟自然，"乐声"本拟自然是古代音乐理论的纲领。

据此不难理解，孔子乐论的文化基因是"自然生态伦理"，其次才是社会伦理。

孔子的音乐老师是"师襄子"[2]，孔子的弟子，贤人七十二，七十二子，当都受过这一源流绍续的音乐教化之理传授。这种以"自然生态伦理"为基因的乐理，在先秦时期是主流。今天可以看到的先秦时期音乐理论文献，如《礼记》中的《乐记》，《荀子》中的《乐论》，《吕氏春秋》中的《大乐》《侈乐》《适音》《古乐》《音律》《音初》《制乐》和《孔子家语》中的《辨乐》等。另外，《周礼》中记载着有关上古时期的乐律制度以及从事管理音乐专业人员的职官、制度等社会功能，另外，《尚书》《左传》《国语》中也有不成系统的乐论——这些理论中都蕴含着论乐以"自然生态伦理"为基因的观点，《礼记·乐记》庶几为这一历史发展过程中音乐理论的代表。

研究《礼记·乐记》音乐理论中的自然生态伦理，必须确定两个要素：一是乐论中的"自然生态"属性，一是乐论中的"人文秩序"属性或"人文伦理"属性，以上所考察，大抵可证。

关于"声、音、乐"的"自然""人文"属性

声，为物之响，是源于自然物质世界而产生的声响，经人感官的认知；

---

[1] 据文渊阁《四库全书》本《古微书·乐稽耀嘉》卷二十二。
[2] 见《孔子家语》卷八。

音，为声之文，是本于物理音声而经人的创造使之有序。声、音，是从物理到文化的过程。完成音声从物理到文化这一过程的是"人"，所以说，"声"是"自然生态"现象，"音"是"声"自然生态现象人为的秩序。人类以音乐具有感发人类情愫的功能就是本于"声"和"音"自然、人文的双重性的心理认可——即今所谓的"音乐"。音乐，不仅是人类的审美客体，而且在审美感受的过程中，还是对人类实施教化的教化主体。古代有"乐教"，今天依然有"乐教"，最本质的机缘是音乐的"自然生态伦理"基因。

上引孔子论乐可以获知，音乐是供人听觉感受的客体亦即审美客体，由于"乐"和"律"的不同，产生的感受结果也不一样，所以，音乐又是教化主体亦可称为"本体"。孔子赞赏"南风"之歌是因为它具有"养生育之气"的自然生态潜质或属性，同样，反对"北鄙之声"是因为"北鄙之声"具有肃杀、万物凋敝的"杀伐"自然生态潜质或属性。《礼记·乐记》[1]就这一问题，有着更深刻的论述，而且都包含着"自然生态"属性和"人文秩序"属性两个要素，《乐记》载：

> 凡音之起，由人心生也。人心之动，物使之然也。感于物而动，故形于声，声相应，故生变，变成方，谓之音。比音而乐之，及《干》《戚》《羽》《旄》谓之乐。……乐者，音之所由生也，其本在人心之感于物也。……是故，先王慎所以感之者，故礼以道其志，乐以和其声，政以一其行，刑以防其奸，礼、乐、刑、政，其极一也。[2]

《乐记》此论有如下诸项可说：

第一、"声、音、乐"三个音乐范畴的概念，按照此文所载，所谓音乐，是有三个概念组成，"声"是自然天籁，来自物理世界，由"物"感动"人"

---

[1] 本节下简称《乐记》。
[2] 据《十三经注疏》本《礼记正义》卷三十六，中华书局，1980年，第1527页。

而"人"认准的响声,即所谓"感于物而动,故形于声";"音"是"声"增值后而排比有序的高低抑扬之响,如汉郑玄注所说:"宫、商、角、徵、羽,杂比曰音,单出曰声。"[1]"声"是单一的响动,"音"是按照"宫、商、角、徵、羽"不同的音阶错落有致的排比,"乐"是由人确定的音准与调值按序排列经过乐器演奏发出的响声,即所谓的"乐曲",诚如唐孔颖达所说:"音则今之歌曲也。以乐器次比音之歌曲,⋯⋯"[2];"乐"便是乐章,乐章是按照音准、调值排比有序的高低抑扬之声创作并可以演奏的序列,即所谓"比音而乐之,及《干》《戚》《羽》《旄》谓之乐"——"比音而乐[3]之"即谓排比音准、调值而演奏,《干》《戚》《羽》《旄》都是可以演奏的乐章[4],即如孔颖达之论"⋯⋯播之并及《干》《戚》《羽》《旄》鼓而舞之,乃谓之乐也"[5]。按照孔颖达之说,"乐"之章犹含舞蹈。《乐记》此论中有一个重要视点即"音乐"与自然物类相辅相成的关系。此论,自然物类的声响经过人文化过程变为有名义的"音"如"宫、商、角、徵、羽",再创制成伴有舞蹈的"乐"即乐章,都与人类对自然物类音声感发有着直接的关联,即如《乐记》所论"凡音之起,由人心生也。人心之动,物使之然也。感于物而动,故形于声"——人心接受"物"的感动,首先是"物使之然",强调"音声"心认,物类相感的原则,故声乐、舞蹈都具有明确的"仿生态"特征。最典型的史证是《尚书·虞书·舜典》:"帝曰:'夔,命汝典乐,教胄子。'⋯⋯夔曰:'於!予击石、拊石,百兽率舞'。"[6]这是历史上最早记载乐舞"仿生态"事象的文献。此记"百兽率舞"并非群兽舞蹈,而是"人"扮演的兽类听到"夔"的"击石、拊石"的音乐节奏信号而起舞——是很典型

---

[1] 据《十三经注疏》本《礼记正义》卷三十六,中华书局,1980年,第1527页。

[2] 据《十三经注疏》本《礼记正义》卷三十六,中华书局,1980年,第1527页。

[3] "乐"是演奏之义。

[4] 《周礼》中的《舞师》《乐师》均有记载。

[5] 据《十三经注疏》本《礼记正义》卷三十六,中华书局,1980年,第1527页。

[6] 据《十三经注疏》本《尚书正义》卷三,中华书局,1980年,第131页。

的"仿生态"乐舞，也符合原始舞蹈的基本特征。

第二、此论所谓"礼以道其志，乐以和其声"明确"乐"与"礼"关系问题。我们在第二章中，专就"礼"的产生与自然生态关系做了必要的考察，笔者认为，"礼"不是一个抽象的概念，它的本质是人的社会践履，换言之，"礼"的意义是社会实践性，没有社会实践性，"礼"就失去存在的意义。"礼"的意义在于社会践履中的具体化，先民认为，"礼"是基于自然本体"太一"而产生，换言之，"太一"是"礼"的本体，在这一认识基点上再分"太一"为"天地"，别"天地"为"阴阳"，指"阴阳"属性"万物"——它的主体思维构架是以自然生态为主体参照的"时空认识论"。那么，此谓"礼以道其志"的所指便是自然本体的社会实施——"礼"的社会实施具有规约人社会行为的功能。"乐"是"礼"实施的手段或载体，"乐"声"和合"是实施"礼"的最理想状态，"乐"声"和合"才会融入自然物类相辅相成的天籁之声，"礼以道其志，乐以和其声"既是论说"礼"与"乐"同体分流的原则，也在于阐述两者之所以不能分割的自然生态本体关系。"礼"是自然生态秩序化之后的产物，"乐"也是自然生态秩序化之后的产物，它们都承载着人类思想对自然生态人文化的祈向。"乐"除了它自身的自然物理本质之外，在人文化过程中依旧按照自然生态规则实施——这正是上引《乐记》之文所要阐明的。唐孔颖达疏上文音乐缘起，进一步强调"物感"后的心认作用，孔氏说：

> 人心所以动者，外物使之然也。"感于物而动，故形于声"者，人心既感外物而动，口以宣心，其心形见于声。心若感死丧之物而兴动于口，则形见于悲戚；福庆而兴动于口，则形见于欢乐之声也。[1]

孔氏阐发《乐记》之论，进一步确认"乐"与"音"都是人类心认的结

---

[1] 据《十三经注疏》本《礼记正义》卷三十六，中华书局，1980年，第1527页。

果，人类对"乐音"的感触是自然物质世界的音响作用，自然音响经过人类的制作而成为乐章，它就备具感动人心的作用。其实，这是古人"通感"理论在音乐文化中的体现，郑玄以《易传·文言》中的"同声相应，同气相求"为解音乐与人类的"通感"关系，孔氏进一步发挥其义，都是基于《周易》哲学理论的"交感"。我们要重申的是，"通感"本于自然物类"交感"认知而引申出来，自然生态中的物类拟人化和人情感的拟物化，用于对人与物类情感"互动"，是上古时期典型的"仿生态"的思维产物——古代的"仿生态"观念本身是"自然生态伦理"又一表达方式，"阴阳"哲学思维仍具有核心意义，《国语·周语》（下）载单穆公谏周景王"二十三年，王将铸'无射'而为之'大林'"的行为，论说中以乐声的"和合"作为"通感"的重要因素，其说曰："……气无滞阴，亦无散阳，阴阳序次，风雨时至，嘉生繁祉，人民龢[1]利，物备而乐成，上下不罷。"[2]此说音乐，以"阴阳"为义，音乐的声节由"阴阳"之气为界，"气"在"中和"既不会使居"阴"之气滞碍，也不会使"阳"之气散乱，在音声中，"阴阳"之气就会有节奏、有次序，通感的结果便是风雨按时节至、止，嘉美的生命繁衍而有福祉，人民共获福利，乐于共创充足的物质，上下之人都不劳怠，即"有龢平之声，则有蕃殖之财。"[3]"中和"之音才会产生财富。"气无滞阴，亦无散阳"实指阴阳的顺向交感，"中和"是古人认识、评定音乐的最重要的标准，所谓"中和"即是"阴阳顺向交感"——"自然生态伦理"体现在音乐自然"阴阳"之气而进入"中和"的秩序化。自然"阴阳"之气"和合"，预示着人性"和合"于"五常"之德——人与音乐同样是可以"通感"的关系，宋陈旸《乐书·〈礼记〉训义·〈乐记〉》解释《乐记》"音之所由生也，其本在人心之感于物"说："……合天地生气之和，道人性五常之行，使之阳气宜散而不散，阴气宜密而不密，一适

---

[1] 龢，同"和"。
[2] 据文渊阁《四库全书》本卷三。按，罷，吴韦昭注曰："罷，劳也。"
[3] 据文渊阁《四库全书》本卷三。

天地之和，以畅之而已。"[1]深刻地揭示了《乐记》所容积的两个要素："自然生态"属性、"人文秩序"属性都具备。这两个属性都氤氲在原始宗教的气运之中。

关于"礼、乐"通感与"自然""人文"属性

"礼"是本于自然物质世界的物类认识、界别而建立的。秩序，是"礼"的核心，没有"礼"的秩序，就无所谓"礼"，但"礼"首先是在认识、界别自然物质类属的基础上而仿制建构的人文秩序，人类遵照"礼"的规约实现社会行为，同时，也是在遵守自然生态秩序，因此，"礼"同样必须具备"自然生态属性"和"人文秩序属性"。"乐"本于自然之音而经过人类的秩序化，"乐"秩序的建立，物质世界"声"的存在是前提，没有物质世界"声"的存在，也就无所谓"乐"的秩序，即如前述"自然生态属性"和"人文秩序属性"两者的依存关系。因此，建立了"声"的秩序，就等同于建立了"音乐"。"音乐"首先必须基于自然生态的"声"建立秩序，"音乐"先天地具备了自然生态的基因，"音乐"秩序的实施，不能脱离自然生态秩序。"音乐"是人类秩序化了的自然天籁，"礼"是自然生态物类认知的秩序化，"礼"与自然物类可以"通感"，"乐"也可以与自然生态"通感"，"通感"做成了"礼""乐"与自然生态之间的纽带，两者具有不可分割的关联就在于"通感"又做成了"礼""乐"之间的桥梁。"礼""乐"是人类感触、领悟自然生态秩序而创制的"人文化秩序"产物，所以，"礼""乐"与人类的"通感"可以规诫人的行为，可以警示社会的有序化存在和发展，"通感"成为"制礼作乐"的终极目的就在于它们是基于人类赖以生存的自然生态"通感"为用于人类社会治理的工具，《乐记》论乐，正是建立在这样的认识本位上形成的乐理。《乐记》载曰：

---

[1] 据文渊阁《四库全书》本卷十六。

> 乐者，天地之和也；礼者，天地之序也。和，故百物皆化；序，故群物皆别。乐由天作，礼以地制。过制则乱，过作则暴。[1]

此论"乐"和"礼"在人类感知的社会事物中的作用。因为"乐"是参照着天籁自然"和合"之声创制；"礼"是参照着地缘自然物类有别之序创制，故而，"乐"声的"和合"可以使自然中的"百物"获得"通感"中的教化；"礼"法的有序可以使自然中的"群物"获得"通感"而有规则的存在。"礼乐"是参照自然物质世界的自然法则制作的，遵守"礼、乐"的法则，就是遵守自然法则，超出或逾越了"礼、乐"的自然法则就是"过制""过作"。"过制""过作"都属于有悖于"阴阳之气"顺向交感，其结果是"乱"和"暴"，"过制则乱"强调的是超越了"礼"的自然生态规则就会出现社会"乱"序的现象，"过作则暴"强调的是超越了"乐"的自然生态规则就是失误[2]，因为两者都是依据自然法则而建立的人文秩序[3]。唐孔颖达疏文做了具体地论说，其说曰："……申明礼、乐从天地而来，王者必明于天地，然后能兴礼、乐。乐者，调畅阴阳，是天地之和也；礼者，天地之序也。……"[4]孔氏此论"礼、乐"的起始是从"天地而来"，意在说明"礼、乐"的自然生态属性，论"礼、乐"的社会功能，同样重申两者的"自然生态"属性完成后的"人文秩序"属性——"自然生态伦理"直接作用于社会伦理。宋陈旸说："至阴肃肃，至阳赫赫。肃肃出乎天，赫赫发乎地。两者交通而成者，天地之和也，乐实与之俱焉。"[5]是合理的解释。

"气"在《乐记》论乐中是暗含的概念，孔颖达所说的"乐者，调畅阴阳，是天地之和""和合"既是"乐"的自然生态属性（"调畅阴阳"），也

---

[1] 据《十三经注疏》本《礼记正义》卷三十六，中华书局，1980年，第1530页。
[2] 郑玄注："暴，失文武之意……"
[3] 郑玄注："言法天地也。"其义，"礼、乐"都是遵循天地自然法则而建立的。
[4] 据《十三经注疏》本《礼记正义》卷三十七，中华书局，1980年，第1527页。
[5] 据文渊阁《四库全书》本《乐书·礼记训义·乐记》卷十二。

是"乐"的社会功能（使"天地之和"）即社会和谐。阴阳调畅，天地和合是"通感"，它们之间有一个完成"通感"的媒介，这个媒介便是"气"。"气"在先秦乐论中是一个重要的概念，在先秦文化中也是不可忽视的名义，具有主导意义毋庸置疑。"气"既是"礼、乐"通感的媒介，也是"乐"章情感外化的载体。通过乐章所外化"气"的顺逆可以达观乐章的治乱，完成了"媒介"与外化"载体"的双重功能，《乐记》载：

> 凡音者，生人心者也。情动于中，故形于声，声成文，谓之音。是故，治世之音安以乐，其政和；乱世之音怨以怒，其政乖；亡国之音哀以思，其民困。声音之道，与政通矣。[1]

此文重在阐述音乐的声响与社会生态治乱的关系。这里指出三种社会状况，这三种社会状况都可以反映在音乐中。社会治理符合"礼"之序，那么就会有"治世之音安以乐"音声节律，社会治理不符合"礼"之序，就会有"乱世之音怨以怒"和"亡国之音哀以思"的音声节律。怎样体现社会生态与音声的互感？即"声音之道，与政通"——"声音"与政治是可以"通感"的，所以，借助于"声音"可以知道社会生态的治、乱。这当然是表面的解释，其深层之义却是"礼"的四时之序以及阴阳之律的"和"与不"和"。其中涉及"人"与"乐"的通感，"乐"与社会治、乱的通感，这种通感最终以自然阴阳之气为核心，如宋周敦颐所说，乐"以宣畅其和，心达于天地，天地之气感而太和焉。天地和，则万物顺"[2]。周氏此说"天地之气感而太和"实即四时的阴阳之气顺向交感，其结果则是"天地和，则万物顺"归纳所论的本源，仍然是"自然生态伦理"。"气"是"礼、乐"以及社会治、乱与自然生态等视界通感的媒介，因此，《乐记》有："……地气上齐，天气下降，阴阳相摩

---

[1] 据《十三经注疏》本《礼记正义》卷三十六，中华书局，1980年，第1530页。
[2] 据明吕柟撰《周子抄释·乐中》第十八（文渊阁《四库全书》本卷一）。

动之以四时，暖之以日月，而百化兴焉。如此，则乐者天地之和也。……乐失则害物，礼失则乱人。"[1]此说"地气上齐，天气下降，阴阳相摩"是在申说音乐形成的自然生态条件，所以会有音乐的产生，在于阴阳之气的交感，"阴阳相摩"实即阴阳交感；此说"动之以四时，暖之以日月，而百化兴焉"意在说明音乐基于阴阳交感而生成，它就必须像四时变动、日月、昼夜替换一样地有序化育万物，这正是音乐顺向交感而能"中和"天地最基本的特征，也是"礼、乐"通感最基本的价值，如果"礼、乐"逆向交感就是"失"和"乱"。此文中两个重要的属性是"自然生态"和"人文秩序"——"气"依然是不能或缺的媒介。《荀子·乐论》中有说曰：

> 凡奸声感人而逆气，应之逆气成象而乱生焉；正声感人而顺气，应之顺气成象而治生焉。唱和有应，善恶相象，故君子慎其所去就也。……故其清明象天，其广大象地，其俯仰周旋，有似于四时。故乐行而志清，礼修而行成。[2]

荀子此论有几个连缀概念："奸声→逆气→成象→乱""正声→顺气→成象→治""有应→相象""象天→象地"。按照《荀子》此论，这几个概念都有逻辑关联。所谓"奸声"可以感人，但属于逆阴阳之气，形成的社会效果则为"乱"；"正声"可以感人，属于顺阴阳之气，形成的社会效果就是治理。体现在音乐之上，是"唱和"的呼应，体现在社会之上就是具体行为的"治、乱"之"象"。此等事物的出现都可以从音乐的"逆气"和"顺气"声律中获知。《荀子》此论重视音乐与自然生态的内在联系，认为礼、乐"通感"就像四时交替序变，实施乐教亦然，即《乐记》所谓"寒暑不时，则疾；风雨

---

[1] 据《十三经注疏》本《礼记正义》卷三十六，中华书局，1980年，第1532页。
[2] 据王先谦《荀子集解》卷十四，案，《荀子·乐论》此文盖本于《乐记》："凡奸声感人而逆气，应之逆气成象，而淫乐兴焉；正声感人而顺气，应之顺气成象，而和乐兴焉……"，中华书局，1954年，第254页、1536页。

不节,则饥。教者,民之寒暑也。教不时,则伤世;事者,民之风雨也。事不节,则无功。"[1]是建立在"自然生态伦理"的基点上发论。

《礼记》中记载着先民的原始宗教活动,前文有说,原始宗教活动具有两个不可不提的要素即"崇拜对象原则"和"仪式秩序原则"。在"仪式秩序原则"中,乐舞是不可缺少的内容,从对《乐记》的相关记载考察可知,乐舞,作为宗教仪式的承载,它还具备着"通感"的作用,尊祖敬宗的祖先膜拜,报本反始的自然崇拜,都必须以乐舞这一载体的"通感"功能传达"人"及于祭祀对象的情感,或者说,乐舞本身就容积着尊祖敬宗的祖先膜拜和报本反始的自然崇拜内涵。乐舞的"自然生态属性"和"人文秩序属性"决定了它起点上就具备了这样的功能。乐舞的"自然生态属性"和"人文秩序属性"与"祭蜡""逆暑""迎寒""祈年"等祭祀活动一样,都承载着先民最牢固的宗教观念,尊崇天地之道、敬畏自然万物之理,祈福禳灾、原始反终的实际行为;"教民美报",是对祖先、自然物质世界馈赠人类生命、福祉的报答。《吕氏春秋·古乐》中记载着一则葛天氏时代的歌谣,其文曰:

> 昔,葛天氏之乐,三人操牛尾,投足以歌八阕:一曰《载民》,二曰《玄鸟》,三曰《遂草木》,四曰《奋五谷》,五曰《敬天常》,六曰《达帝功》,七曰《依地德》,八曰《总万物之极》。[2]

此载"葛天氏之乐",葛天氏是史前社会的部族之称,大约在朱襄氏或神农氏之后,抑或同一时代的别一部族。所载"八阕"之歌,大抵不外歌颂祖先、歌颂自然,即属"祖先膜拜"和"自然膜拜"两个范畴。《载民》和《玄鸟》属于祖先崇拜,其中暗含着祖先"图腾"观念,《载民》与《诗经·大雅·生民》题面含义大致近同,《玄鸟》与《诗经·商颂·玄鸟》同题,其

---

[1] 据《十三经注疏》本《礼记正义》卷三十七,中华书局,1980年,第1531页。
[2] 据陈奇猷《吕氏春秋校释》卷五,学林出版社,1984年,第284页。

中的图腾崇拜，实即祖先崇拜。《达帝功》可以认为与部族中率领族人创业者有关，庶几祖先崇拜；《遂草木》《奋五谷》《总万物之极》当属自然崇拜，其中或有动植物图腾崇拜观念；《敬天常》《依地德》本质上属于自然崇拜，"天常""地德"是天地观念的折射，其中暗含着"阴阳交感"观念。我们把"葛天氏之歌"分为两类是根据歌题，这两类歌谣的内容已经不得而知，以歌题分析，无论是"祖先崇拜"还是"自然崇拜"都集结着"自然生态伦理"观念——这些歌谣都是在祭祀即宗教活动场合中使用的乐歌，用以尊崇天地、敬畏自然万物，祈福禳灾、原始反终，达到"教民美报"的目的。依然可以界定为"仿生态"的文化视域，《吕氏春秋·古乐》载："帝尧立，乃命质为乐。质乃效山林溪谷之音以歌，乃以麋置缶而鼓之，乃拊石、击石，……"[1]此文中的"效"即是"仿效"之义，"山林溪谷"即属自然生态之物，"质"所作之歌是仿效"山林溪谷"之音，与前引《尚书·虞书·舜典》载夔曰："於！予击石、拊石，百兽率舞。"属于同一个时代的相同文化特征，也属于同一个文化类型：仿生态文化——它是《乐记》论乐中"自然生态伦理"认知的元典文化。发展到西周时期以后，这种文化心理积淀依然深厚，就此，《乐记》做了合理的总结，其说曰："……乐也者，施也；礼也者，报也。乐，乐其所自生，而礼，反其所自始。乐章德，礼报情，反始也。"[2]"乐"是施出，"礼"是祈报；"乐"彰显人德，"礼"敬告报情，由"礼、乐"的共同作用，完成了尊崇天地、敬畏自然，祈福禳灾、原始反终心理祈愿——祭祀过程所体现的不是宗教而何？

---

[1] 据陈奇猷《吕氏春秋校释》卷五，学林出版社，1984年，第285页。
[2] 据《十三经注疏》本《礼记正义》卷三十八，中华书局，1980年，第1537页。

结　语

　　"祈年"是中国古代农耕经济社会普遍认定的礼法行为，一直到清代依然延续着，北京的"祈年殿"就是上古"祈年"活动的孑遗。"祈年"是祈求丰年的简化称名，从这个意义上说，"祭蜡""逆暑""迎寒"和"籍田"都是为了祈求丰年而形成的礼俗。进入礼法文献记载是从西周开始的，《周礼》和《礼记》是记载这一礼法最具体、详备的史料。在西周，"祈年"活动通过祭祀实现，这一具有综合内容的祭祀活动都有着固定的祭祀对象、祭祀时间、祭祀地点、祭祀目的和相关的祭祀仪式，符合原始宗教的文化特点，所以，我们把"祈年"等一系列的为求丰年而祭祀的行为界定为"原始宗教"——"物我通感"是原始宗教所普遍存在的文化心理，"祈年"等祭祀行为也不例外，完成"物"和"我"之间"通感"的媒介就是音乐。完成"物"和"我"的"通感"的音乐，它必须具备的条件在于其自身的"阴阳交感"。

　　古代的祭祀活动，音乐是祭祀仪式中不能缺少的祭祀载体，在所说的"祈年"等一系列祈求丰年的祭祀活动中也是凭借着音乐完成，比如在"祈年"的所有祭祀活动中，统为使用的乐章是击奏土鼓，吹奏《豳诗》，击奏土鼓，吹奏《豳诗》可以达到"物我通感"的目的就在于土鼓、《豳诗》蕴含着与农耕有关的万物、先祖的情感、精神——尊祖敬宗，崇祀万物是不可替代的"母题"，解构这一母题，就只有"自然生态"和"人文秩序"——"自然生态伦理"是这一研究范畴无法回避的命题。

　　"宫、商、角、徵、羽"在先秦的很多文献中都有记载，而且也做了文化上的界说。用今天的方式定义，那么，"宫、商、角、徵、羽"是声响有序化之后的调值、音准，古人谓之"五声"。"五声"是借助于乐器实现的，实现"五声"的乐器是用八种不同材质制作的，发音不一，故又有"八音"的界说，所谓八音即"金、石、丝、竹、匏、土、革、木"。《尚书·虞书·舜典》中有"八音克谐,无相夺伦,神人以和"[1]的记载,此载"神人以和",即是"物我通感"而达到"和谐"的目的。完成"神人以和"的过程和手段就是"八音和谐,无相夺伦""八音"音位的准确有序,是谓"无相夺伦"。音位准确而有序的依据是什么?是"六律六同"或"六律六吕"[2]。"六律六吕"是古代音乐分声部的专用,"六律"为"阳声""六吕"为"阴声"[3]在《周礼》《礼记》等先秦文献所记载的"阴阳"声部,它源于自然生态,而又具有"交感"的认知,《周礼·典同》载:"典同掌六律六同之和,以辨天地四方阴阳之声,以为乐器。……"[4]据此可知,"阴阳"之声来源于自然生态,它的"交感"功能即是"六律六同之和"——可见,"六律六吕"具备两个基本属性是"自然生态"和"人文秩序"。"六律六吕"具备"阴阳交感"的条件在于"律以统气类物""吕以旅阳宣气"(见下注引)。

我们要说的是,《周礼》中关于"六律六吕"调值、音准的记载,有着严格的数字推演,并非仅凭直觉感受,与上古天文历法是同体的分支。《礼记·乐记》之论渊源有自,实而不虚也。西周以来的先民"礼乐"并称,"礼乐"不分,从"自然生态伦理"的意义上说是很合理的。

---

[1] 据《十三经注疏》本《尚书正义》卷三,中华书局,1980年,第131页。

[2] 《汉书·律历志》:"……律十有二:阳六为律,阴六为吕。律以统气类物,……吕以旅阳宣气。"(据《二十五史》本《汉书》卷二十一上)。

[3] 《周礼·大师》载:"大师掌六律六同,以合阴阳之声。阳声:黄锺、大蔟、姑洗、蕤宾、夷则、无射,阴声:大吕、应锺、南吕、函锺、小吕、夹锺,皆文之以五声:宫、商、角、徵、羽,皆播之以八音:金、石、土、革、丝、木、匏、竹。"据《十三经注疏》本《周礼注疏》卷二十三,中华书局,1980年,第795页。

[4] 据《十三经注疏》本《周礼注疏》卷二十三,中华书局,1980年,第797页。

第七章

"礼"与"同姓不婚""附远厚别"

考古人类学家李济先生在《中国民族的形成》一书的第四章"我群的演进：在研究姓氏来源的基础上对我群构成变化的评价"中说：

> 对姓氏来源的传统解释可以追溯到神话时代。最早的记载告诉我们：在古代中国，人们联姻，不管有没有密切的血缘关系，在伏羲（神话中诸王之一）时代，族内通婚第一次被禁止，而且颁行了应该遵守的婚姻礼仪。姓氏制度也被确立，而且如同中国的史家通常所讲的那样，"人际关系的基本部分被调整到了正确的基础之上"。依照大多数中国史家的看法，姓氏的主要功能是调节婚姻制度。在当今中国，同姓的男女之间提亲会遭公众非议，实际上也为民法所禁止。因为按照一句从孔夫子时代就已流行的中国谚语的说法："男女同姓，其生不蕃"（语出《左传·僖公二十三年》——译者注）；而中国国民的心理是不喜欢生育不蕃的婚姻的。[1]

按照李氏此说，在伏羲时代，族内通婚已经受到当时颁行的婚姻礼仪所禁止，而且李氏认为，"姓氏的主要功能是调节婚姻制度"。伏羲时代，当不会有禁止族内通婚的礼法，因为有一则非常著名的神话可证：伏羲与女娲结为夫妇而繁衍人类——这则神话中的伏羲与女娲是兄妹。兄妹结为夫妇的神话，是"血婚制"的折射，换言之，在伏羲、女娲时代，华夏先祖仍然允许同血缘的男女结为夫妇，那么，族内通婚不会受到禁止。但李氏所说的"姓氏的主要功

---

[1] 据《中国民族的形成》。按，原书是英文，由张海洋、胡鸿保翻译，辑《中国现代学术经典·李济卷》，河北教育出版社，1996年，第177页。

能是调节婚姻制度"是可以肯定的,以姓氏调节婚姻的禁令就是"同姓不婚"和"附远厚别"——固然在伏羲时代,尚无族内通婚的禁令[1],也不会有"以姓氏调节婚姻"的思维功能,但"同姓不婚"的婚姻礼法确是在史前时代就应该产生了,李氏的结论给我们很大的启示。后世记载的"同姓不婚"或"附远厚别"是对史前婚制的记忆和总结,根据文献记载,大约在炎、黄时代,由于图腾观念已经趋于稳定,而且认识到部族之间的存在关系与婚姻对人种的社会行为、社会功利都会产生影响,因此,出现了以部族图腾为机制的族外婚(即同图腾而不通婚)——历史发展到有文字以后,史家总结史前的婚姻为"同姓不婚"或"附远厚别"。《逸周书·大武》《柔武》载"四戚",其中"一、内姓,二、外婚"和"一、内同外,二、外婚姻"把"内姓"和"外婚"界别得很严格。"外婚"或"外婚姻"就是外姓婚的婚制,这里,依然可以证明,《礼记》中记载的外婚制是可信的。

"同姓不婚"与"附远厚别"是华夏人类最早、最系统的"优化生育"理论[2]。"同姓不婚""附远厚别"是远古时期华夏先民确定的婚姻礼法,其义:离绝血缘,重视姓族之别的联姻,也可以说是"同姓不婚"的婚姻礼法规则。

人类的生育行为是延续社会种群的唯一方式,从考古遗址出土的相关文物,结合古代文献记载的传说、神话判断,至少在新石器时代,华夏先民已经认知男女交合是繁衍、延续人种的不替之法。能够生育和能够优化生育,是人类社会发展过程中人类共同思考的问题。就中国而言,大致可以断定,在"图腾时代"的"三代"以前,已经初具优化生育的观念,比如"三代"时期的"异部族婚",是从炎、黄时代传递下来的婚制,虽然它是以部族"图腾"原

---

[1] 按,《帝王世纪》记"伏羲"有"制嫁娶之礼"文,唯此而已,别无载籍。据此尚不能断定"族内婚被禁止"。又按,《帝王世纪》所记,"伏羲"与"女娲"皆为"风姓",亦当为同一部族、同一姓族。

[2] 已故史学家吕思勉的《娶于异姓所以附远厚别义》认为"附远厚别"是出于"迷信",是后来所附益(参看《吕思勉读史札记》(上),上海古籍出版社,2005年,第274页)。吕氏此说成于何时,笔者不知,其说之谬,可不论。

则为前提，但是，先秦文献中记载的"男女同姓，其生不蕃"的理论就是从这里延伸和发展起来的[1]。到了春秋晚季和战国初期，随着华夏人类对"优化生育"理论认知的提高，在《礼记》中又抽象出"附远厚别"[2]的理论命题。我们从考察《礼记》以及与《礼记》相关的先秦典籍中认识到，优化生育，进入礼法原则的规定性时代，它的整个礼法程序是贯穿在"婚姻礼法"之中的，换言之，婚姻礼法是保证和完成"优化生育"的礼法或制度条件。优化生育，首先是"自然生态"的，也可以说是人类生育过程的"自然生物现象"，生育行为的婚姻礼法之后，人类的交合以至于繁衍就具备了"人文秩序"属性。但人类与其他动物的区别在于：人类不仅能创造文化，而且能不断地创造文化（这是"人"和灵长目动物的本质区别），人类的繁衍具备了深厚的文化内涵——从生育的自然属性升华为文化的人种繁衍，完整的礼法规定性是重要的标志，它是从"自然生态"过渡到人文秩序的生命历程——这是一个有很有价值的研究范畴——不仅是对传统文化的发掘，更有意义的是给现代人提供"优化生育"行为的参考。

一、"礼"与西周早期的婚姻礼法形态

"婚姻"行为本身首先是"自然生态"属性，其次才是"人文秩序"属性或社会属性，它的社会属性是从形成了礼法以后才会体现出来，那么，它就是人类的文化行为，故称为"人文秩序属性"。

笔者认为，"'婚姻'这个概念，在中国的文化历史上，它是早期封建文

---

[1] 参见《夏商周原始文化要论》一书中的六、七、八等章节有详细的考察和论述《学苑出版社，2004年》。

[2] 见《礼记·郊特牲》。

明的标志,也就是说,进入西周社会以后才产生、形成,它有着西周以来特定的文化结构和文化内涵。唐、虞时代还没有'婚姻'这一名义,但是,此时却形成了有秩序的男女结合行为规约,与后来的婚姻行为具有基本相同的人类学内涵,故也用'婚姻'这个名义标别与涵盖。"[1]早期人类的异性结合,是出于动物的自然需求,"繁衍"或者说延续后代这种明确的社会观念,是人类进入具备创造精神文化社会阶段的思想产物。从相关神话和史前考古文物认识,大约到了中石器时代以后,人类才有可能形成"繁衍"或者延续后代这种社会认知。从异性的自然交合,到为了繁衍后代而男女组成一个生存共同体(或者说"家庭")是人类经历了非常漫长的进化过程。

在华夏历史进程中,至少在炎、黄时代和炎、黄时代以前,依旧保留着"对偶婚"的婚姻形态,虞、夏时代,是"对偶婚"向"专偶婚"演进的过渡时期,西周立国以后,一直到春秋时期,仍然有"异辈婚",那么,"媵婚"是很典型的"异辈婚",虽然可以说是"对偶婚"的残余[2],但绝不是偶然现象——《诗经》和《左传》《公羊传》《谷梁传》等先秦文献中的记载,足以成为确证。三十年前,笔者曾到青海和四川等省份的边远少数民族地区考察,这些地方的某些少数民族,依然有着"对偶婚"的婚姻形式——而他们是在社会主义社会形态中生存,与所谓的"原始社会"毫无关系。在漫长的人类历史进程中,婚姻形态是渐变的,不会因为社会制度发生变化而伴随着社会制度的变化而变化。西周是早期封建社会,但依然有"对偶婚"的孑遗——似乎可以说明些问题。

就婚姻的属性而言,它的存在与行为本身便是"自然生态"的,婚姻礼法是在人类婚姻自然生态属性的基础上社会化、秩序化的结果,即以社会制度为前提,具有法律和约定俗成的规则——通常所说的"礼法"。在古代社会,

---

[1] 引语见周延良《夏商周原始文化要论》,学苑出版社,2004年,第94页。
[2] 周延良在《〈诗经〉中的"媵婚"制》有论(原文载《文艺研究》1999年第3期)。按,此文为《新华文摘》转载。

"礼法"与"伦理"很大程度上可以对解,婚姻的自然生态属性必然具备"人文秩序"属性。因此,我们认为,"婚姻"本身不同于异性交合就在于它具有社会属性中的"礼法"和"伦理"规约。细审《三礼》,西周立国以后所建制的婚姻礼法,对后世产生了深远的影响,比如,血缘宗法制之下的家族观念、传宗接代观念等,都是西周以来婚姻(制度)文化影响的产物。但应该承认,血缘宗法制在历史上的产生、形成是人类的进步,是华夏先民的伟大创举!是人类文明进程中最重要的文化创建,也是社会合理运行和存在的重要条件,元汪克宽《经礼补逸·嘉礼·昏礼》解说"媒氏掌万民之判"曰:

> 先王之制,所以厚男女之别,正婚姻之礼者,其驭人伦,谨始之道,至简而要也。夫自有别,推而至于万物安,则礼始于谨夫妇者,系于国之男女。[1]

此谓"所以厚男女之别,正婚姻之礼"的缘由是规约人在婚姻行为中的社会伦序,遵守社会规定的法则,其结果则是"万物安"——男女有别,婚姻有序,社会安定,延及其他社会事物的正常存在。

在这里,笔者嘱意于西周的婚姻礼法形态,并非专门研究西周婚姻形态,而是以"自然生态伦理"为主体的婚姻礼法形态研究。我们从大量的文献中认识到,西周以来——从《仪礼》《周礼》到《礼记》建立了一套完整的婚姻礼法体系。根据相关的记载,西周以来的婚姻礼法建立的思维仍是"阴阳交感"观念,与"礼"形成的文化背景是一致的。

据先秦的相关文献记载,西周立国,"专偶婚"已经确定在"礼法"之中,是稳定的婚配制度。从《周礼》中的记载,西周不仅已设专门负责婚配的官署,而且,还有专门的职官,"媒氏"可以成为确证。"媒氏"在西周社会中是一个重要的角色,是"司徒"官署下设的机构并职官。《周礼·地官·司

---

[1] 据文渊阁《四库全书》本卷九。

徒》载：

> 媒氏，下士二人，史二人，徒十人。[1]

据此，大抵可以说"媒氏"是一个政府设立的部门，"媒氏"就应该是这一官署中的最高长官，她统领着"下士二人，史二人，徒十人"凡十四个署员。郑玄注曰："媒之言谋也，谋合异类，使和成者，……"[2]按照郑玄此说，"媒氏"就是男女婚配的介绍人。当然，事实上，"媒氏"掌管的事务远不止这些，"媒氏"这个官署还负责管理着男性自三岁有名氏以后到三十岁、女子自三岁以后至二十岁的户籍信息，还负责未婚男女的婚配，《周礼·地官·媒氏》载曰：

> 媒氏掌万民之判，凡男女自成名以上，皆书年、月、日名焉。令男三十而娶，女二十而嫁。凡娶，判妻入子者，皆书之。……中春之月，令会男女。于是时也，奔者不禁，若无故而不用令者罚之。[3]

据此所载，"媒氏"掌管着万民中未婚男女的配偶，使之结为夫妻，即如郑玄注"掌万民之判"所说："判，半也，得耦为合，主合其半，成夫妇也。《丧服传》曰：'夫妻判合'，郑司农云：'主万民之判合。'"[4]而且，"媒氏"还负责管理男女自有了名氏以后的年龄登记，由于"媒氏"掌管着未婚男女的年龄，促使到了三十岁的男人和到了二十岁的女人嫁娶。至于为什么男人三十岁娶，女人二十岁嫁，郑玄注曰："二、三者，天地相承覆之数也。《易》曰：'参天两地，而奇数焉[5]。'"郑玄此注，所举之证是《易传·说

---

[1] 据《十三经注疏》本《周礼注疏》卷九，中华书局，1980年，第698页。
[2] 据《十三经注疏》本《周礼注疏》卷九，中华书局，1980年，第698页。
[3] 据《十三经注疏》本《周礼注疏》卷十四，中华书局，1980年，第732~733页。
[4] 据《十三经注疏》本《周礼注疏》卷十四，中华书局，1980年，第732页。
[5] 《易传·说卦》："昔者，圣人之作《易》也，幽赞于神明而生蓍，参天两地而倚数，观变于阴阳而立卦。……"（据晋韩康伯《周易注》卷九）案，郑玄所引之"奇"即"倚"。

卦》的"自然数理"，《周礼》"媒氏"所记确定男女的婚嫁年龄，是仿"天地相承覆之数"，亦即仿自然生态的思维方式，所"仿"的对象仍为《易》卦之理。"媒氏"在这一过程中起到"中介"的作用，《仪礼·士昏礼》："昏礼，下达纳采用雁。"郑玄注："达，通达也。将欲与彼合昏姻，必先使媒氏下通其言，……昏必由媒交接，设绍介，皆所以养廉耻。"[1]郑玄此注当以《周礼·媒氏》为据，可以信从。《礼记·昏义》中记载着从"媒氏"之"判"到婚姻开始的相关礼仪，五个礼仪程序，其中男方向女方的"问名"，是问女氏之母姓名，知母氏之名，便可知道男氏与女氏是否同姓，可与《周礼·媒氏》记载的"成名"相为印证，《礼记·昏义》说：

> 昏礼者，将合二姓之好，上以事宗庙，而下以继后世也，故君子重之。是以，昏礼纳采、问名、纳吉、纳征、请期，皆主人筵几于庙，而拜迎于门外。入揖让而升，听命于庙，所以敬慎重，正昏礼也。[2]

《周礼·媒氏》载"男女自成名"都要把"名"登记在官府中存档，《礼记·昏义》所记征婚五个程序中的第二个就是"问名"，可以肯定地说，"问名"的依据之一即是在"媒氏"的登记之名。[3]"清盛世佐《仪礼集编·士昏礼》认为："《周礼·媒氏》云：'凡男女自成名以上，皆书岁、月、日、名焉。'《记》云：'男女非有行媒，不相知名。[4]'然则，女子未字以前，其名不出于捆，唯媒氏知之，而男家则犹待问也。"[5]其说非常准确。在当时的社会，女子未嫁之前，其名不出家门，只有"媒氏"知道是因为在"媒氏"之

---

[1] 据《十三经注疏》本《仪礼注疏》卷二，中华书局，1980年，第961页。
[2] 据《十三经注疏》本《礼记正义》卷六十一，中华书局，1980年，第1680页。
[3] 按，唐孔颖达疏"问名"说："问名者，问其女之所生母之姓名。"清盛世佐以为孔氏之说误，其误，因疏不破注而致（《礼记正义》卷六十一，中华书局，1980年，第1680页。
[4] 按，此《礼记·曲礼》（上）语。
[5] 据文渊阁《四库全书》本卷四。

处登记；男婚女嫁，重要的程式之一就是"问名"，"问名"的目的是避免同姓而"乱婚"。

就上引《周礼·媒氏》文献，至少可证，一、西周时期已经有专门负责婚配的机构和专门的人员，二、西周对于男女婚配有着年龄的规定和时令的制度，三、西周婚配的年龄、时令规定是建立在《易》学"阴阳交感"这一哲学思想基础上形成的，四、男女婚配的功利性，绵延后嗣是婚配功利性的主体，五、《周礼》记载的"成名"，与《礼记》记载的"问名"是以婚配避"同姓不婚"为主要目的。

上说五端，可与《礼记》中的相关记载互证，具有历史的真实性和可靠性。那么，我们要申说的是关于婚配的本质，首先，婚配是人类的生物性，也可以称为人类原初之欲，原初之欲本身是生物性的，从男女交合的点上论之，生物之欲的满足是最本质的，即如孔子所言"饮食男女，人之大欲存焉"，于此，不难理解，男女交合已经具备明确的"自然生态属性"；其次才是社会性。作为"人"，男女婚配的终极意义是社会性即"人文秩序属性"——"婚姻"就是基于男女婚配的社会属性而产生的概念，"礼法"是婚配过程中社会属性的主体，它具有哲学思想影响下的制度规定性，同时也具有历史延续中俗成的约束性，两者的整合则成为民族文化共同体的总体认知，亦即民族文化共同体总体遵守的伦理——华夏上古时期（含西周）的婚姻礼法形态所内含的"自然生态伦理"意蕴，不言而喻。

以上，引证《周礼·媒氏》之文厘定四个主要的婚姻制度文化内容，下就西周男女婚配的年龄、时令与哲学思想影响而构成的制度等问题做深入的探讨。《荀子·大略》说：

> 夫妇之道，不可不正也，君臣、父子之本也。"咸"[1]，感也，以高

---

[1] 《咸》《周易》中的卦题。

下下，以男下女。柔上而刚下。[1]

《荀子》论"夫妇之道，不可不正"所谓"正"就是确定夫妇正当的位置，确定夫妇正当的位置，参照的便是《易》学中"阴阳"的阳为高为上，阴为低为下所认定的位置。"以高下下，以男下女，柔上而刚下"就是这一哲学观念在确定夫妇社会位置上的反映，其实，仍是《易》学"阴阳交感"理论的引申，唐杨倞注曰："阳唱阴和，然后相成。"[2]后世所谓的"夫唱妇随"就是本于此而发挥。唐贾公彦疏《周礼·媒氏》之文曰：

> 此二十女，三十男，"法天地相承覆之数也"。……案《易·系辞》云：天一，地二，天三，地四，天五，地六，是就生数之中，天三度生，地二度生，象天三覆地二，故云"天地相承覆之数也"。[3]

可知，天数为"三"，地数为"二"，男子三十，内含"天数"；女子二十，内含"地数"。天在上，地在下，故有"天地相承覆之数"的结论。我们没有必要考证这种思维形态是否合理，但这种思维形态是源于《易》学的"自然数理"亦即"象数"之理，已甚明确。"天三"是"度生"之数，"地二"也是"度生"之数，男子三十象天之数，女子二十象地之数——确定男女的年龄基准。"天"在上，"地"在下，天地是"相承覆之数"——确定男女以至于夫妇的位置是"相承覆"，显然这是建立在人的自然生态属性基础上形成的认知。天地在自然界的视域中也是"相承覆"的关系，"天"对应"男"，"地"对应"女"——是一种哲学理论的解说方式，而这种哲学理论的形成，首先是对"自然生态"认知。事实上，西周的婚姻礼法就是本于《易》学思想架构的。西周"礼法"中的婚姻礼法思想，其主导是《易》学，

---

[1] 据《诸子集成》本王先谦《荀子集解》卷十九，中华书局，1954年，第326~327页。
[2] 据《诸子集成》本王先谦《荀子集解》卷十九，中华书局，1954年，第326~327页。
[3] 据《十三经注疏》本《周礼注疏》卷十四，中华书局，1980年，第732页。

而它的本质仍然未出"自然生态伦理"的范畴。

上所引证，年龄是前提，要点是关于"象数"的自然数理。"象数"是以"阴阳交感"为存在条件，换言之，没有"阴阳交感"之理，"象数"学就失去了存在的理论支点，西周确立婚配礼法的依据，除了自然数理外，同样撷取《易》学"交感"的法式。《周礼·地官·媒氏》所载："中春之月，令会男女。于是时也，奔者不禁。"（同上）郑玄注："中春，阴阳交以成昏礼，顺天时也。"[1]郑氏此说，符合西周的礼学思想，《孔子家语·本命》载：

> 鲁哀公问于孔子："人之命与性，何谓也？"孔子对曰："分于道，谓之命；形于一，谓之性；化于阴阳，象形而发，谓之生；化穷数尽，谓之死。故命者，性之始也；死者，生之终也。……十有六而精通，然后能化。阴穷反阳，故阴以阳变；阳穷反阴，故阳以阴化。……女子七月生齿，七岁而龀，十有四而化。一阳一阴，奇偶相配，然后道合，化成性命之端，形于此也。……故圣人因时以合偶男子，穷天数也。霜降而妇功成，嫁娶者行焉；冰泮而农桑起，婚礼而杀于此。[2]

孔子阐述"人"的生命现象，尽以"阴阳交感"之理而成论。认为，男人十六岁具备生育能力，女人十四岁具备生育能力，首先具备的是"阴阳交感"能力，男女的生育能力在于"阴穷反阳，故阴以阳变；阳穷反阴，故阳以阴化"——人的生命就是在这样"阴阳"交会相对互力的"交感"中形成，以至于绵延不绝，"一阳一阴，奇偶相配，然后道合"才符合人的性命生成、消亡规律。孔子所说的"一阳一阴，奇偶相配"，立论的根据是《易》，《易》："—"为阳，为"奇"；"--"为阴，为偶。此说"一阳一阴，奇偶相配"即源于此。孔子说及嫁娶之时谓，"霜降而妇功成，嫁娶者行焉；冰泮而农

---

[1] 据《十三经注疏》本《周礼注疏》卷十四，中华书局，1980年，第732~733页。
[2] 据清陈士珂《孔子家语》卷六，上海书店，1987年，第170页。

桑起，婚礼而杀于此"，是本于"妇功"和"农桑"，《家语》此说，与《周礼·媒氏》"中春之月，令会男女……"成为汉代以后争论的焦点。《孔子家语·礼运》载曰："冬合男女，春颁爵位，必当年、德，皆所谓顺也。用民必顺，故无水旱昆虫之灾，民无凶饥妖孽之疾。……"[1]此言"冬合男女"似乎与"中春之月"在时间上不相合。又，汉董仲舒书《春秋繁露·循天之道》曰：

> 能以中和理天下者，其德大盛；能以中和养其身者，其寿极命。男女之法，法阴与阳。阳气起于北方，至南方而盛，盛极而合乎阴；阴气起乎中夏，至中冬而盛，盛极而合乎阳。不盛不合，是故十月而俱盛，终岁而乃再合，天地久节，以此为常。……人之男女当阴阳，阴阳亦可以谓男女，男女亦可以谓阴阳。……天之道，向秋、冬而阴来，向春、夏而阴去，是故，古之人"霜降而迎女，冰泮而杀内"，与阴俱近，与阳远也。天地之气，不致盛满，不交阴阳。[2]

董仲舒所论阴阳"中和"之理，大者及于"国"，小者及于人的养生与男女的婚配，悉皆把"阴阳交感"作为主体，所及婚嫁时令，一本《家语》之说："古之人'霜降而迎女，冰泮而杀内'，与阴俱近，与阳远也。天地之气，不致盛满，不交阴阳"，亦与《周礼·媒氏》"中春"之说不合。又，东汉班固《白虎通德论·嫁娶》：

> 娶妻如之何？匪媒不得。男三十而娶，女二十而嫁，阳数奇，阴数偶。男长女幼者，阳舒阴促。男三十，筋骨坚强，任为人父；女二十，肌肤充盛，任为人母。合为五十，应"大衍"之数，生万物也。……嫁娶必

---

[1] 据清陈士珂《孔子家语》卷七，上海书店，1987年，第193页。
[2] 据明程荣《汉魏丛书》本《春秋繁露》卷十七，吉林大学出版社，1992年，第143~144页。

以春者,春,天地交通,万物始生,阴阳交接之时也。[1]

班固此说,重在发挥《周礼·媒氏》嫁娶的年龄以及"中春之月,令会男女"合郑玄注文之义,同时也在阐扬《孔子家语·本命》中的意蕴。《易传》"大衍"之数,循环往复的生数,故有班固"生万物"之说。但在嫁娶时间或季节上,与《家语》《春秋繁露》不同。最重要的史证是"霜降逆女,冰泮杀止"唐杨倞注《荀子·大略》以为"霜降逆女,冰泮杀止"为"冰泮逆女,霜降杀内"的倒文,其说曰:

> 此盖误耳,当为"冰泮逆女,霜降杀内。"故《诗》曰:"士如归妻,迨冰未泮。"杀,减也。内,谓妾御也。十日一御,即"杀内"之义。"冰泮逆女",谓发生之时,合男女也。"霜降杀内",谓闭藏之时,禁嗜欲也。《月令》在十一月,此云"霜降",荀卿与吕氏所传闻异也。郑云:归妻,谓请期也。冰未泮,正月中以前,二月可以成昏礼,故云"冰泮逆女"。[2]

杨倞此注以为"霜降逆女,冰泮杀止"是传写之误,"霜降逆女,冰泮杀止"应是"冰泮逆女,霜降杀内"。杨氏以《诗经·邶风·匏有苦叶》之句"士如归妻,迨冰未泮"与"冰泮逆女,霜降杀内"对解,按照杨氏之说,"冰泮逆女"大致是在仲春二月,此时寒冰已释,故"二月可以成昏礼"。认为"霜降杀内"是减少男子与"妾"合房,因为此时是"闭藏之时,禁嗜欲"。

这个历史上就有争议的问题,明王志长《周礼注疏删翼》引贾公彦疏而有所删节,其义折中郑玄与王肃说之是非,或可准此,其文曰:

---

[1] 据明程荣《汉魏丛书》本《白虎通德伦》卷下,吉林大学出版社,1992年,第174页。按,是书亦作《白虎通义》。

[2] 据《诸子集成》本王先谦《荀子集解》卷十九,中华书局,1954年,第327页。

王肃云:"吾幼为郑学之时,为谬言寻其义,乃知古人可以于冬。自马氏以来,乃因《周官》而有二月之说。《诗·东门之杨》:'其叶牂牂',《毛传》云:'男女失时,不逮秋冬。'孙卿曰:'霜降逆女,冰泮杀止。'《诗》曰:'将子无怒,秋以为期。'、'士如归妻,迨冰未泮。'为此验也。"

　　"又按,《诗》云:'有女怀春,吉士诱之'、'春日迟迟,女心伤悲'、'绸缪束刍,三星在隅。我行其野,蔽芾其樗'、'仓庚于飞,熠耀其羽',《殷颂》曰:'天命玄鸟,降而生商',《月令》:'仲春,玄鸟至之日,以大牢祠于高禖。玄鸟生乳之月,以为嫁娶之候,天子重之而亲祀焉。'《夏小正》曰:'二月冠子,嫁女娶妻之时'[1]。'秋以为期'此淫奔之诗。凡此,皆与仲春合也。礼,诸侯越国娶女,及冰未泮请期,乃足容往返二月,正可为昏。然则,以二月为得其实也。"[2]

这个问题是东汉末,在王肃和郑玄之间发生过激烈争论。争论的焦点,从上引文献可知,主要集中于婚期。上面,引郑玄之说,以《周礼·地官·媒氏》所载"中春之月,令会男女"为据,郑玄注为"中春,阴阳交以成昏礼,顺天时也。"郑玄注义并没有错,郑氏此注是基于"中春之月,令会男女。于是时也,奔者不禁",故郑玄说"中春,阴阳交以成昏礼,顺天时也。"王肃据《孔子家语》"霜降逆女,冰泮杀止"与《荀子》"霜降逆女,冰泮杀内,十日一御"的记载,此文与王肃所据不同。王志长《周礼注疏删翼》之说义长。

西周所建立的婚姻礼法,其中的哲学思想"阴阳交感"即为"对立生成"观念在婚姻礼法中的体现。上古的"对立生成"观念是源于对"自然生态"认知而形成的,用于对婚姻礼法的解释,确是可以追本溯源,《易》学是西周

---

[1] 按,今见《夏小正》"二月"记有"绥多女士",汉戴德传:"绥,安也,冠子取妇之时也。"
[2] 据文渊阁《四库全书》本卷九。

婚姻礼法形成的理论背景。此以"归妹"为说,"归妹"是《周易》中的"卦题",《象》辞说:"归妹,天地之大义也。天地不交,而万物不兴。归妹,人之终始也。"三国·魏王弼注《象》辞曰:"阴阳既合,长少又交,天地之大义,人伦之终始。"[1]"归妹"在这里是泛指婚嫁,婚嫁的自然生态属性,与伦理意义是人类男女结合缺一不可的——"阴阳交感"观念依然是主导理论。如宋朱震《汉上易传》卷五解《易》卦"归妹"之义说:"婚姻之礼,阴阳交际,天地之大义也。"[2]又,清惠士奇《易说》:"'九四,归妹愆期,迟归有时。'案:归妹,'天地之大义,人之终始'。先儒谓卦互坎、离。坎月,离日,阴阳之气配日月,故'归妹'为嫁娶之占。"[3]宋朱震、清惠士奇都阐发《易》"归妹"的阴阳交感之义,卦其说不诬。这里考察的相关记载有一个共同的特征是婚姻"阴阳交感"的自然属性或自然生态属性,形成的人文秩序属性是以自然生态属性为根基。

关于西周的嫁娶时令问题,东汉至于西晋初年,郑玄与王肃之争,其实是门户之见造成的。《周礼·媒氏》所载"中春之月,令会男女。于是时也,奔者不禁,若无故而不用令者罚之。司男女之无夫家者而会之。"并非专指嫁娶时令,其义:二月,令未婚男女相会。在规定的时间里,即使私奔也不受礼法的禁止。未婚男女,如果无缘无故不遵守这一礼法规定者,要受到处罚,主要是管理没有家室的男女相约会,折射着当时人类的繁衍观念。

《周礼·媒氏》中记载的这一礼法,是当时社会人口繁衍观念的反映,在"中春之月"要求相约会的"男女",女子必须是"无夫家"者,非他。"中春之月,令会男女……"类似于"上巳节",已故学者孙作云先生的研究结论是可信的[4],《诗》、"礼"可以互证,我们可以在《诗经》中获得大量的证

---

[1] 据《十三经注疏》本《周易正义》卷五,中华书局,1980年,第64页。
[2] 据文渊阁《四库全书》本。
[3] 据文渊阁《四库全书》本卷五。
[4] 参看孙作云著《诗经与周代社会研究》,中华书局,1966年,第326、331页。

据,恕不赘复。就这个问题,笔者也有自己的认识[1]。另,晋束晳有一篇《婚姻以时议》,其说曰:

> 春秋二百四十年,鲁女出嫁,夫人来归,大夫迎女,天王娶后,自正月至十二月,悉不以得时、失时为贬褒,何限于仲春、季秋,以相非哉?[2]

束晳此议,是在抨击郑玄与王肃之争,而且把例证的时间确定在"春秋二百四十年",这一时期,正是"礼坏乐崩"的代际,实在是与《周礼·媒氏》此载"礼法,无关宏旨。

以上是就《周礼》等相关文献中记载的男女婚嫁时令并牵涉到西周"阴阳交感"观念等问题,在以《三礼》为主和其他先秦文献中还有关于具体"婚时"的问题记载,这个问题,直接联系着西周时期的哲学思想以及与之相关的"自然生态伦理"思想,即"以昏为期"。

"婚姻"与"祈子"原本因果关系,我们要讨论的是相关于"礼"与"阴阳"观念有联系的内容,以宣示结成婚姻的"祈子"之愿。又《诗经·邶风·匏有苦叶》第三章有:

> 雝雝鸣雁,旭日始旦。士如归妻,迨冰未泮。[3]

《毛传》解释"雝雝鸣雁,旭日始旦"说:"雝雝,雁声和也,纳采用雁。旭日始出,谓大昕之时。"[4]郑玄笺云:"雁者,随阳而处,似妇人从夫,故昏礼用焉。自'纳采'至'请期',用'昕',亲迎用'昏'。"又,

---

[1] 参见周延良《诗经学案与儒家伦理思想研究》,学苑出版社,2005年。
[2] 据文渊阁《四库全书》本明张溥编《汉魏六朝百三家集·晋束晳集》卷四十三。
[3] 据《十三经注疏》本《毛诗正义》卷二,中华书局,1980年,第303页。
[4] 据《十三经注疏》本《毛诗正义》卷二,中华书局,1980年,第303页。

郑玄笺注"士如归妻，迨冰未泮"说："归妻，使之来归于己，谓'请期'也，冰未散，正月中以前也，二月可以昏矣。"（同上）此诗所涉及我们需要考说的问题有三：

其一是"归妻"的时令问题，"士如归妻，迨冰未泮"云云，似与"霜降逆女，冰泮杀止"可比，笔者信从唐杨倞注《荀子·大略》误倒之说，此诗郑玄笺为"归妻，使之来归于己，谓'请期'也，冰未散，正月中以前也，二月可以昏"——这与西周时期的哲学观念吻合，在哲学观念制导下建立的婚姻礼法亦相吻合；

其二是"雝雝鸣雁，旭日始旦"与婚姻的心理祈愿由此而形成的婚姻礼俗相合。按照《毛传》说"旭日始旦"是"纳采"，"旭日始旦"是"旭日始出，谓大昕之时"，用今天的话说就是"清晨"，冰尚未释解之前的清晨，实施"纳采"之礼，理解"雝雝鸣雁，旭日始旦。士如归妻，迨冰未泮"全诗，可以认为，士"归妻"首先进行"纳采"的程序，"纳采"的时间是在冰尚未泮（季节）的"旭日始旦"即"大昕（清晨）"这个时间，按照"阴阳交感"之说理解，这个时间正是"大昕之时"，"大昕之时"是阴阳交替之时，符合西周婚俗的"阴阳交感"之理；

其三是"雁"与"昏"。"雁"在《匏有苦叶》中作为"意象"所起到的作用是"兴"。"兴"与诗歌的主体有内在联系应该与西周婚俗中"纳采"用雁相关，上引《仪礼·士昏礼》："昏礼，下达纳采用雁。"郑玄注曰："……将欲与彼合昏姻，必先使媒氏下通其言，女氏许之，乃后使人纳其采，择之礼纳采而用雁，为挚者，取其顺阴阳往来。《诗》云：'取妻如之何？匪媒不得'，昏必由媒交接，设绍介，皆所以养廉耻。"[1]"雁"有两个重要的象征意义："挚"——专一和"顺阴阳往来"，雁是候鸟，"顺阴阳往来"这一属性则专一不二，古人谓之"挚"。唐贾公彦疏释曰：

---

[1] 据《十三经注疏》本《仪礼注疏》卷二，中华书局，1980年，第961页。

> 言"下达"者，男为上，女为下，取阳唱阴和之义，故云"下达"，谓以言辞下通于女氏也。……《周礼·地官》有媒氏职，是天子之官，则诸侯之国，亦有媒氏。《传》，通男女，使成婚姻，故云媒氏也。云，用雁，为挚者，"取其顺阴阳往来"者，案，《周礼·大宗伯》云：以禽作六挚，卿执羔，大夫执雁，士执雉，此昏礼无问尊卑，皆用雁，故郑注其意云"取顺阴阳往来"也。"顺阴阳往来"者，雁，木落南翔，冰泮北徂。夫为阳，妇为阴。今用雁者，亦取妇人从夫之义，是以昏礼用焉。[1]

西周婚俗的纳采而用雁，是基于对"雁"这一飞禽的生物属性即自然生态属性的认知。雁的生物属性有：一、"贽"——专一，二、随阳而居——候鸟。足见，西周婚俗的"纳采"而用"雁"是本于生物的自然属性即自然生态而建立的伦理规约，毫无疑问，这一婚姻礼法是西周的"自然生态伦理"思想的折射，与"自然生态伦理"思想具有紧密的内在联系。

二、"同姓不婚"与优化生育

关于西周男女出生与年别的登记之制。

前引《周礼·地官·媒氏》之文，载"媒氏"的重要职责之一是"掌万民之判，凡男女自成名以上，皆书年、月、日、名……"宋王昭禹《周礼详解·媒氏》：

> 媒之字从女，从某。某，名实未审也。女之名实未审，须媒以媒之，故曰男女非行媒，不相知名，此媒氏之职所由设也。"掌万民之判"者，

---

[1] 据《十三经注疏》本《仪礼注疏》卷二，中华书局，1980年，第961页。

> 夫禽兽有知而无义，有牝牡而无男女之别。所贵乎人者，以其有义，且有别焉。判者，言其别也。盖男女之际，须媒而后合，此所以为有别；"自成名以上，皆书年、月、日、名焉"，所以为别也。《记》曰：子生三月，父名之，则成名者，三月已后，父名之也。既有成名，故媒氏得以书焉。[1]

此文重点解释《周礼·媒氏》中的三个概念，所解，甚中肯綮：一是"媒氏"字义，王氏认为，媒氏的职责之一是审核拟嫁娶男女的名，显然这是一个符合史实的解释；二是解释"万民之判"，王氏以"人"与"禽兽"为比，强调"人"和"禽兽"的区别，禽兽"知而无义，有牝牡而无男女之别"，人"以其有义，且有别"；三是辩说"别"与"成名"的关系，"别"是男女的界限，这一界限的决定因素不仅在于男女性自然生物的区分，还在于自然生物的属性之别，即男属"阳"，女属"阴"。特别重要的一点是男女"成名"之后登记载籍的条件。所谓"成名"即男女出生后三个月，由父亲"起名"。所引《记》即《周礼·媒氏》注引"郑司农云：'成名'谓子生三月，父名之。"[2]此中有着深刻的意蕴是华夏远古时代的姓氏、名号与血缘宗法制之间的关系。

我们简要地梳理了一个线索：原始图腾→部族→昭穆制→姓族→姓氏[3]。这些问题虽已有研究，但需要深入研究的内容还很多，尽管如此，还是可以说，梳理的这一线索是形成中国古代血缘宗法制必要的环节。这里，要特别强调关于男女"成名"的载籍问题，《周礼·媒氏》为什么记载着"成名"？首先是区别"族属"，"成名"就是名字，有了名字，就不会"乱族"，在这一基

---

[1] 据文渊阁《四库全书》本卷十三。
[2] 据《十三经注疏》本《周礼注疏》卷十四，中华书局，1980年，第732页。
[3] "原始图腾"与血缘宗法制的源流关系，笔者有论；"昭穆制"可参看史学家李亚农的《李亚农史论集》，"氏族""姓族"可参看文化史学家杨希枚的《先秦文化史论集》。

础上，为成人以后配偶提供依据，尤其以宗族的姓氏为标别，杜绝同姓族婚姻。已故历史学家、金石、甲骨学家于省吾先生在20世纪50年代（这个结论没有问题）就提出"同图腾"不通婚的见解[1]，史前时期的"三代"，以周部族为主，建立的"昭穆制"是"异姓婚"的标志[2]，换言之，为什么要建立"昭穆制"？建立"昭穆制"的重要目的之一就是为了建立以血缘为前提的宗族系统，"昭穆制"的"嫡庶之分"也是通过"成名"辨别，《礼记·内则》中记载"起名"是为了载籍之时辨别同血缘的"嫡（適）、庶"，达到可以"辨姓别名"的目的，不至于乱"嫡庶之别"，尤其不至于同姓"乱婚"。而且，"昭穆制"的重要内容之一就是"嫡庶之分"，笔者见过自己家族自明代至"文革"前的"家谱"多册，即是按照"昭穆制"的格式记载，是很规范的"昭穆制"的延续。

"昭穆制"是华夏先民伟大的文化创举，是全世界古老民族中独一无二的创举！"昭穆制"从礼法制度上控制了"血婚制"的延续，总体上奠定了华夏人种的优良蕃育。

这是上古以来很典型的"自然生态伦理"在生殖繁衍观念中的呈现。

可见，西周时期的"媒氏""掌万民之判，凡男女自成名以上，皆书年、月、日、名……"是"昭穆制"的需要，是历史存在的史实，并非"疑古"之徒认为的纸上谈玄！今天，我们再读吕思勉《娶于异姓所以附远厚别义》之文有关"附远厚别"是出于"迷信"，是后来所附益云云，其说，愈觉可哂。

---

[1] 参看《略论图腾与宗教起源和夏代图腾》，载《历史研究》1959年第11期。

[2] 参看《李亚农史论集》上册。又《周礼·春官·小宗伯》："小宗伯之职……辨庙祧之昭、穆。"郑玄注曰："祧，迁主所藏之庙，自始祖之後，父曰昭，子曰穆。"《礼记·王制》："天子七庙，三昭三穆，与大祖之庙而七。"（《礼记正义》卷十二。按，《王制》是西汉人据先秦史料整理出来的，不等于不可据）明章潢《图书编·论七庙昭穆递迁》说："书曰：'七世之庙，可以观德'，则宗庙之制，止于七庙。《礼》曰：庙祧之昭、穆，则昭、穆之位一定不易，其来久矣。今以周制明之'，守祧八人，盖兼姜嫄之庙，而为八，则其为七庙也明矣。自后稷以至昭王，历世无常，而昭、穆之位，未尝失次。……"（据文渊阁《四库全书》本卷九十七）。

在西周时期，"媒氏"类似于出生人口的登记造册的官署，"媒氏"把登记的人口档案呈报上一级的官署，宋郑樵说："自隋、唐而上，官有簿状，家有谱系。官之选举，必由于簿状，家之婚姻，必由于谱系。历代并有'图谱'，局置郎、令、史以掌之。"[1]西周时期的人口登记制度始于对男女婚姻的重视，人口档案，分级管理，由于三代以来的宗法制，家族也很重视家谱的传承，因此就会出现"家有谱系"以备婚姻之需的情况，郑樵此说可以与吕祖谦[2]说相为印证，吕氏《大事记解题》解题"秦始皇帝十六年初令男子书年"说：

> 《周官·媒氏》，男女"自成名以上，皆书年、月、日、名焉"成名，子生三月，父名之也。《内则》子生三月之末，男角，女羁，以见于父，父名之。宰书曰：某年、某月、某日生，而藏之。宰告闾史，闾史书为二，其一藏诸闾府，其一献诸州史。州史献诸州伯，州伯命藏诸州府。其制详密如此，战国以来，不复重民之生，此制废缺久矣。[3]

《周礼·媒氏》的记载，不仅说明"媒氏"属于官方的职官，而且，在当时，具有负责登记出生男女名子、出生时间并形成一种人口档案管理等职责的人。《周礼》所载"媒氏"，西周前期，属在官方，东周以来，流在民间，吕祖谦是南宋治学的大家，此说引《礼记·内则》进而发其义，据吕祖谦所记，西周以来对新生儿出生后的管理是非常规范、严格的。所记"宰书曰：某年、某月、某日，某生，而藏之"，与"媒氏"所"书年、月、日、名"，其义不悖。此文中之"宰"是主宰、主管之义，根据两者的职责所及，"宰"与"媒

---

[1] 据《通志·氏族略》（第一册），中华书局，1987年，第439页。
[2] 据文渊阁《四库全书》本卷六。
[3] 据文渊阁《四库全书》本卷六。

氏"的职责相同[1]。西周之礼，对出生三个月以后记载其出生年、月、日和姓名如此周详，是"掌万民之判"的依据，通过这些记载掌握男女婚姻的实际情况，有无血缘关系，同样可以这些载文辨别清楚。战国时期，诸侯国争霸称雄，周朝王权式微，不复顾及民生，此制渐废，"媒氏"沦落民间，亦如流水淘沙，《战国策·燕》（一）载：

> 燕王谓苏代曰："寡人甚不喜訑者言也。"苏代对曰："周地贱媒，为其两誉也：之男家曰：女美。之女家曰：男富。然而，周之俗，不自为取妻，且夫处女无媒，老且不嫁。舍媒而自衒，弊而不售。顺而无败，售而不弊者，唯媒而已矣。"[2]

此文是苏代答燕王之问"訑者"（骗人者和骗人者的话），所回答的诡辩之词，但所出例证是真实的。苏代所云周地"贱媒"以及周地的嫁俗是男人"不自为取妻""处女无媒，老且不嫁"，男女婚嫁都要通过媒氏作中介，才能成婚姻。在战国时期，媒氏已经厕于民间，而且竟与"訑者"并提，进而称之为"贱媒"，从另一个方面也可以说明，西周确有官方的"媒氏"，而且"媒氏"不"贱"（并非下贱的职业），战国时期，苏代所说的"贱媒"就是从官方沦落到民间的"媒氏"，从一个侧面也证明"礼坏乐崩"的事实。

当然亦可证明，西周"媒氏"存在于官府，承担着"别"男女年龄、姓名，以为婚嫁不乱"昭穆"之制，亦即不乱血缘，以其为"自然生态伦理"视域，可以无疑。

"同姓不婚"是指婚姻行为，"附远厚别"也是指婚姻行为。其实，"同姓不婚"与"附远厚别"之间有着深层的逻辑关联。"同姓不婚"最早的记载

---

[1] 按，吕氏此说，是据唐杜佑《通典·嘉礼·天子诸侯大夫士养子仪》载西周"养子"之礼有所增删，杜佑《通典》中的记载更详密周匝（见卷六十八），此不繁引。

[2] 据文渊阁《四库全书》本卷二十九。

是《左传》僖公二十三年和《国语·晋语》（四），"附远厚别"最早见于《礼记·郊特牲》。因为文献记载在春秋和春秋以后，所以，在20世纪很长一段时间处在被质疑的境况中，比如上面提到的吕思勉，他就认为"附远厚别"是"迷信"，是后人的附益——实在是"抓住一点，不及其余"典型的谬说，形成这种认识的主要原因是从"古史辨"的"疑古"到否定古代文献，走进了一个荒谬的误区。

"同姓不婚"或"附远厚别"是上古时期形成的婚俗，其直接的机缘是史前时期的"族外婚"。所谓"族外婚"是指本部族内不通婚，必须与本部族以外的其他部族通婚，这种史前婚姻现象的产生与图腾观念有着关系，前述于省吾先生就持这一见解，甲骨学家、史学家胡厚宣先生认为，卜辞中有殷人行族外婚之证[1]。当然也有不同意见者，此不赘复。王国维先生认为"同姓不婚之制实自周始"。[2]张松如先生认为，先周族与羌族"自古便实行着氏族外婚制度"。[3]《礼记·丧服小记》孔颖达疏"复与书铭，自天子达于士，其辞一也"说："……殷无世系，六世而婚，故妇人有不知姓者。周则不然，有宗伯掌定系世，百世婚姻不通，故必知姓也。若妾有不知姓者，常称氏矣"。[4]前述郑樵与吕祖谦之说都涉及西周时期人口管理所设官署与负责管理的职官，孔颖达此说，同样涉及西周人口管理的官署问题，孔氏认为殷人没有世系，为了避免同姓婚姻，故制定"六世而婚"的礼法，"六世而婚"与"五服不婚"是一样的含义，到目前为止，汉族仍有"出五服"方可成婚的说法，同姓，不出"五服"是不允许通婚的婚俗的——"出五服"即是到了"六服"，"六服"即"六世"，"六世"以后方可在同姓间通婚。另外孔颖达说，周代与殷代不

---

[1] 据张光直《中国青铜时代》，三联出版社，1999年，第178页。

[2] 参见《观堂集林·殷周制度论》（《王国维遗书》第一册），上海古籍出版社，1983年，第488页。

[3] 说见张松如、郭杰著《周族史诗研究·引言：周族的兴起》，长春出版社，1998年，第2页。

[4] 据《十三经注疏》本《礼记正义》卷三十三，中华书局，1980年，第1499页。

同，周代有专门掌管人口世系的职官即"宗伯掌定系世"——至少可以说，西周也是实施"同姓不婚"礼法规定的社会。我们要特别说明的是夏、商、周三代的史前时期，实施的"昭穆制"都存在着异部族婚，从其"昭穆制"的考察此义可明，郑玄注《礼记·王制》周"天子七庙"说："此周制七者，大祖及文王、武王之祧与亲庙四。大祖，后稷。殷则六庙，契及汤与二昭二穆；夏则五庙，无大祖，禹与二昭二穆而已。"[1]这里所说的周为"七庙"，中有"大祖"，"大祖"在"迁庙"之制例，实际所存仍为"六庙"。殷无"大祖"，唯有"契及汤与二昭二穆"，即无"迁庙"，故为"六庙"。所谓"六庙"实即历"六世"。殷为"六庙""六世"，周"七庙"，迁"太祖庙"，也是"六庙"即历"六世"。在婚姻礼法的"同姓不婚"这一范畴中，殷与周没有区别。孔颖达疏文所说的"百世婚姻不通"是虚指"六庙"约及百年，并非实数。"六世"以后，婚姻可通。

"同姓不婚"与"附远厚别"都具有优化生育的功利指向。《左传》僖公二十三年载曰：

> 晋公子重耳之及于难也，晋人伐诸蒲城，……及郑，郑文公亦不礼焉。叔詹谏曰："臣闻天之所启，人弗及也。晋公子有三焉，天其或者将建诸？君其礼焉。男女同姓，其生不蕃。晋公子姬出也，而至于今，一也；……"[2]

这里是节录郑国大夫叔詹所说的"晋公子有三"，用现在的话说就是具有三个方面的复国潜质，其中的第一条便指重耳是姬姓而其母是"狐氏"，狐氏是重耳的外家，别在犬戎，其血统正宗——此言"男女同姓，其生不蕃。晋公子姬出也，而至于今"即同姓男女结为婚姻，生育的后代不会蕃息昌盛，重

---

[1] 据《十三经注疏》本《礼记正义》卷十二，中华书局，1980年，第1335页。
[2] 据《十三经注疏》本《春秋左氏传注疏》卷十五，中华书局，1980年，第1815页。

耳是晋国的公子，出自姬姓后裔，而至今血统未变，即血统纯正。孔颖达疏曰："礼，娶妻不取同姓，辟违礼而取，故其生子不能蕃息昌盛也。……[1]"孔氏此说，其义明了，"娶妻不取同姓"是为了避免违犯礼法，即"辟违礼而取"，而终极目的则是为了避免"生子不能蕃息昌盛"——这是多么典型的优化生育的思想！

关于晋公子重耳出亡的史实，在《国语·晋语》中也有类似的记载，《晋语》（四）载，晋公子重耳出亡路过郑国，郑文公亦不以礼相待，叔詹谏曰："臣闻之，亲有天，用前训，礼兄弟，资穷困，天所福也。今晋公子有三胙焉：天将启之，同姓不婚，恶不殖也……"[2]三国·吴韦昭注曰："殖，蕃也。"[3]此说"同姓不婚"是为了杜绝生育不蕃息昌盛——是典型的优化生育思想。

晋公子重耳是春秋时期的人（即后来的晋文公，为春秋"五霸"之一），但此中所引说"同姓不婚"的礼法却是西周的传递，西周的"同姓不婚"作为礼法，对于职官也有明确的规约"内官不及同姓"同样是为了防绝"其生不殖"。《左传》昭公元年载曰：晋侯有疾，子产说"……侨又闻之，内官不及同姓，其生不殖，美先尽矣，则相生疾。君子是以恶之。……[4]"孔颖达疏曰："此侨（子产）重述不及同姓之意。言内官若取同姓，则夫妇所以生疾，性命不得殖长。[5]"此记"内官不及同姓"也是为了避免"夫妇生疾"以至于影响生命的长度而造成繁衍后代的不良结果——是典型的优化生育思想。又，《礼记·曲礼》（上）载："取妻不取同姓，故买妾，不知其姓则卜之。"[6]按照西周的礼法规定，买妾而不知其姓，需要通过占卜确定其姓，这固然不科

---

[1] 据《十三经注疏》本《春秋左氏传注疏》卷十五，中华书局，1980年，第1815页。
[2] 据文渊阁《四库全书》本卷十。
[3] 据文渊阁《四库全书》本卷十。
[4] 据《十三经注疏》本《春秋左氏传注疏》卷十五，中华书局，1980年，第2024页。
[5] 据《十三经注疏》本《春秋左氏传注疏》卷十五，中华书局，1980年，第2024页。
[6] 据《十三经注疏》本《礼记正义》卷二，中华书局，1980年，第1241页。

学，但我们要说的是娶妻不娶同姓，纳妾也不能同姓，因为一旦纳妾就有可能生育子女，为了生育的优化，所纳之妾必须是异姓。这同样是为了优化生育而建立的婚姻之礼。西周以来至于春秋时期，"同姓不婚"是严格的礼法规定，《论语·述而》载孔子的学生"巫马期"就鲁昭公娶吴国之女为妻，因"鲁、吴俱姬姓"，所以，"巫马期"指责鲁昭公不知"礼"法，就在于鲁昭公所娶之妻与他同属"姬姓"——同姓通婚，是谓"不知礼"。在婚配中，"男女辨姓，礼之大司"[1]"同姓不婚"的终极目的是为了夫妻健康以及夫妻组成的家庭稳定，达到生殖蕃育后代的健康，是优化生育思想的"礼法"化。婚媾，首先是建立在自然生态基点上的生物本质，生育，是婚媾的结果，成为有意识提高生育的质量，而且认识到提高生育质量对全民繁衍的重要性，进一步把生育行为礼法化，这就是典型的"自然生态伦理"。清胡渭《禹贡锥指·锡土姓》中说：

> 周之赐姓，独一妫满，余无可考，而诸姬无一赐姓者，盖周道同姓，虽百世而昏姻不通，苟赐之姓，则不能禁其通昏矣。叔詹曰：男女同姓，其生不蕃。子产曰：内官不及同姓，其生不殖。先王敬宗收族，既欲防嫌，亦期广嗣，故不复赐也。[2]

胡氏要在考释三代的"锡土"及于"锡姓"之制，旁及周部族诸"姬"不曾赐姓的历史，不赐姓给姬姓是因为"先王敬宗收族，既欲防嫌"，更重要的原因就是防止"乱姓"。"乱姓"的结果就会出现同姓婚配的"乱婚"。"同姓不婚"的终极目的是"亦期广嗣"——广继嗣这一血缘宗法思想，在中国历史上延续了数千年。

---

[1] 上引《左传》子产语。
[2] 据邹逸麟整理、标点本《禹贡锥指》卷十九，上海古籍出版社，1996年，第663页。按，清初顾炎武《日知录·取妻不取同姓》中也有近同的论述。

在上一节里，我们讨论了西周婚姻礼法中的"阴阳交感"。"阴阳交感"是周部族甚至"三代"以来形成的哲学思想，婚姻礼法中"媒氏"的"辨姓别名""同姓不婚""蕃育昌盛"等定制和祈愿都深蕴着"阴阳交感"哲学思想。《白虎通义·嫁娶》说："人道，所以有嫁娶何？以为情性之大，莫若男女。男女之交，人情之始，莫若夫妇。《易》曰：'天地氤氲，万物化淳；男女构精，万物化生。'人承天地，施阴阳，故设嫁娶之礼者，重人伦，广继嗣也。……[1]"班固此说有两个重要的概念：一是"阴阳交感"，一是繁衍后代即"广继嗣"。三国·魏嵇康《嵇中散集·答释难宅无吉凶摄生论》说：

> 良田虽美，而稼有所宜，何以言之？人姓有五音，五行有相生，故同姓不昏，恶不殖也，人诚有之，地亦宜然，故古人仰准阴阳，俯协刚柔，中识性理，使三才相善，同会于大通，所以穷理而尽物宜也。夫同声相应，同气相求，自然之分也。[2]

嵇康此论，其实是非常科学的"适者生存"之理，"适者生存"之理是中国人最早提出来的据此可见！不难理解，嵇康之说适者生存是建立在对自然生态深入涵涌的基础上提出来的，是很典型的"自然生态伦理"。笔者要阐述的重点当然仍是嵇康此论中的"同姓不昏，恶不殖"与"阴阳交感"哲学思想的关系。按照嵇康此论所说，"同姓不昏，恶不殖"这一认识论是以认知"仰准阴阳，俯协刚柔"为前提。"同姓不昏，恶不殖"的思想基础是"仰准阴阳，俯协刚柔"——这依然是二元对立生成论。

---

[1] 据明程荣编《汉魏丛书》本《白虎通德论》卷下，吉林大学出版社，1992年，第174页。
[2] 据文渊阁《四库全书》本卷九。

三、"附远厚别"与优化生育

前文征引了李济先生在《中国民族的形成》一书中的相关论述与观点，我们非常同意李氏把"男女同姓，其生不蕃"作为史证来证明，华夏人类史前时期已经产生了族内通婚的禁忌或禁令这一见解，但我们不同意把族内婚禁令确定在"伏羲时代"，前已有说，伏羲时代，还是"血婚"时代。我们认为，族内婚被禁止，是从炎、黄时代开始的，它肇源于图腾、"锡土姓"，与史前的图腾观念、锡姓之制等——具有文化的逻辑关系，最终完备于姓氏的稳定趋势，到了西周以后，史家总结为"附远厚别"。

"锡土姓"，始见于《尚书·夏书·禹贡》，但其由来，却是在炎、黄时代。自西汉以来，经师们都给予了特别的关注，做了多方面的考证和研究。简言之，"锡土姓"即是以"封土"为前提，同时连同所封赐域地之名一并赐予接受赐予的人，"域地"之名便成为接受封赐者的姓，故名"锡土姓"。清人胡渭先生《禹贡锥指·"锡土姓"》的研究最为精审[1]。另，今人杨希枚先生也有诸多成见，殊可肯定[2]。近人刘节先生认为，赐土、赐姓的同时，也赐图腾，其说曰："《禹贡》所谓'中邦锡土姓'，就是说古人所谓'锡姓'原是送人以图腾，等于后来的赐姓。"[3]刘氏说"锡姓"就是"送人以图腾"之见，虽无史证，史前文化中的"赐姓"之制可以作为辅证，以"赐姓"之理推定，刘氏之说可为确论。

"图腾"这一概念，是东印第安语（Totem）的音译，最早由晚清严复先生翻译而沿用至今，中国文化史上没有这个词，但中国确有图腾文化。古文

---

[1] 《禹贡锥指》版本很多，笔者参看的是由邹逸麟校点本，上海古籍出版社，1996年，第659~664页。

[2] 杨希枚《先秦文化史论集》，中国社会科学出版社，1995年。

[3] 转引自杨希枚《先秦文化史论集》，中国社会科学出版社，1995年，第117页。

字、历史学家胡厚宣先生认为："图腾崇拜，几乎普遍存在于全世界。在我国历史上也有过图腾崇拜。"[1]图腾时期是华夏人类原始文明的开端，也可以说是原始宗教文化的起点，从游猎到定居，进入了对生存环境特别重视的阶段。人类学家岑家梧先生说："图腾崇拜又是反映人类从掠夺经济生活过渡到生产经济生活的内容，因为图腾崇拜已经不是对自然一般的惊奇和恐怖所引起而发生的一种精神的折服，而是对于作为生活资料的某几种特殊的自然物之有意识的保护，使之得以繁殖而不至灭绝。"[2]图腾时代是人类定居生活方式，自然生态，成为人类生存唯一的依赖，敬畏和保护自然生态不仅是崇拜的方式，也是生存与否的手段。因此，图腾时代的起点就是"自然生态伦理"的源头。到炎、黄时代，随着原始文明的发展，图腾文化，作为当时的主体文化，又孽乳了部族、姓氏以及部族、姓氏社会关系等分支文化，基于此，图腾偶像，作为崇拜对象，不仅在于自然之象本身，还在于它所承载着部族之间的血缘关系——异图腾婚是呈现部族血缘关系的标志性原始礼法。

华夏先民的图腾文化，最系统的载籍是《国语·晋语》（四）叔詹劝谏郑文公之语所举证的一段历史。其中的"黄帝以姬水成，炎帝以姜水成。成而异德，故黄帝为姬，炎帝为姜，……"[3]此说，有两个重要的概念是"成"和"德"、"成"和"德"的准确理解，对于原始族姓以及与之相关的图腾等问题的阐述与把握，都有着关键性的意义。此之说"成"是指新部族的产生与发展壮大和延伸，其中地望因素的祥瑞具有重要的意义，而且以这种祥瑞的兆示为前提，决定以后的成功是部族定名的主要依据或条件。所谓"黄帝以姬水成，炎帝以姜水成"是指"黄帝"于"姬水"发展、壮大和延伸而取得了成功——"成"不仅包含着"黄帝"部族个体比如黄帝本人，而且也包含着这个部族的族姓。"炎帝以姜水成"亦当作如是观。三国·吴韦昭对"成"这一概

---

[1] 引见胡厚宣、胡振民《殷商史》第七章《图腾崇拜》，上海人民出版社，2003年，第120页。
[2] 岑家梧《中国原始社会史稿》第五章《原始社会的文化》，民族出版社，1984年，第126页。
[3] 据文渊阁《四库全书》本卷十。

念的注释非常准确,他说,"姬、姜水名。成,谓所生长以成功也。"(引同上)意思是:姬、姜是两个水名,黄帝、炎帝即是凭借着姬、姜这两条河流的地望与祥瑞而发展壮大,最终取得成功,其中具有准确的图腾观念负载。从人种学、民族学、文化生态学等范畴认识,其中包含着原初生态思维,在以后的民族、民族文化的形成和发展过程中,都具有很重要的意义。上引文中有"成而异德""德",作为一个有久远历史的人文概念,我们认为,它有两个重要的内涵:首先,"德"是以"成"为条件而产生和存在,也可以说,"成"包容着"德"的内涵,"德"是构成标别部族间的符号,或者说,所以形成一个原始部族是以"德"这一符号来标别的;其次,在"德"的标别之下,所存在的重要内涵是原始宗教信仰即图腾崇奉或膜拜,由此派生出生存方式、价值观念等,后者又是以前者为原则。不难理解,"德"隐含着图腾以及崇拜图腾的生存观念,"成而异德"之谓"异德"不仅隐含着图腾对象的"异",还隐含着崇拜图腾生存观念的"异",因为"异德",故而"异姓"[1]——黄帝为"姬姓",炎帝为"姜姓"——"异姓"就成为"血婚制"终结的时代标别,异图腾婚也是以此为始。"同姓不婚""附远厚别"正是对"血婚制"终结的记述,"锡土""锡姓"作为稳定的史前文化的亚文化,应该从炎、黄时代开始往后延伸。

图腾,首先是敬畏和保护自然生态,异图腾婚认知的首要条件是人的自然生物属性,图腾和异图腾婚都具备着人文规约——它是伦理的。"同姓不婚""附远厚别"是"自然生态"婚姻本身,也是"自然生态伦理"本身。

《礼记·郊特牲》所记载的"附远厚别"与《国语·晋语》中记载的"同姓不婚"在言语学上属于"同义结构"。"附远厚别"与"同姓不婚"具有互为注解、补说的言语学意义。从"同姓不婚"的另一个角度界定就是"异姓可婚",异姓即另一血缘宗族,相对于同宗同姓则属于"远","附"是亲附的

---

[1] 以上一段文字是参考周延良《夏商周原始文化要论》中的《炎黄部族图腾的传记史语·关于炎黄的族姓问题》主要观点,学苑出版社,2004年,第190~194页。

意思，与"异姓通婚"便是"附远"；前引宋王昭厚禹《周礼详解·媒氏》解说人与禽兽的区别认为，"禽兽有知而无义，有牝牡而无男女之别。所贵乎人者，以其有义，且有别焉"。古人以人与禽兽在异性交合中的区别为"有义"与"无义"；"禽兽知而无义"的实指是没有伦序的"同血缘"异性交合，人"有义"的实指是同血缘异性不能交合，人懂得"同姓不婚"，故为"厚别"——"厚别"本质上是在补充说明"附远"。王昭禹是在引申性的解说《礼记·郊特牲》中的"附远厚别"。《礼记·郊特牲》就男女婚配之事言及"附远厚别"，其文曰：

> 万物本乎天，人本乎祖，此所以配上帝。……天地合，而后万物兴焉。夫昏礼，万世之始也。取于异姓，所以附远厚别也【郑玄注：同姓或取，多相亵也】。……男女有别，然后父子亲；父子亲，然后义生；义生，然后礼作；礼作，然后万物安。无别无义，禽兽之道也。[1]

万物以自然为本而生，是因为有了天地阴阳的交合，故有"万物本乎天""天地合，而后万物兴"之论；人代际相承，绵延而不息，是因为有了祖先，和祖先建立的"昏礼"。"昏礼"是人类代际相承的根本和起点，故有"人本乎祖""昏礼，万世之始"的赞美。"昏礼"的重要意义是"取于异姓"，"取于异姓"是为了"附远厚别"，"附远厚别"就在于建立人类"义"的认知之上，"义"的认知确立了，人类的伦序也就建立起来了，人类只有建立了社会伦序，才能与"禽兽"区别——"附远厚别"是在界定人与禽兽的区别，而这区别的核心是没有伦序的"同血缘"异性交合。郑玄注"附远厚别"以"同姓或取，多相亵"恰是这一含义的暗示。毋庸讳言，人类的伦序主要体现在"男女有别"上，"男女有别"是"礼"产生的标志，也是"礼"的认知要点之一，最终形成了人区别于禽兽的"父子亲""义生"和"礼

---

[1] 据《十三经注疏》本《礼记正义》卷二十六，中华书局，1980年，第1453页。

作"。"附远厚别"实际含义是强调和申说"同姓不婚"的意义所在,"附远厚别"的对立面就是"无别无义,禽兽之道"。据此,我们推导了:异性交合是自然生物的本能,"昏礼"或婚姻礼法是人类异性自然生物交合的伦序规约。人类的男女结合具有两个终极支点是:自然生态→人文秩序→"自然生态伦理"。这是"自然生态人类学"应该特别关注的学术视域。

"同姓不婚""附远厚别"见诸文字是在春秋时期,但它的起源应是炎、黄时代"异图腾婚"礼法化以后秉承与深化,是华夏先民对男女婚配以及生殖繁衍认知的高度总结,是人类优化生育最早的理论体系——它是自然生物性的——它是礼法规定性的——两者是并存的,所以,它是"自然生态伦理"的。

"同姓不婚"与"附远厚别"的男女婚配礼法理论对后世产生了深远的影响,在春秋时期,虽有不遵守这一礼法的人,但并不能说明这一礼法不存在,就像今天有不守法的人不等于没有法律一样。前述鲁昭公娶吴国之女为妻,因为鲁、吴两国同属"姬姓",故为孔子的学生巫马期指责为不知礼,此则史实恰可证,春秋时期以来,这一优化生育礼法的社会深入程度。同样,这一礼法制度对后世所坚守也是非常说明文题的,汉代之后,本此不易。汉许慎《五经异议·诸侯娶同姓》:"异义:今《春秋公羊说》:鲁昭公娶于吴,讳同姓也,谓之'吴孟子'。《春秋左氏说》:'孟子'非小君也,不成其丧,不当讥。又案,《易》曰:'同人于宗,吝。'[1]言同姓相娶,吝道也,即犯诛绝之罪。言五属之内,禽兽行,乃当绝。"(据《五经异议补遗》)许慎就《春秋公羊说》《春秋左氏说》做评议并以《易》卦"同人"的"六二"爻辞为证,以为"同姓相娶,吝道",即"五属之内,禽兽行,乃当绝",断言同姓"五服"之内成婚姻是"禽兽行"。唐杜佑《通典·礼·嘉礼·内表不可婚议》引魏袁准《正论》曰:

---

[1] 《周易》"同人"卦:"六二,同人于宗,吝。"(据《周易正义》卷三)

> 或曰，同姓不相娶，何也？曰：远别也。曰：今之人外内相婚，礼欤？曰：中外之亲，近于同姓，同姓且犹不可，而况中外之亲乎？古人以为无疑，故不制也。今以古之不言，因谓之可婚，此不知礼者也。[1]

袁准，三国时魏国人，所论的主要问题是在当时社会中存在着"内外相婚"（即表亲男女结为婚姻），袁准认为"中外之亲，近于同姓"，因此"中外之亲"的违礼如同"男女同姓"结为婚姻，在三国之时，依然以"同姓不婚"为礼法之禁。另，此谓"中外之亲"实即两姨亲与姑舅亲，可见在三国时期，两姨亲与姑舅亲通婚也是礼法所禁绝。显然是"同姓不婚"的礼法文化延伸。

这里，有必要就两姨亲与姑舅亲做申说，两姨亲与姑舅亲，俗称姨表亲、姑表亲，也称为外亲、内亲。姨表亲为外亲，姑表亲为内亲。姨表亲和姑表亲都存在着血缘关系，故古代礼法列在禁绝之礼，《通典·礼·为内外妹为兄弟妻服议》曰："大唐之制，两姨、姑舅姊妹并不得通婚，……"[2]理由是"别于禽兽"。也就是说，"中外结亲"类同禽兽。明代洪武之世，仍遵禁绝中外婚之律法，翰林待诏的刘三吾上疏《论婚姻律》请求洪武皇帝弛禁"中外婚"[3]，证明在此之前的"中外婚"是被禁绝的。

结　语

男女交合，是自然生物属性，在男女交合的基点上形成礼法，是人文秩序属性，"婚姻"是男女交合的人文秩序化的体现，所以，我们把婚姻放置在

---

[1] 据王文锦等人校点本《通典》卷六十（第二册），中华书局，1988年，第1703页。
[2] 据文渊阁《四库全书》本卷九十五。
[3] 参见清张廷玉等编《明史》卷一百三十七《刘三吾本传》。

"自然生态伦理"中研究。

"同姓不婚"是婚姻礼法，"附远厚别"也是婚姻礼法，三千年前的华夏先民以认知男女交合的生物属性与人文秩序的伦理属性之后，在漫长的生存实践中，确认两者对人种的藩育和延续，具有绵远不替的意义，于是定制为礼法。

是"自然生态伦理"中的优化生育理论，故为此论，亦望博雅君子教。

第八章

"礼"与自然生态管理

西周以来，就自然生态管理而言，建立了完整的制度体系。据《周礼》所载，不仅有专门的职官与职事，而且还有严格的立法。自然生态的礼法化管理是对人类赖以生存自然环境的有序保护，体现在人的生存行为规约中，它就是"自然生态伦理"。《周礼》以"天地、四时"模式为基准，厘"六官制"，架构了完整的自然生态管理法规，简言之，对"地图"或"图经""舆图"与方位、气象、物候、地形、地貌、生物、数理认知理念的形成，"版图""户籍"与自然环境认知理念的形成，"辨土""分野"与"十二星次""二十有八星之位"次序的关系认知理念的形成，"辨土别物"与农耕、畜牧、水利、水害认知理念的形成，水源、山林与水产、山林物产关系认知理念的形成，山林、禽兽、矿产资源认知理念的形成——诸如此类，为确定建立完整而缜密的管理法规具有决定性意义。《周礼》自然生态法规的建立是以"畏天敬民，尊贤尚德"即尊尚天地（自然），敬畏生命为前提，自然生态获得了人类极大的道德关怀。

　　《周礼》中的自然生态管理模式、法规与思想，对《礼记》自然生态管理思想的形成具有重要的影响。比如，《礼记》中记载在规定的时令"禁猎""禁渔""禁采伐""禁焚山林"和畜牧繁殖等，在《周礼》中不仅具有完备的法规，而且设置了相应的职官（即管理人员），对保护自然生态良性循环和平衡具有重要的意义。

　　《礼记》记载的孟春之月即初春季节，祭祀不能宰杀和食用受孕的牲畜（"牺孕弗食也，祭帝弗用""牺牲毋用牝"）；初春和仲春的季节，要举行祭祀山林活动，而且严禁在这个季节砍伐、焚烧林木（"禁止伐木""毋焚山林"）；为了保护幼禽、幼畜，严禁伤害或灭杀、捕猎这一类禽兽（"毋覆巢，毋杀孩虫、胎夭，飞鸟毋麛，毋卵"）；为了水生物的生长，仲春之月，严禁在川泽河流以及蓄水塘里从事捕捞活动（"毋竭川泽，毋漉陂池"）；为了牲畜的繁衍，在季春之际，把蓄养的牲畜散放到指定的牧场使之交配（"乃合累牛腾马，游牝于牧"）等，是为了保证自然生态的平衡，是为了保证物种健全的繁殖，同时，也体现人性的高尚——不一而足，《礼记》中此类的记载不啻为古人的智慧之光，诚可为今人法！

  我们要特别强调的是，《礼记·月令》中有确定的"违时灾异"，《逸周书·时训》中也有与《礼记·月令》相同的记载（第五章有详论），笔者认为，《月令》此载是本于《逸周书·时训》。同样，《周礼》中有关的"舆图"与方位、气象、物候、地形、地貌、生物、数理的认知，"版图"、男女性别的"人口"与自然环境的认知，"辨土""分野"与"薮泽""川流江河"的关系认知，"辨土别物"与农耕、畜牧的认知，水源、山林与水产、山林物产的关系认知等的记载，都是产生影响的直接文化之源，其间接的影响，可以溯及《尚书·夏书·禹贡》和《逸周书·职方》，而且，《逸周书》中的《职方》与《周礼·夏官·职方氏》不仅篇题相同，内容亦并同，与《礼记》中这方面的记载显示着继承关系，其中的文化传递，思想形成的源流脉络非常明确——敬畏自然，保护生态是三者共同的主题。

一、《礼记》自然生态管理的思想本源

  《礼记》中记载的对山林、水源、土地的管理，是非常典型的"自然生态伦理"思想的反映，这些对自然资源的管理，在《礼记》中都体现着相关的"礼法"规约。作为三千年前的礼法，用今天的话说就是"人性化"管理法规。考其本源，这种自然生态的管理思想是出于夏代。我们在第三章《"礼"

的物类之理认知》中已经涉及对此问题的讨论，比如《逸周书·大聚》中记载的周公旦对答周武王之际所说的"春三月，山林不登斧，以成草木之长；夏三月，川泽不入网罟，以成鱼鳖之长……"[1]周公称为"禹之禁"，"禹之禁"即夏禹时代的"禁令"——禁令，在当时就是法规（可以统称为"礼法"）。又，《逸周书·文传》记载的文王对太子发（即后来的武王）的训导之词："山林，非时不升斤斧，以成草木之长；川泽，非时不入网罟，以成鱼鳖之长"[2]等，此文与《大聚》之文在言语学上属于同义结构，可以一目了然，都是夏代的思想产物为西周所继承。从《逸周书》上文所记可知，敬天保民即敬畏自然，保证民生是西周立国以来的礼法总纲。

《尚书·周书·洪范》记载着周武王访讯商遗民箕子治国之法，箕子授以治国理民之道，即为"洪范"，"洪范"即为"天地之大法"[3]，是以自然生态为前提的治国理民的法则。今天审视《洪范》之文，其总体思想也是敬天保民，与西周初年的治国法则是一致的，与《逸周书》中记载周文王、武王和周公等人的治国思想观念也很近同，而且，细审《洪范》与《逸周书》中的文体形式有很多相似之处。《逸周书》中数及《夏箴》，《夏箴》即是夏代传递于后世的文献被《逸周书》所引用，《洪范》代表着商代人的思想观念，但秉承夏代思想观念的轨迹非常明显，周武王接受箕子所授"天地之大法"《洪范》，自夏代经商代而至于周初，其中的文脉相接，清晰可见。那么，除了夏、商、周的"三代"考古文化，就文献而论，我们依然可以把《尚书·夏书·禹贡》《洪范》和《逸周书》定性为可信的"三代"文化史料。已故史学家蒙文通先生指出："自禹平水土，制定九州，作《禹贡》，殷周沿之，大略不甚相远。禹抑下鸿而传《洪范》，彝伦攸叙，历商及周，箕子又以是传之武王。《夏小正》《周月解》，则亦先后相因，斯亦三才之道，皆禹之化，而衣

---

[1] 据袁宏点校《二十五别史》一册《逸周书》卷四，齐鲁书社，2000年，第38~39页。
[2] 据袁宏点校《二十五别史》一册《逸周书》卷三，齐鲁书社，2000年，第21页。
[3] 此言为所谓的"伪孔传"解释"洪范"。

被三代。亦犹汉之化衣被六代，唐之化衣被宋明也。"[1]夏、商、周三代文化虽各有所重（比如历法与建始，各有所主[2]），但三代文化的共性也很突出：天地观念、天人观念——是三代文化的共性。天地观念或天人观念，用古人的话说就是"敬天保民"。所谓"敬天"即是敬畏和尊尚自然法则，所谓"保民"即保证民生，在这一思想观念的制导下，形成了完整的"自然生态伦理"思想，对《周礼》《礼记》自然生态伦理思想产生了直接而深刻的影响。下做概要考察。

人与自然存在关系的认知

《逸周书·命训》说：

> 天生民而成大命【贤愚，自然之性命也】，命司德，正之以祸福【司，主也，以德为主，有德正以福，无德正以祸然】[3]……夫天道三，人道三。天有命，有祸，有福。人有丑，有绋绕，有斧钺。以人之丑，当天之命，以绋绕，当天之福，以斧钺当天之祸，六方三述，其极一也，不知则不存。[4]

此文所说的"天"都是专指"自然"和"自然生态"。"民"和"人"所指都是泛指人类。此言：人生在自然之中，大自然确定了人生命中的性情（晋孔晁注作"贤愚"，是自然赋予生命所确定的性情）非人力可为。是否秉持"德"，决定了人存在于社会中的福与祸。大自然给予人以生命，也会给予人以"祸福"，人有美丑善恶，遵循自然法则就会与自然共存，不知道也不

---

[1] 据《中国现代学术经典·蒙文通卷》蒙文通著《古史甄微》，河北教育出版社，1996年，第450页。
[2] 还有文献中记载的《三易》。
[3] 方括号文字是晋孔晁注，下同。
[4] 据袁宏点校《二十五别史》一册《逸周书》卷一，齐鲁书社，2000年，第3页。

遵守自然法则，人就很难存续。此文题曰《命训》，所要阐明的道理就是人与自然生态的生命并存关系。文中所重的是人的"德"——在这里，"德"就是"敬天"，"敬天"就是敬畏自然，尊尚生态。自然生态有着常性不变的运行规律，人的生存就必须遵守自然生态的运行法则，又《逸周书·常训》："天有常性，人有常顺。顺在可变，性在不改。【学能，故可变。自然，故不改】……夫礼，非克不承，非乐不竟，民是乏生。"[1]"天"即是"自然"，自然具有恒久不变的运行规律，人必须严格地顺应并遵循这一规律行事，人顺应自然法则的运行变化而变化就要信守"礼"法。礼法是人为的制度，礼法和礼法中的制度是依据自然生态规律确定而用于约束人类行为的——故谓之"常训"。又，《逸周书·度训》说："天生民而制其度，度小大以正，权轻重以极，明本末以立中。……"[2]大自然给予人类生命、生存的恩惠，人类遵守自然法则就要有礼法制度约束，大的制度和小的制度都必须"正"即符合"德"的要求，"德"的核心是敬天保民，人类的行为要权衡遵行制度的标准，才能明白持中而不致进入"本末"的两端而背离"德"，其结果就会"土宜天时，百物行治"[3]——只有遵守"天时"和"地宜"才能有社会的"百物行治"的结果，遵守自然生态法则以保民生是"度训"的核心。

从以上论述中，不难理解，西周初年，华夏先民已经清楚地认识到：自然生态的存在是人类诞生和存在以及延续存在的先决条件，人类是自然生态的组成部分，敬畏和尊尚自然生态，就是敬畏和尊尚人类自身的生命，人类自身的生命也才有存在和延续存在的可能——"自然生态伦理"是建立在对生命生成、存在以及延续存在的认知中升华的理性哲学！

---

[1] 据袁宏点校《二十五别史》一册《逸周书》卷一，齐鲁书社，2000年，第4~5页。
[2] 据袁宏点校《二十五别史》一册《逸周书》卷一，齐鲁书社，2000年，第1页。
[3] 据袁宏点校《二十五别史》一册《逸周书》卷一，齐鲁书社，2000年，第2页。

武备与自然生态

《逸周书·大武》载曰：

> 武有六制：政、攻、侵、伐、搏、战。……攻有四攻、五良……伐有四时、三与。四攻者：一攻天时，二攻地宜，三攻人德，四攻行利。……四时：一春违其农，二夏食其谷，三秋取其刈，四冬冻其葆……[1]

此文载籍"武备"之策，所谓"六制"，即"政、攻、侵、伐、搏、战"六字，其中的"攻"又别为四项："一攻天时，二攻地宜，三攻人德，四攻行利"——"天时""地宜"与"人德"是"攻"的首要，得知"天时"和"地宜"就占据了战争的主动权；其中的"伐"别为"四时"，"四时"之"伐"要知道敌方是否存在着"一、春违其农，二、夏食其谷，三、秋取其刈，四、冬冻其葆"这四个败势，就会掌握战事的主动权，或者说是伐方出"伐"的时机，如同《逸周书·武称》所记"春违其农，秋伐其穑，夏取其麦，冬寒其衣服。春秋欲舒，冬夏欲亟，武之时也"[2]。所谓"武之时"，即是武备的恰当时机。《逸周书》中记载着相关武备方面的事象，贯穿着一个共性的思想是"应天顺时"[3]，认定，攻伐之道，"必得地势，以顺天时"。[4]据此可知，《逸周书》中所记武备，是以"自然生态"的适宜与否为前提，与《礼记》中所记武备思想，堪为殊途同归，《礼记·月令》："孟春之月，……是月也，不可以称兵，称兵必天殃，毋变天之道，毋绝地之理，毋乱人之纪。"[5]上引《大武》之说"一攻天时，二攻地宜，三攻人德"，恰是以"三才"为认知基础从正反两方面证明、把握"自然生态"之机是决定攻伐胜败的不二之选。

---

[1] 据袁宏点校《二十五别史》一册《逸周书》卷二，齐鲁书社，2000年，第10~11页。
[2] 据袁宏点校《二十五别史》一册《逸周书》卷二，齐鲁书社，2000年，第9页。
[3] 《逸周书·大明武》中语。按，《大明武》，记载武备的文献。
[4] 《逸周书·小明武》中语。按，《小明武》，记载武备的文献。
[5] 据《十三经注疏》本《礼记正义》卷十四，中华书局，1980年，第1357页。

"土宜"与时令物类

所谓"土宜"是指辨识土壤的性质,适宜种植农物,这又和时令、农物种类有着紧密的联系,最重要的目的还是为了适合人类的生存。它的辨识对象笼统地说就是自然生态,具体地说就是土壤、气象、物候和物类之间存在关系。这一自然生态思想观念,在夏代的大禹治水过程中已经积累了丰富的经验和知识,甚至已经建立了"辨土别物"、择地而居的生态观念。《尚书·夏书·禹贡》为我们今天的研究提供了最基本也是最重要的文献。在这一范畴中,西周沿袭夏代的思想观念而有所发展,《周礼》中就有专门记载当时在这一领域管理的职官、职事,比如《大司徒》就记载着:"大司徒之职,掌建邦之土地之图与其人民之数,……以天下土地之图,周知九州之地域广轮之数,辨其山林、川泽、丘陵、坟衍、原隰之名物。"[1]辨识"土壤"的性质,种植、树艺以认知和维护自然生态环境为前提的思想观念,在《周礼》时代已经很成熟了,而它的起点远在《周礼》时代以前的夏代就形成了。以"辨土别物"为前提,以安定民生和贡赋为目的,同样是建立在"自然生态观念"认知的基础上——"择地而居,别物而就"是"优化自然生态观念"的实施。唐贾公彦疏曰:"'以土宜之法,辨十有二土之名物'者,十二土各有所宜,不同所出之物及名皆异,故云'以土宜之法,辨十有二土之名物'也;云'以相民宅'者,谓既知'十二土之所宜',以相视民居,使之得所也;云'而知其利害'者,十二土之中,利,处居之;害,处远之,以阜盛人民,以蕃息鸟兽,以毓生草木者,皆由知利害使之然也。"[2]贾公彦此文,疏义非常准确。其实,在《禹贡》与《周礼》的时间过渡段上还有《逸周书》,《逸周书》与《周礼》,在时代上是共时的关系[3]。如《逸周书·小开》载:"……春育生,素

---

[1] 据《十三经注疏》本《周礼注疏》卷十,中华书局,1980年,第703页。
[2] 据《十三经注疏》本《周礼注疏》卷十,中华书局,1980年,第703页。
[3] 宋丁黼跋《逸周书》云:"……班固《艺文志》,《书》凡九家,有《周书》七十一篇,刘向云:'周时诰誓号令,盖孔子所论百篇之余也。'"(据朱彝尊《经义考》卷七十五)。

草肃，疏数满。夏育长，美柯华，务水潦。秋初艺，不节落，冬大刈。"[1]记载着春、夏、秋、冬四季以及四季中生物的适宜与生长、衰亡。这是对自然生态的认知，也是对物类之理的认知，是明确的"自然生态伦理"观念。趋利避害，已经是《逸周书》时代（西周初期）极为牢固的生存观念，《文传》载曰："……天有四殃：水、旱、饥、荒。其至无时，非务积聚，何以备之？《夏箴》曰：'小人无兼年之食，遇天饥，妻、子非其有也；大夫无兼年之食，遇天饥，臣妾、舆马非其有也。戒之哉，弗思弗行，至无日矣！'"[2]这是很典型的"趋利避害"思想，也是"居安思危"思想——这一思想产生、形成的基础是对自然生态的理性认知，集合着西周早期，借鉴夏代生态思想的创获、延伸。又，《逸周书·文传》：

> 润湿不谷，树之竹苇莞蒲；砾石不可谷，树之葛木，以为絺绤，以为材用。故凡土地之间者，圣人裁之，并为民利。是鱼鳖归其泉，鸟归其林，孤寡辛苦，咸赖其生。山以遂其材，工匠以为其器，百物以平其利，商贾以通其货。工不失其务，农不失其时，是谓和德。[3]

此文，意在阐述种植，首先应该辨别地理环境，土地土质，然后决定种植的植物类别，具有指导种植的意义。据此可以获知，周部族对地理与土质的属性以及适宜种植的物类都有了很清晰、准确的认知、判断，进一步说去，周人在认知地理环境与物类的关系之际，所建立的经济思想，用今天的话说则是"循环经济"思想。这种所谓的"循环经济"思想又是以"自然生态伦理"思想为制导。客观地说，对西周立国以后的农耕经济制度的生成、定型，具有重要的借鉴意义。与《周礼》中记载的专事指导种植的职官，可谓同功。

---

[1] 据袁宏点校《二十五别史》一册《逸周书》卷三，齐鲁书社，2000年，第20页。
[2] 据袁宏点校《二十五别史》一册《逸周书》卷三，齐鲁书社，2000年，第22页。
[3] 据袁宏点校《二十五别史》一册《逸周书》卷三，齐鲁书社，2000年，第21~22页。

《周礼·地官·司稼》曰："司稼掌巡邦野之稼，而辨穜、稑之种，周知其名与其所宜地，以为法而县（"县"，即"悬"——引者）于邑闾。"[1]郑玄注："周，犹徧也，徧知种所宜之地，县（悬）以示民后，年种谷，用为法也。"[2]"司稼"是指导农耕的专职职官，这一司职不仅熟知农物，尤其熟知"土宜"，怎样的农物适合种植在什么样的土地里，在当时要以法令的形式告示"民"。《周礼·地官·载师》中记载着"任土之法，以物地事"的命题。"载师"具有"辨土别物"的技能和职责，同时还是授农以耕稼之事的职官，而且，"载师"执掌土地分配与辨识土地性质，了解劳动能力以及生产植育情况，最终制定"贡赋"法规，知道应该适合种植或畜养物的具体情况，把这些相应的法规和知识授予"农、牧、衡、虞"等负责的人，让他们传授给农耕者，在当时的农耕业与畜牧业，即今天所说的"两大支柱产业"。从《周礼》相关的记载可以获知，周人有一套完整的农耕、畜牧管理方法，而且对后世农耕、畜牧产业产生了深远的影响。据上引文献，可从以下几个方面认识：一、西周的经济思想是与"自然生态伦理"思想具有不可分割的关系，二、西周的自然生态的道德关怀是秉承夏代以来的礼法制度和礼法思想形成的，三、对《礼记》中记载的"时令禁忌"思想产生了直接而深刻的影响。

"顺逆得失"的社会思想

《逸周书》中记载着有关"顺逆得失"的社会思想，而形成这种思想的机缘却是"自然生态伦理"。《逸周书·小开》记载着周武王召见周公，征询周公的灭商之策，其中包容着周人深刻的社会思想，其社会思想又主要体现在敬天养民这一重要的层次，武王征询周公，周公的答问之词说："在我文考，顺明三极，躬是四察，循用五行，戒视七顺。"[3]依据周公此说，文王在位之

---

[1] 据《十三经注疏》本《周礼注疏》卷十六，中华书局，1980年，第750页。
[2] 据《十三经注疏》本《周礼注疏》卷十六，中华书局，1980年，第750页。
[3] 据袁宏点校《二十五别史》一册《逸周书》卷三，齐鲁书社，2000年，第25页。

世，所奉行的是"顺明三极，躬是四察，循用五行，戒视七顺"，四个语段有四个内容，都与"自然生态伦理"有着直接间接的关联。"三极"："维天九星，维地九州，维人四左。"（同上）——是以天、地、人的"三才"观念为基准，建立在对天地自然理解的基础上，认识到对"人"社会作用的界定，其中注重到养民的思考；"四察"："一、目察维极，二、耳察维声，三、口察维言，四、心察维念。"晋孔晁注曰："四者，当所必察真伪。"（同上）这是周武王灭商之前所准备的社会条件，据此可知，西周立国之前就十分重视社会舆论的作用和意义，孔晁所说的"必察真伪"——民心是建立国家、治理国家的不二法门；"五行"："一、黑位水，二、赤位火，三、苍位木，四、白位金，五、黄位土。"（同上）这里所记"五行"即"水、火、木、金、土"是古人认识自然物质世界抽象的五种自然物质元素，这五种元素的正常存在和正常循环就预示着自然环境的常态或者佳境，在此基础上用这种认识对社会事物做出解释，孔晁之注说："言其所顺而勤"就是此义；"七顺"："一、顺天得时，二、顺地得助，三、顺民得和，四、顺利财足，五、顺得助明，六、顺仁无失，七、顺道有功。"[1]此谓"顺天得时，顺地得助"强调的是顺应自然生态的运行法则，就会获得"天地"的正面相应，否则就是反面，是"天有四时，不时则凶"[2]的认识论，其敬畏自然生态的思想也很明确。崇尚"天时地利"，也尊重"顺民得和"的"人和"观念，孔晁注曰："顺天时，得天道；顺道有功，得人功。"（同上）便是后来所说的"天时、地利、人和"的对解。据上考察可知，西周立国之前和立国之后所值守的治理策略，是本于"天地人和"的"自然生态伦理"思想观念，拥有了这一大势再实施文治武功。行为的"顺逆得失"取决于是否敬畏天地，尊尚民利。敬天养民的社会思想形成，首先是"自然生态伦理"观念的形成。其中，"五行"秩序的顺逆，具有决定性意义。

---

[1] 此文在《逸周书》校点本卷三，第25~26页。

[2] 语在《逸周书·武顺》校点本卷三，第29页。

周公摄政，整合三代文化，建立了周代的礼法，以礼法治国，是西周初年的政治主体，祭祀，成为礼法的重要载体，也是礼法实施的重要方式——它是从三代礼法文化延续而整合的结果，《逸周书》中所载，成为延续到《礼记》不可忽视的过渡，《礼记·礼器》：

> 是故，昔先王之制礼也，因其财物而致其义焉尔。故做大事，必顺天时。…是故，因天事天，因地事地。……飨帝于郊而风雨节，寒暑时。[1]

此文，祖述先王制礼，"因其财物而致其义"，其实指在于以自然生态的物产为根据制定礼法的含义，"礼"是依据自然生态而制定。按照"礼"制规约，举行大事，必须顺应天时地利。郊祀祭享"五帝"就是祭享"五行"，"五行之气和，而庶征得其序"。[2]《礼记》此载，综观上述《逸周书》之文，其源流绍续，清晰可见。"五行"秩序的顺逆是决定因素。"五行"是三代文化的主文化之一。从《尚书》中可以获得重要的文献支持，《尚书·夏书·甘誓》载："有扈氏威侮五行，怠弃三正。【孔传：天、地、人之正】。"[3]夏启与有扈氏在"甘"之地交战，是因为有扈氏"威侮五行，怠弃三正"，虽然可能是夏启征讨有扈氏的借口，但以"威侮五行"为由，恰恰说明"五行"在当时的重要性。"有扈氏威侮五行"，其义，不遵守"五行"的运行法则，不遵守"五行"的运行法则就可以成为被征伐的理由，正说明，"五行"在当时社会中的价值以及全社会的重视程度。又《尚书·周书·洪范》："……箕子乃言曰：我闻在昔，鲧陻洪水，汩陈其五行。……初一曰五行，……一、五行：一曰水，二曰火，三曰木，四曰金，五曰土。"[4]于此，

---

[1] 据《十三经注疏》本《礼记正义》卷二十四，中华书局，1980年，第1440页。

[2] 按，郑玄注曰："五帝，主五行，五行之气和，而'庶征'得其序也。五行：木为雨，金为旸，火为燠，水为寒，土为风。"（《礼记正义》卷二十四，中华书局，1980年，第1440页）

[3] 据《十三经注疏》本《尚书正义》卷七，中华书局，1980年，第155页。

[4] 据《十三经注疏》本《尚书正义》卷十二，中华书局，1980年，第187～188页。

箕子以鲧"汨陈其五行"为说，阐明治水失败的原因。可见，在夏代以来，"五行"不仅是衡量人行为的尺度，而且决定着行为者行为的成败。只有成为礼法规约，才能具备此等作用。"五行"作为重要的社会价值取向，它的生成基源却是"自然生态伦理"。《逸周书》多处记载"五行"之义，与《尚书》所记相合，尤其注重"五行"的天地自然之序，生态变迁之伦，涵盖着明确的"顺逆得失"价值导向。自然生态伦理思想正是"五行"产生的母体。同样，"五行"文化也是《周礼》《礼记》的主体文化，举凡嫁娶聘礼、祭祀对象、屋宇建造等都必须符合"五行"文化的格局，否则就属"违礼"也就不吉利。《周礼·地官·媒氏》载曰："……凡嫁子娶妻，入币纯帛，无过五两。"[1]郑玄注谓："……凡于娶，礼必用其类五两十端也。必言两者，欲得其配合之名。十者，象五行十日相成也。"[2]聘娶之礼，"入币纯帛，无过五两"，其中的含义则是顺应符合"五行十日相成"。"五行"文化在聘娶之礼中是主体，祭祀亦当如此，《周礼·春官·大宗伯》载曰："……以血祭祭社稷、五祀、五岳，以狸沈祭山林、川泽。"[3]郑玄注曰："……此五祀者五官之神，在四郊，四时迎五行之气于四郊。……"[4]"五祀"即是"五官之神"。"五官之神"四时接受祭享，是为了迎享"五行之气"。"祭社稷、五祀、五岳"是西周时期举行的大祭祀活动，"五行之气"即是"木、火、土、金、水"的顺向运行，祭祀也是预祝"五行之气"的顺向运行。《周礼·冬官·考工记》（下）载曰："夏后氏世室，堂修二七，广四修一。五室三四步，四三尺。"郑玄注曰："堂上为五室，象五行也。"[5]此记"世室"即夏后氏（禹）建造的"宗庙"，宗庙修建的标准，是按照"五行"模式设计，恰好证明，"五

---

[1] 据《十三经注疏》本《周礼注疏》卷十四，中华书局，1980年，第733页。
[2] 据《十三经注疏》本《周礼注疏》卷十四，中华书局，1980年，第733页。
[3] 据《十三经注疏》本《周礼注疏》卷十八，中华书局，1980年，第758页。
[4] 据《十三经注疏》本《周礼注疏》卷十八，中华书局，1980年，第758页。
[5] 据《十三经注疏》本《周礼注疏》卷四十一，中华书局，1980年，第927页。

行"文化是夏代文化的主体,为西周制定"礼法"所本。在《礼记》中,"五行"秩序仍是思想骨干,甚至成为《礼记》论例的"经纬",譬如《月令》便是。《礼记·月令》即以"时令"为经,以"五行"为纬,《礼记·月令》:"……立春,盛德在木。"[1]《礼记·月令》:"……立夏,盛德在火。"[2]《礼记·月令》:"……中央土。"郑玄注:"火休,而盛德在土。"[3]《礼记·月令》:"……立秋,盛德在金。"[4]《礼记·月令》:"……立冬,盛德在水。"[5]《礼记·月令》中记载的"五行"秩序"顺逆",预示或决定着人类生存空间的灾异抑或福祉,与《逸周书》也是一脉相承。明郭棐《读〈汲冢周书〉》说:"……《谥法解》则周公之所制,《时训》《明堂》乃《礼记》所采,《王会解》博于鸟兽、草木之名,《史记解》明于治乱兴亡之迹,卓有可观。"[6]郭棐之说虽不尽理,但认识到《逸周书》与《礼记》之间的上承下延固可肯定。清代卢文弨整理《逸周书》,据《吕氏春秋》补《逸周书》佚篇《月令》,此虽未为恰当,固笔者所不取,但亦以说明两者的某些关联。

上面有说,《逸周书》中的《职方》与《周礼·夏官·职方氏》不仅篇题相同,内容也相同,这并非偶然巧合,而是两者在文化上的联系,前述汉代刘向说:"周时诰誓号令,盖孔子所论百篇之余也。"[7]此说可以成为定谳。

根据以上的考察,可以获知,三代以至于《礼记》的"礼法"形成的本源,其实就是以先民对自然生态的认知为基础上建立起来的,自然生态的管理好坏,不仅形成了直接与当时人类生死休咎有紧密联系的认知,而且,也与政治权利的存续或变更有关联——因此,"自然生态伦理"是三代"礼法"的重

---

[1] 据《十三经注疏》本《礼记正义》卷十四,中华书局,1980年,第1355页。
[2] 据《十三经注疏》本《礼记正义》卷十五,中华书局,1980年,第1365页。
[3] 据《十三经注疏》本《礼记正义》卷十六,中华书局,1980年,第1371页。
[4] 据《十三经注疏》本《礼记正义》卷十六,中华书局,1980年,第1373页。
[5] 据《十三经注疏》本《礼记正义》卷十七,中华书局,1980年,第1381页。
[6] 据清黄宗羲编《明文海》卷一百三十三。按,此说《汲冢周书》即为《逸周书》。
[7] 据文渊阁《四库全书》本朱彝尊《经义考》卷七十五。

心,也是《礼记》中的主体。由此可见,《礼记》中的"时令禁忌"首先反映了先民对自然生态的敬畏与保护,显示着先民的自然生态管理思想,同时代表着政治生态的管理思想——兴、亡之际,与"自然生态伦理"构成了逻辑关联的认知,今天依然有着它的现实意义。

二、《礼记》的"时令禁忌"与自然生态管理

"时令禁忌"实即建立在时令或季节的基础上形成的对自然生态在管理上的法规限制,是一种明确的"自然生态"管理思想,更是"自然生态伦理"思想。

《礼记》中记载的"时令禁忌"作为"自然生态伦理"思想,如上文所述,它是夏代自然生态思想的秉承和发展,又是对《周礼》自然生态管理礼法哲学理念的阐释,换言之,《周礼》中的自然生态管理礼法是"礼法"条文,而《礼记》是对相关自然生态礼法条文内涵的具体说明、阐述和发挥,两者的延续关系十分明晰。

我们基于对《礼记》文献的解读,就《礼记》的"时令禁忌"大抵分为:一、畋(田)猎、渔猎禁忌和畋猎渔猎"时令禁忌",二、畜牧繁衍的"时令禁忌",三、采伐的"时令禁忌",四、焚烧牧场的"时令禁忌",五、田猎不伤嘉禾等,这是笔者的分类以便理解、行文,但《礼记》记载的畋猎、渔猎禁忌和畋猎、渔猎"时令禁忌"并非像上面的分类各有条理,它往往有所交叉或两种、两种以上的不同事物并存、互含,因此,在讨论的时候,按照《礼记》记载的各类事象有所侧重。

畋(田)猎、渔猎禁忌和畋猎、渔猎"时令禁忌"是为了蕃育。

《礼记》中记载的畋猎、渔猎禁忌或畋猎、渔猎"时令禁忌",体现着周

人明确而严格的"自然生态伦理"理念。从相关文献的记载认识，是西周以来天人观念的反映，而它又是夏代传递下来的文化现象，其中最突出的文化心理祈向是以敬天（自然）为前提，达到保护物种的目的，具有对自然的人文、道德关怀蕴藉。

依据文献记载，西周以来的畋猎行为限定时令，区别人群以及限定被猎杀动物的范围等几个重要的礼法指向。《礼记·曲礼》（下）载曰："国君春田不围泽，大夫不掩群，士不取麛、卵。"[1]汉代郑玄注曰："生乳之时，重伤其类。"[2]按照这一则文献所记，在春天这个时令畋猎，诸侯国的国君要遵守"不围泽"的礼法禁忌，大夫要遵守"不掩群"的礼法禁忌，士要遵守"不取麛、卵"的礼法禁忌。此文所载畋猎，中有时令、人群和猎杀动物范围。依唐孔颖达之疏说"此明贵贱，田猎不同。'国君'，诸侯也。春时，万物产孕，不欲多伤杀，故不合围，绕取也。夏亦当然。'大夫不掩群'者，群，谓禽兽共聚也，群聚则多，不可掩取之。'士不取麛、卵'者，麛乃是鹿子之称，而凡兽子亦得通名也。卵，鸟卵也。春方乳长，故不得取也。……"[3]孔颖达此说，最突出的含义体现了畋猎限定时令、区别人群和猎杀动物的范围。当时，畋猎之际，限制等级，在限制等级中也体现着猎杀物的范围本身就有顺应动物繁衍时令的认知，最终都是为了动物的再生和繁衍。就"麛、卵"等幼畜则四时常禁，宋罗愿《尔雅翼·释兽》（三）曰："毋麛，毋卵，以春时先乳，特禁之也。然《周官·迹人》：掌邦田之政令，禁麛、卵者，说者曰：此谓四时常禁也。"[4]《周礼·地官·迹人》说："迹人掌邦田之地政，为之厉禁而守之。凡田猎者，受令焉。禁麛、卵者，与其毒矢射者。"[5]"迹人"掌管邦国

---

[1] 据《十三经注疏》本《礼记正义》卷四，中华书局，1980年，第1259页。
[2] 据《十三经注疏》本《礼记正义》卷四，中华书局，1980年，第1259页。
[3] 据《十三经注疏》本《礼记正义》卷四，中华书局，1980年，第1259页。
[4] 据文渊阁《四库全书》本卷二十。
[5] 据《十三经注疏》本《周礼注疏》卷十六，中华书局，1980年，第748页。

田猎之地的地政[1]，遵循着严厉的禁令并予守护之。凡有田猎者，要按政令指定的地点和时间。禁射杀和损毁幼鹿、鸟卵，禁止用毒箭射杀猎物。可知，西周时期的田猎有着严格的时间、地域限制，即要在指定的地方和时间狩猎；狩猎，严禁伤害或影响禽兽的繁衍，严禁使用有毒的狩猎工具。《礼记》中有着相为近同的记载，和《周礼》所载是一种文化的延伸和传递。

《礼记》此文，要在畋猎的群体、范围禁忌和畋猎时令禁忌——其一、畋猎的时令是春季，其二、畋猎的群体是国君、大夫和士，其三、畋猎的范围是"不围泽""不掩群"和"不取麛、卵"，其四、这种礼法禁忌都是为了万物的繁衍。西周和西周以前，畋猎时令禁忌，有着明确的礼法规约，《礼记·王制》："天子、诸侯无事则岁三田，一为乾豆，二为宾客，三为充君之庖。无事而不田，曰不敬；田不以礼，曰暴天物，天子不合围，诸侯不掩群。……"[2]此记，一年之中，天子和诸侯有三种畋猎的礼法规定，据郑玄注之说："三田者，夏不田，盖夏时也。"[3] "三田"即指一年之中三次畋猎的用途和目的，"不合围"是指畋猎留有季节时空，不构成循环的完整链，故称"不合围"。畋猎的目的、用途：一是为了"乾豆"即祭祀供品，二是为了接遇宾客食材之用，三是为了天子、诸侯的食用。按照郑玄的注释，"夏不田"即夏季不畋猎，夏季不田的目的是为了动物的生长。郑玄说为"夏时"，夏时，即为"夏礼"（据孔颖达说），综合《逸周书》相关的记载，即夏代已经实施"季节畋猎"的礼法，至于殷商，这种礼法没有发生变化。《史记·汤本纪》载："汤出见野，张网四面，祝曰：'自天下四方，皆入吾网。'汤曰：'嘻，尽之矣！'乃去其三面。祝曰：'欲左左，欲右右，不用命，乃入吾网。'诸侯

---

[1] 明王应电《周礼传·地官·迹人》解释"掌邦田之地政为之厉禁而守之"曰："山泽之中，有善水草之处。山无沟，水无围，不可以耕稼，因用为邦国时田之地。盖即薮牧长蕃鸟兽者。"（据文渊阁《四库全书》本卷二下）

[2] 据《十三经注疏》本《礼记正义》卷十二，中华书局，1980年，第1333页。

[3] 据《十三经注疏》本《礼记正义》卷十二，中华书局，1980年，第1333页。

闻之，曰：'汤德至矣，及禽兽。'"[1]据此"汤德至矣，及禽兽"可知商汤尚未立国，即以"二季"畋猎为法，又，《大戴礼记·保傅》："汤去张网者之三面，而二垂至。"[2]孔颖达说："汤立三面网，而天下归仁，亦是'不合围'。"[3]《礼记》规约天子、诸侯、大夫和士都必须遵守畋猎的时令、范围，"田不以礼，曰暴天物"如果不遵守礼法畋猎，在当时属于对待自然（天）所赐动物实施的暴虐行为，要受到礼法的严厉谴指与责罚，充分体现了当时人类集群对动物的礼敬和道德关怀，"自然生态伦理"亦由此可见。

"百姓"畋猎也有相应的礼法规约，《周礼》和《礼记》都有详细具体地记载。《礼记·王制》：

> 百姓田猎，獭祭鱼，然后虞人入泽梁；豺祭兽，然后田猎；鸠化为鹰，然后设罻罗；草木零落，然后入山林。……不麛，不卵，不杀胎，不殀夭，不覆巢。[4]

此文所载，是就"百官族姓"之人畋猎、渔猎的有关法规制约。"百姓"打猎、捕鱼都要经过相应的礼法程序："獭祭鱼，虞人入泽梁""豺祭兽""鸠化为鹰"等祭祀法规程式，同时必须获得"兽人""歔人"的确认和验证以及允许，民间从事渔猎营生者，都必须接受相关的职官管理，《周礼·天官·兽人》载曰："兽人，掌罟田兽，辨其名物。……凡田兽者，掌其政令。"[5]此记掌管"畋猎之政"的职官。又《周礼·天官·渔人》："渔人掌以时歔（歔，同"渔"——引者）为梁。……凡歔者，掌其政令。"[6]宋

---

[1] 据《二十五史》本《史记》卷三，上海古籍出版社、上海书店，1986年。
[2] 据文渊阁《四库全书》本卷三。
[3] 据《十三经注疏》本《礼记正义》卷四，中华书局，1980年，第1259页。
[4] 据《十三经注疏》本《礼记正义》卷十二，中华书局，1980年，第1333页。
[5] 据《十三经注疏》本《周礼注疏》卷四，中华书局，1980年，第663页。
[6] 据《十三经注疏》本《周礼注疏》卷四，中华书局，1980年，第663~664页。

易被《周官总义》释"兽人"曰:"田兽者,取所当田之兽也。"[1]《周官总义》又释"渔人"曰:"孟春之月,獭祭鱼,然后虞人入泽梁,取之以时也。"(同上)百官族姓之人和专营渔猎生计的人从事渔猎活动都要接受"兽人"和"渔人"按照法规进行管理。唐贾公彦疏"兽人"曰:"谓田猎,取兽禽者,所有政令,兽人掌之,以其知田猎之法故也。"[2]又,《周礼·地官·司徒》载"迹人"[3]职官和管理人员,"迹人"是熟知禽兽行迹人的意思,郑玄注:"迹之言迹,知禽兽处。[4]"引申言之,"迹人"就是熟知禽兽生存习性的人,所以,"迹人"又是掌管畋猎禽兽等野生动物法规的职官。"迹人"是这一职权中的长官,其下属五十四人,中四十人为"徒役",是一个系统的管理团队。他们的职责、权限和意义等,在《周礼·地官·迹人》中有具体记载,《周礼·地官·迹人》载曰:

> 迹人掌邦田之地政,为之厉禁而守之。凡田猎者,受令焉。禁麛、卵者与其毒矢射者。[5]

"迹人"掌管邦国畋猎之地的地政[6],遵循着严厉的禁令并予守护之。凡有渔猎者,要按政令在指定的地点和时间进行。禁射杀和损毁幼鹿、鸟卵,禁止用毒箭射杀猎物。此载,可与上引《礼记·王制》之文互证,又,《礼记·王制》:"禽兽、鱼鳖,不中杀,不粥(粥,即"鬻"——引者)于

---

[1] 据文渊阁《四库全书》本卷三。
[2] 据《十三经注疏》本《周礼注疏》卷四,中华书局,1980年,第663页。
[3] 据《十三经注疏》本《周礼注疏》卷九,中华书局,1980年,第700页。
[4] 据《十三经注疏》本《周礼注疏》卷九,中华书局,1980年,第700页。
[5] 据《十三经注疏》本《周礼注疏》卷十六,中华书局,1980年,第748页。
[6] 明王应电《周礼传·地官·迹人》解释"掌邦田之地政为之厉禁而守之"曰:"山泽之中,有善水草之处。山无沟,水无围,不可以耕稼,因用为邦国时田之地。盖即薮牧长蕃鸟兽者。"(据文渊阁《四库全书》本卷二下)

市。"郑玄注："杀之非时，不中用。"[1]"不中杀"就是不按规定的时令猎取的"禽兽、鱼鳖"不允许到市场交换，只有在规定的时令渔猎才被允准，是渔猎的"时令禁忌"。

西周以来，犹有"水禁"法规，"水禁"不仅有严格的禁忌内容，还有专人负责监管，《周礼·秋官·司寇》载曰："萍氏，下士二人，徒八人。""萍氏"下管十人，都是具备良好水性条件的人员。又，《周礼·秋官·萍氏》载曰："萍氏掌国之水禁。"郑玄注为："水禁，谓水中害人之处及入水捕鱼、鳖不时。"[2]据郑玄注可知，"萍氏"的职责之一是禁止不按规定时令到水域中捕鱼、鳖者，郑玄所说"入水捕鱼、鳖不时"即为不按规定的时令入水捕鱼、鳖，贾公彦疏文以注为疏解对象，做了更具体的串解，其说曰：

> "水中害人之处"或有深泉、洪波、沙虫、水弩。云"捕鱼鳖不时"者，案：《月令》：春、秋及冬取鱼，夏不合取鱼，夏取，则不时，故云"不时"，皆禁之也。[3]

据此可知，西周时代，先民已经建立了完备的水资源管理法规，而且有着齐全的实施法规监管的措施，甚至有具体从事事务的劳作人员，监管按规定捕鱼、鳖的季节捕鱼：秋、冬季渔猎，春、夏季禁渔，贾公彦之说"春、秋及冬取鱼，夏不合取鱼"无考，可不论。宋王与之《周礼订义》解"掌以时籔为梁"说："先王设籔人之官，必贵其以时者，盖有生之类，皆有孕育之时，不欲并伤其生也。"[4]古人的认识，春、夏季节是水生物类的繁衍（产卵）、生长期，渔猎会伤害此类生物的繁衍——渔猎的"时令禁忌"目的很明确，而

---

[1] 据《十三经注疏》本《礼记正义》卷十三，中华书局，1980年，第1344页。
[2] 据《十三经注疏》本《周礼注疏》卷三十六，中华书局，1980年，第885页。
[3] 据《十三经注疏》本《周礼注疏》卷三十六，中华书局，1980年，第885页。
[4] 据文渊阁《四库全书》本卷七。

对于保护水资源具有重要的意义。《礼经》中记载的"春蒐、夏苗、秋狝、冬狩"其内涵是渔猎的"时令禁忌",义甚繁复,此略之。应该特别指出的是,《周礼》时代人类坚守与自然生态保持着平等存在关系的认知,并非以人类为中心的理念。

据上考察可知,渔猎禁忌和渔猎"时令禁忌"是严格的礼法规约。西周时期的渔猎活动有着时令、地域限制:要在指定的时令、地域渔猎,并且在渔猎中,严禁伤害或影响禽兽、鱼鳖的繁衍,严禁使用有毒的狩猎工具。文献中记载的这些礼法措置,对保护自然生态具有很重要的意义。

西周设专门管理渔猎的职事,因为在当时,确有从事以渔猎为生的人民,而且此类以水中捕捞为生的人,还要按规定缴纳赋税,《礼记·月令》载:

> 孟冬之月,……是月也,乃命水虞渔师,收水泉池泽之赋,毋或敢侵削众庶兆民,以为天子取怨于下,其有若此者,行罪无赦。[1]

此文很明确地记载着到了"孟冬之月"由"渔师"征收渔猎之人"水泉池泽之赋",并且严禁负责征税的职官以征税为名侵害"兆民"的利益。

西周的渔猎礼法一直到春秋时期,依然为史官所坚守,《左传》鲁隐公五年载:"春,公将如棠观鱼者,臧僖伯谏曰:'凡物不足以讲大事,……若夫山林、川泽之实,器用之资,皁隶之事,官司之守,非君所及也。'公曰'吾将略地焉。'遂往陈鱼而观之。……书曰:'公矢鱼于棠,非礼也。'"[2]这里记载着鲁隐公五年,鲁隐公准备到"棠"地"观鱼"实即捕鱼,臧僖伯谏其不听,鲁隐公"遂往陈鱼而观之",史官在史书上记之曰:"公矢鱼于棠,非礼也。"为什么说"公矢鱼"而"非礼"?原因在于"公矢鱼"不符合礼法规定的季节(时令),鲁隐公"矢鱼"是在隐公五年的春夏之交,这个季节是禁

---

[1] 据《十三经注疏》本《礼记正义》卷十七,中华书局,1980年,第1382页。
[2] 据《十三经注疏》本《春秋左传正义》卷二,中华书局,1980年,第1726~1727页。

止渔猎的，故谓之"非礼"。又《国语·鲁语》（上）载曰：

> 宣公，夏滥于泗渊，里革断其罟而弃之，曰："古者，大寒降，土蛰发，水虞于是乎讲罛罶，取名鱼，登川禽而尝之寝庙，行诸国，助宣气也。鸟兽孕，水虫成，兽、虞于是乎禁罝罗，獭鱼鳖以为夏槁，助生阜也。鸟兽成，水虫孕，水虞于是乎禁罝鬣、设阱鄂，且夫山不槎蘖，泽不伐夭，鱼禁鲲鲕，兽长麑䴠，鸟翼鷇卵，虫舍蚔蝝，蕃庶物也，古之训也。今鱼方别孕，不教鱼长，又行网罟，贪无艺也。"公闻之，曰："吾过，而里革匡我，不亦善乎！是良罟也，为我得法，使有司藏之，使吾无忘谂。"[1]

此记鲁宣公准备在夏季到"泗渊"渔猎，史官里革"断其罟而弃之"即把宣公捕鱼的工具毁坏并予丢弃，做了诚恳地劝谏，好在鲁宣公接受了"里革"的意见，最终放弃了渔猎之欲。鲁宣公之时，已是春秋中期。此时，礼臣仍坚守春、夏季不渔猎的"时令禁忌"这一西周以来的礼法规约。

从上引文献中可以分解出如下含义：第一，渔猎的"时令禁忌"。"宣公，夏滥[2]于泗渊"是鲁宣公拟于夏季到"泗水之渊"捕鱼；第二，史官"里革"毁坏了捕鱼的网罟并予弃置，敢于这样做的根据就是礼法；第三，"大寒降，土蛰发，水虞于是乎讲罛罶，取名鱼"，是为了"助宣气也"——此为冬季。"鸟兽孕，水虫成""鸟兽成，水虫孕"是禽兽、鱼鳖成孕生长的春、夏季节，所以"禁罝罗"是为了"助生阜"；第四，渔猎中的渔与猎都必须遵守古礼法：采伐不砍小树，捕鱼不伤及小鱼，所云"山不槎蘖，泽不伐夭，鱼禁鲲鲕"，是古代礼法规定的即"古之训"；第五，鲁宣公接受了里革的劝谏，与前引鲁隐公不听臧僖伯的劝谏，是遵守礼法与违背礼法正反两个范例。

---

[1] 据文渊阁《四库全书》本卷四。
[2] 按，"滥"，三国·吴韦昭注"滥，渍也，渍罟于泗水之渊，以取鱼也"。

畋（田）猎、渔猎禁忌和畋猎、渔猎"时令禁忌"是为了蕃育，在西周时期具有严格的礼法规定，由此可见，西周以来，畋猎、渔猎以及畋猎、渔猎的"时令禁忌"是先民对自然物质世界物类认知后的人文关怀与道德关怀。

采伐的"时令禁忌"与农耕"时令禁忌"

《周礼》中记载着专门管理山林、水资的职官，还有配备齐全的管理人员，而且已经具有成形的制度或法规，在不同的时令环境中，视具体情况颁行相应的法规。《周礼》的"山虞""林衡""山师"等所记都是这方面集中的文献。如《周礼·地官·山虞》载曰：

> 山虞掌山林之政令，物为之厉，而为之守禁。仲冬斩阳木，仲夏斩阴木……令万民时斩材，有期日。凡邦工入山林而抡材，不禁。春、秋之斩木，不入禁。凡窃木者，有刑罚。[1]

按《周礼》此载，采伐活动以阴阳之理为准，万民采伐"有期日"即按规定的时间实施，而专事此业的"邦国之工"进入"山林抡材"则不受禁令限制，春、秋采伐不得进入禁令限制的区域。盗窃林木的人要受到刑法的制裁。据此可见，西周时期，已经形成了比较完备的采伐制度——采伐"时令禁忌"贯穿着一条主线是以"时令"为前提，以物产永久性延续为目的，所反映的却是对自然生态的管理思想。《礼记》的采伐"时令禁忌"是《周礼》采伐"时令禁忌"的延伸、发展。在《礼记》中记载的采伐"时令禁忌"和焚烧山野"时令禁忌"具有共同的文化心理指向则是：护养林木，禁绝杀生，珍惜五谷，蕃育生灵——反映先民对自然生态高度的人文情怀、道德意念。

《礼记·月令》载曰：

---

[1] 据《十三经注疏》本《周礼注疏》卷十六，中华书局，1980年，第747页。

> 孟春之月……是月也，命乐正入学习舞，乃修祭典，命祀山、林、川、泽。牺牲毋用牝，禁止伐木，毋覆巢，毋杀孩虫、胎、夭、飞鸟，毋麑，毋卵……[1]

此记"修祭典，命祀山、林、川、泽"是在"孟春"这个季节，"修祭典，祀山川"都属于祭祀或宗教活动。祭祀活动需要祭品"牺牲"，在这个季节里举行祭祀活动所用牺牲不能是"牝"即雌性，是因为，雌性动物有可能怀孕。不允许猎杀幼虫、胎孕之兽、幼麋之类、幼鸟，不允许猎杀幼小麋鹿和伤坏鸟卵等，都是为"遂其生育之性"[2]。在这个季节是阳气上长之时，是生物繁衍的季节。《淮南子·时则》有相近同的记载，其文曰："孟春之月……立春之日……毋覆巢、杀胎、夭，毋麑，毋卵。"汉高诱注："胎，兽胎，怀妊未育者也。麋子曰夭，鹿子曰麑，卵，未穀者，皆禁。民不得取蕃庶物也。"[3]《礼记》《淮南子》是传承《周礼》文化，记载的也是《周礼》时代的文化观念，可见，《周礼》时代已经形成了严格的动物保护法规，西周时代不是以人类为中心的"人类中心"时代，先民重视的是合理地使用大自然中的物产，人与其他物类、生灵平衡相处[4]而不是随意掠夺。保护生态，敬畏物类，其中内含着先民的哲学思想。此文所记，由采伐"时令禁忌"直接关涉到：幼畜、幼禽。《礼记·月令》载曰："孟夏之月，……是月也，继长增高【郑玄注：谓草木盛蕃庑】，……毋伐大树，命野虞出行田原，为天子劳农劝民，毋或失时。命司徒循行县鄙，命农勉作，毋休于都。是月也，驱兽，毋害五谷，毋大田猎……"[5]初夏季节，是草木生长繁茂的时令，在此季节，为了草木的生长，不得砍伐大树，为顺应气数，天子命野虞慰劳农夫，劝其耕作。

---

[1] 据《十三经注疏》本《礼记正义》卷十四，中华书局，1980年，第1357页。
[2] 宋张虙《月令解》卷一（据文渊阁《四库全书》本）。
[3] 据《诸子集成》本第七册《淮南子》卷五，中华书局，1954年，第70页。
[4] "平衡相处"不等于"平等相处"。
[5] 据《十三经注疏》本《礼记正义》卷十五，中华书局，1980年，第1365页。

在这个季节里，驱赶野兽，不能伤及五谷，为了五谷不受损伤，不得举行大的畋猎——从自然生态管理延伸到惠民善政。《礼记》所载以自然生态管理为始，顺及时令与农耕，时令与徭役，时令与水利，时令与兵革，时令与农田等，都体现着惠民思想。《礼记·月令》载曰：

> 季夏之月，……是月也，树木方盛，乃命虞人入山行木，毋有斩伐。不可以兴土功，不可以合诸侯，不可以起兵动众，毋举大事，以摇养气，毋发令而待，以妨神农之事也。水潦盛昌，神农将持功。举大事，则有天殃。……是月也，土润溽暑，大雨时行，烧薙行水，利以杀草，如以热汤，可以粪田畴，可以美土疆。[1]

此文所载，以时令禁止砍伐为说，涉及兵革（"不可以起兵动众"），涉及徭役（"毋举大事"[2]、"毋发令而待，以妨神农之事"[3]），涉及水利与农田管理（"大雨时行，烧薙行水，利以杀草"[4]、"可以粪田畴，可以美土疆"），涉及不遵时令规律或有灾殃——把砍伐的"时令禁忌"与农耕的"时令禁忌"置于相当的时空关系中，给予高度道德的自然生态关怀，则是在坚实的礼法规制之下存在。西周就山林的管理，犹有专门的职官巡察之制，"乃命虞人入山行木，毋有斩伐""虞人"即《周礼》中记载的"山虞""命虞人入山行木，毋有斩伐"即是命"山虞"进入山林，巡视山里的树木是否有无

---

[1] 据《十三经注疏》本《礼记正义》卷十六，中华书局，1980年，第1371页。

[2] 郑玄注："大事，兴徭役以有为。"（据《十三经注疏》本《礼记正义》卷十六，中华书局，1980年，第1371页。）

[3] 郑玄注："发令而待，谓出徭役之令，以豫惊民也。民惊则心动，是害土神之气。土神称曰神农者，以其主于稼穑。"（据《十三经注疏》本《礼记正义》卷十六，中华书局，1980年，第1371页。）

[4] 郑玄注："薙，谓迫地芟草也。此谓欲稼莱地，先薙其草，草干烧之。至此月，大雨流水，潦畜于其中，则草死不复生，而地美可稼也。薙氏掌杀草，职曰，夏日至而夷之，又曰，如欲其化也，则以水火变之。"据《十三经注疏》本《礼记正义》卷十六，中华书局，1980年，第1371页。

故砍伐的行为，张虙《月令解》说："'虞'，盖'山虞'也。'行木'，循而行之也。'毋有斩伐'，虑伤方盛之材也。"[1]可见，在季夏这个时令不仅有禁伐之制，还有专门职官巡察森林之制。据此文之载，可以确知者，要有两端：一是监护森林环境，一是保证农耕得时令之惠——无论是兵革还是徭役，先民所注重的是自然生态的自然本体状态，戒示人类不能毁坏，不遵"天行"（自然规律），就要受到"天"（自然）的惩罚，正所谓"上违天时，下戾众志"。[2]制事的目的最终落实于由耕稼所关涉到的民生。其中不免于先民的哲学思考，恰如宋代马晞孟《礼记解》所说：

> 阴阳以气相荡，摇则其摇之也，乃以成之，若人之举事不时，以摇阴阳之气，则其摇之也，乃以伤之。方是时也，养气方盛，举大事以振而荡之，则能无伤乎？稼穑之事，神农主之，彼以公义持岁功，而我以人为之私举大事焉，是违天而召殃也。[3]

马氏此说多据郑玄与孔颖达注疏之文发义，其说甚得义理。所说的"阴阳以气相荡"是在阐述"阴阳之气"与《礼记》所说的"摇"的关系，"阴阳"的运行是以"气"为载体，没有"气"就没有阴阳运行的可能，二气相互推导，阴阳才能运行，自然万物备具阴阳之气，人世间也同样备具阴阳二气，遵循自然阴阳之气的运行，是为"顺"，反之则为"逆"。"季夏之月"，阳气方盛，是长养之时，顺其自然，即如《礼记》此文所戒"毋举大事，以摇养气"，如果征用徭役这种动用民力的"大事"，就会错动阴阳之气的运行即"摇养气"，继而出现整体自然天时的不测，其结果是"有天殃"即自然灾异。《礼记》此文内含着"阴阳交感"理论而及于天文历法，马氏基于此而予

---

[1] 宋张虙《月令解》卷六（据文渊阁《四库全书》本）。
[2] 明黄道周《月令明义》卷二释《礼记》此文语（据文渊阁《四库全书》本）。
[3] 宋卫湜《礼记集说》卷四十二引（据文渊阁《四库全书》本）。

申说，中其理及于其义，最终涉及执政者与民生的关系，符合西周上古礼法之义。用一个格式标示：礼法→哲学→禁忌→福祸→民生。早期儒家文化哲学思想所指涉的天地自然、人文自然——"自然生态伦理"便成为"礼"的主体。

三、《礼记》的"时令禁忌"与饲养蕃育、环境管理

"时令禁忌"与饲养蕃育。

上文引述《周礼》《礼记》之际，已经涉及西周时期禁止捕杀怀孕的动物、幼畜、幼禽等方面的文献，据今所见《周礼》《礼记》记载，周天子在祭祀社稷、祭祀山林和川泽等这样的大型宗教活动所用"牺牲"都属于"太牢"（最高级别的祭品），但有着明确的禁令是"太牢"不用"牝"，原因在于"牝"牲中可能会有怀孕的，不能否认先民的蕃育功利性，但我们更应该承认古人的善良！

《周礼·夏官·大司马》载：

> ……遂以蒐田，有司表貉，誓民，鼓，遂围禁。火弊，献禽，以祭社。[1]

此即"春蒐"的田猎活动。"春蒐"由大司徒掌管大田役并负责"春蒐"的政令，举行"表貉"这样的祭祀，让参加的庶众宣誓（"誓民"）以保证不触犯田猎之法，触犯田猎之法要受到惩罚。此"春蒐"中最重要的"政令"就是搜索禽兽避免焚烧田野的衰草以肥田之时伤害禽兽，宋卫湜《礼记集

---

[1] 据《十三经注疏》本《周礼注疏》卷二十九，中华书局，1980年，第836页。

说》引：宋刘彝[1]曰："蒐、苗、狝、狩，一则驱禽兽，不害稼穑，二则习战阵，以备盗贼，然而春、夏蛰虫孳生，雏稚未成，虽保息之礼，必行而恤物之心。……"[2]刘氏此说甚为得之。《周礼》此载虽不专言饲养，但保护田野中生物，使之蕃育成长，堪与饲养并。

《礼记·郊特牲》载曰："郊特牲而社稷太牢，……故天子牲孕弗食也，祭帝弗用也。"[3]唐孔颖达疏曰："……其常祀之牲则皆用牡，祈祷之祭或用牝，唯孟春禁之，故《月令》孟春，'牺牲无用牝'。"（同上。按，"牺牲毋用牝"见前引）按照孔颖达的说法，《郊特牲》"牲孕弗食也，祭帝弗用"当在孟春季，孟春牺牲不用"牝"，仲春季节，祭祀不用"牺牲"，又，《礼记·月令》："仲春之月，……是月也，祀不用牺牲，……"郑玄注为"为季春将选而合腾之也"[4]，意谓此时是选择动物交配的季节。先民认识到，在"仲春"季节，是"牺牲"所用动物的发情期，是交配蕃育的必需。在这方面，《周礼》中也有具体的记载，《周礼·夏官·牧师》载：

> 牧师掌牧地，皆有厉禁而颁之。孟春焚牧，中春通淫。[5]

"牧师"是西周时期主管牧场法规并颁行法规的职官，由"牧师"下属的职事人员管理牧场、游牧以及牧场牲畜蕃育等方面的工作，此载，"孟春焚牧"即在孟春之时焚烧牧场以便牧草生长，"中春通淫"即到了仲春之时开始促使牲畜交配。郑玄注曰："中春，阴阳交，万物生之时，可以合马之牝牡也。《月令》：季春，乃合累牛腾马，游牝于牧。秦时书也，秦地寒凉，万物

---

[1] 刘彝，字执中，福州人。事迹俱载《宋史》本传，有《周礼中义》佚。
[2] 据文渊阁《四库全书》本卷十一。
[3] 据《十三经注疏》本《礼记正义》卷二十五，中华书局，1980年，第1444页。
[4] 据《十三经注疏》本《礼记正义》卷十五，中华书局，1980年，第1362页。
[5] 据《十三经注疏》本《周礼注疏》卷三十三，中华书局，1980年，第861页。

后动。"[1]郑玄此注是在圆通《礼记·月令》所记"季春之月""合累牛、腾马，游牝于牧"与上引《周礼》之文"孟春"的时令差（详下）。无论如何，都可以确定，西周礼法规定，促进牲畜的藩育是可信的史实。"牧师"掌管"牧地"，在"牧地"颁布严厉的禁令以防当地之民进入。春天之初焚烧牧场的衰草，以利新草出生而使六牲肥壮，宋郑锷解释此语曰："孟春，草将生，焚去地之陈根，使发生新芽，则马食而充肥。"[2]此为正解；中春之际让马、牛等家畜各属的雌雄交配。可知，周初的农耕经济中，畜牧业也有着很好的管理制度。从有关文献中获知，六畜繁衍的管理方式是从"阴阳"之学中派生的理论，故有"中春通淫"的礼法，即如郑玄所说"中春，阴阳交，万物生之时，可以合马之牝牡"。《礼记·月令》载：

> 季春之月，……是月也，乃合累牛、腾马，游牝于牧。牺牲驹犊，举书其数。[3]

郑玄注："累、腾，皆乘匹之名，是月所合牛马，谓系在厩者，其牝欲游，则就牧之牡而合之。"（同上）据此可知，"累牛、腾马"是人工饲养的牲畜，从"牛马厩"中放到指定的牧场，使之交配，并且，按照实际数字登记，到秋季，查看检验新生的牲畜与登记之数校对，郑玄注"举书其数"曰："以在牧而校数书之，明出时无他故，至秋，当录内，且以知生息之多少也。"[4]宋张虑《月令解》解释说："此不过欲其生息之多，书其数者，亦恐没所有也。"[5]

孟春，天子不食用怀孕的牲畜，祭祀也不用怀孕"牺牲"，是不伤及胎

---

[1] 据《十三经注疏》本《周礼注疏》卷三十三，中华书局，1980年，第861页。
[2] 据文渊阁《四库全书》本宋王与之《周礼订义》卷五十五引。
[3] 据《十三经注疏》本《礼记正义》卷十五，中华书局，1980年，第1364页。
[4] 据《十三经注疏》本《礼记正义》卷十五，中华书局，1980年，第1364页。
[5] 据文渊阁《四库全书》本卷三。

孕。仲春季节，祭祀不用"牺牲"是为了牲畜的交配，到了"季春之月"即春末，由负责饲养马牛等牲畜的人，把"累牛、腾马"从其牛马厩中放出，放到牧场，便于交配，而且要把放到牧场上的牲畜登记造册，建立档案，以便了解牲畜怀孕、繁殖的情况。这里，所反映的即后世所称道"六畜兴旺"的蕃育观念，《礼记》中的此类记载，无疑提供了源流关系的文献依据，其中仍不免于"阴阳交感"的哲学理念，宋卫湜《礼记集说》引严陵方氏[1]曰："……则所以顺阴阳之性，且欲其孽生之蕃也。牧，盖畜养之地，然《周官》牧师之掌牧通淫，乃在中春者，郑氏谓，秦地寒凉，万物后动，理或然也。"[2]

《礼记》所载周代的蕃育观，首先应该认定先民对生命的尊重、敬畏，其次才是繁殖的"功利"性。《大戴礼记·保傅》载曰："于禽兽，见其生不食；其死，闻其声，不尝其肉，故远庖厨，所以长恩且明有仁也。"[3]《大戴礼记》之书与《礼记》（即《小戴礼记》）是同一起点的成书，其中的记载可信。这里，证明的史实是：周人颁行保护"有生物"的"政令"尤其注重它们的蕃育，并不是以满足口腹之欲为先，而是顺应自然生态自身的运行规则，如宋郑伯谦《太平经国书·爱物·论鸟兽鱼鳖昆虫》所说：

> 凡田兽之政令，则要皆兽人掌之。先王于鸟兽之微，鱼鳖昆虫之细，其在所当养，则设官以养之，以顺春生夏长之道，非独养民而已也。[4]

相对于人类而言，"鸟兽之微，鱼鳖、昆虫之细"是可理解的事实，但在西周时期，通过"政令"或即"礼法"予以保护而"以顺春生夏长之道"，其中蕴含着先民尊重所有生物的生命，尊重和敬畏它们的生存权，不弃"细微"于"鸟兽、鱼鳖、昆虫"。西周有秋末昆虫未曾蛰伏之前不得焚烧农田草芥的

---

[1] 方氏，宋方悫，字性夫，浙江桐庐人，有《礼记解义》，亦作《礼记解》二十卷。
[2] 据文渊阁《四库全书》本卷四十一。
[3] 据文渊阁《四库全书》本卷三。
[4] 据文渊阁《四库全书》本卷九。

礼法规约，是为了保证"昆虫"的生存，《礼记·王制》说："昆虫未蛰，不以火田。"[1]夏历十月之前，不得以火焚田而猎取，十月以后，昆虫蛰伏，便可以"火田"[2]可谓确证。

结　语

《周礼》中记载着华夏先民对水泽、山林、物产、地矿以及野生动物的管理法规，不仅有着明确的条例，而且还有专门负责的职官与徒役。这些管理法规的设立，不仅为了人类的生存需求，而且也表达了对无生物、有生物的敬畏（这当然与宗教心理有直接的关系），客观上对保护自然生态的平衡甚或是自然生态长久性发展具有重要的积极意义。《礼记》中所记载的对水泽、山林、土地的管理法规，是《周礼》自然生态思想的延续，是非常典型的"自然生态伦理"思想的反映，作为三千年前的礼法，用今天的话说就是"人性化"管理法规。考其本源，这种自然生态的管理思想是出于夏代，前文中已经涉及对此问题的讨论，恕不赘复。体现在《礼记》管理原则上，最突出的特征是"时令禁忌"，即建立以时令或季节为基准而实施"禁令"或"禁忌"，达到对自然生态相关物类的保护预期，是一种明确的"自然生态"管理思想，更是"自然生态伦理"思想。

《礼记》中还有关于修筑堤防、沟渠、城郭、都邑等以备不时之需方面的记载，修缮储物的仓廪、窖穴等条例等记载，其中都深含着先民对自然生态运行、变化的认知思想观念，比如，《礼记·月令》记载："季春之月，……是月也，命司空曰：时雨将降，下水上腾，循行国邑，周视原野，修利堤防，

---

[1]　据《十三经注疏》本《礼记正义》卷十二，中华书局，1980年，第1333页。
[2]　参考唐孔颖达疏文。

道达沟渎，开通道路，毋有障塞。……"[1]按照此载，在三千年左右的西周初期，先民已经具备"防洪"的思想观念。春末季节，雨水即将来到，天子命"司空"巡视国都和原野，督促修缮堤防，疏浚沟渠，开通道路，勿使壅塞，以避造成防洪的不利等。到了初秋，正是洪水多发的季节，天子命"百官"收敛农作物的同时，还要监管修筑堤防等方面的工作，《礼记·月令》载曰："孟秋之月，……是月也，农乃登谷，天子尝新，先荐寝庙。命百官始收敛，……完堤坊，谨壅塞，以备水潦；修宫室，坏墙垣，补城郭。"[2]修筑好堤防是为了防止"水潦"而"壅塞"；修缮屋宇和墙垣是为了做好越冬的准备。到了仲秋以后，除了可以继续修筑城郭，建设都邑，还要修缮窑穴、仓廪以备越冬的蔬菜和粮食，《礼记·月令》载："仲秋之月……是月也，可以筑城郭，建都邑，穿窦窖，修囷仓乃命有司趣民收敛，务畜菜，多积聚【郑玄注：始为御冬之备】。……"[3]这些关乎民生与生存环境的事项不仅有明确的礼法规定，而且还有官府的专门职官检查、督促。其中蕴含着"自然生态伦理"思想，固不言而喻。限于篇章，于此从略。

---

[1] 据《十三经注疏》本《礼记正义》卷十五，中华书局，1980年，第1363页。
[2] 据《十三经注疏》本《礼记正义》卷十六，中华书局，1980年，第1373页。
[3] 据《十三经注疏》本《礼记正义》卷十六，中华书局，1980年，第1374页。

附 录

濮阳古墓"龙虎蚌壳图"与原始哲学思维[1]

1987年,河南濮阳西水坡出土了一个有规模的原始古墓群,其中45号古墓中出土的"龙虎蚌壳塑图"[2]引起了学术界广泛的关注,濮阳成为"龙都"之最,则无可辩驳,华夏民族作为龙的传人找到了最有说服力的历史依据。20年来,刊布了为数可观的学术论文,其成就和意义是不言而喻的。笔者特别关注就"龙虎蚌壳图"蕴含的远古天文学内容所作考察的论文,从相关的论著中看到,论者具有说服力的考察、阐述,证明了在原始社会晚期的仰韶文化时期已经形成了华夏先民的天文历法之学。原始天文历法直接关涉到至少两个不能回避的生存过程中的生存形态、生存思维形态问题:第一是原始农耕文明,第二是原始自然辩证观念和哲学思维。原始农耕文明是以天文历法为条件完成的,没有天文历法,原始农耕文明也就无从谈起,同样的道理,没有原始华夏先民的自然辩证观念、哲学思维的形成,也不可能创造出天文历法,换言之,天文历法的创造是以先民的自然辩证观念、哲学观念为条件而形成的。基于这样的思考,笔者意欲考释与"龙虎蚌壳图"有着直接、间接关系的文献记载所连带的自然辩证观念和哲学思维形态。

从濮阳西水坡出土的"龙虎蚌壳图"中确定为一个古老的星图或天文图,在诸多历史文献中可以得到直接间接的证明,最直接也是最早的证明即《礼记·曲礼》中记载的以天文或星图为参照布列的"左青龙而右白虎"这一"旗

---

[1] 此文载于《古籍整理学刊》2011年第3期。
[2] 原墓室照片见文末,可参考。

阵"形态。通过濮阳西水坡"龙虎蚌壳图"的出土证明了《礼记·曲礼》中记载"左青龙右白虎"的"旗阵"形态不仅是有文化根据的资料，还说明"左青龙右白虎"这一文化形态起源于原始社会仰韶文化时期与原始天文历法有着直接的关系，西周以后序变为"旗阵"形态仍然根基于它的原初文化亦即天文历法形态，也可以说，《礼记·曲礼》中记载的"左青龙而右白虎"等"旗阵"布列，其文化基因能追考到原始社会的仰韶文化时期，那么，仰韶文化系统出土的"龙虎蚌壳图"有没有文化基因？它的文化基因是什么？就这个问题，我们从相关的研究论文中看到有所涉猎的说法，但并未专门论述，20年来，大抵是被忽略了的问题。笔者非常肯定对"龙虎蚌壳图"做天文历法的考察和研究，认为，这些研究有说服力地把中国古代天文历法推考到五千年左右是有根据的，不仅可以解决很多历史学中悬而未决的问题，也是驳正疑古思潮中的某些偏颇和谬论，但毋庸讳言，论者并未涉及形成"龙虎蚌壳图"的原始哲学思维形态的考察，这不能不说是一个缺憾。本文拟从以下三个问题考察和论证濮阳西水坡出土的"龙虎蚌壳图"这一星图形成的原始哲学思维形态问题。

一、"龙虎蚌壳图"与"左青龙右白虎"

　　濮阳"龙虎蚌壳图"最突出的文化特征之一是"左龙右虎"，这一文化图像与《礼记·曲礼》所记载的"左青龙而右白虎"恰相吻合，但《曲礼》所载籍的"青龙白虎"却是周代军队布列的军阵阵法以及各阵标示所用的"旗帜""青龙旗"和"白虎旗"是其中的两旗，与之相为一体的是"前朱鸟而后玄武"——即"朱鸟（雀）旗"和"玄武旗"，合而为"四旗""四旗"是"四象"即四象之旗，它是仿天文图式或仿星图完成的。《礼记·曲礼》上记载：

行，前朱鸟，而后玄武，左青龙，而右白虎，招摇在上，急缮其怒。[1]

这里，记载的是天子行阵时的军伍阵列所用的旗子。可以看到，这完全符合"五行"的布列形象，而且也是一个完整的仿天文图式或仿星图模式，郑玄注可以作为证明，郑注曰：

以此四兽为军陈，象天也。急，犹坚也；缮，读曰劲。又画招摇星于旌旗上，以起居坚劲军之威怒，象天帝也。招摇星在北斗杓端，主指者。[2]

按照郑玄注，"以此四兽（引者按：四兽是指四旗上的兽象）为军陈，象天也"。所谓"四兽"是四个星宿名称；所谓"象天"，实为象天文图式，恰当地指出了"四兽"为军阵旗之象是基于"四象"在天文律历意义上序变而成的结果，孔颖达的疏解更为详明：

"行，前朱鸟而后玄武，左青龙而右白虎"者，……此明军行象天文而作陈法也。前南后北，左东右西，朱鸟、玄武、青龙、白虎，四方宿名也。军前宜捷，故用雀；军后须殿捍，故用玄武，玄武，龟也。龟有甲，能御侮用也；左为阳，阳能发生，象其龙，变生也；右为阴，阴沈能杀，虎沈杀也。军之左右生杀变应，威猛如龙虎也。何胤云："如鸟之翔，如蛇之毒，龙腾虎奋，无能敌此四物。"郑注四兽为军陈，则是军陈之法也，但不知何以为之耳。今之军行，画此四兽于旌旗以标左右前后之军陈，"招摇在上"者，招摇，北斗七星也。北斗居四方宿之中，以斗末从十二月，建而指之，则四方宿不差。今军行法之，亦作此北斗星，在军中

---

[1] 据《十三经注疏》本《礼记正义》卷三，中华书局，1980年，第1250页。
[2] 据《十三经注疏》本《礼记正义》卷三，中华书局，1980年，第1250页。

举之于上,以指正四方,使四方之陈不差,故云"招摇在上"也,然并作七星,而独云"招摇"者,举指者为主,余从可知也。[1]

郑注谓"以此四兽为军陈,象天","象天"就是仿天文之义得孔疏而明确,所言"此明军行象天文而作陈法"指出了这一阵法是"象天文"即仿天文图式。孔疏从总体上确定了"旗阵图"是仿天文图或星图而布列。所言"前南后北,左东右西,朱鸟、玄武、青龙、白虎,四方宿名"是就这一仿天文图的图式方位以及各方位对应的四兽所具有的星宿名做出的解释。正前方是"南",对应的兽是"朱雀",星宿之名如之;正后方是"北",对应的兽是"玄武"(龟),星宿之名如之;正左方是"东",对应的兽是"青龙",星宿之名如之;正右方是"西",对应的兽是"白虎",星宿之名如之;这"四兽"布列于四方,在天文中是代为四方星宿之名,是典型的四方位模式,加"招摇星"便是五方位模式。到了西周,仿天文而成为布阵之法的前提是天文,这一天文图式或星图中的"青龙、白虎"作为星宿之名已经是固定的专门所用,而且也为后世天文学延续、发展所沿用。孔疏中还有两个值得注意的判断,一是阴阳之说,一是方位模式。

关于阴阳之说:"左为阳,阳能发生,象其龙,变生也;右为阴,阴沈能杀,虎沈杀也。"《曲礼》中记载的"旗阵图"是仿天文图,旗阵图中的阴阳之分自是源于天文,那么,"左"和"龙"为"阳","右"和"虎"为"阴"的旗阵图其文化前提依然是天文——阴阳学说是天文历法形成的思维、理论基础,没有阴阳观念的理性思维,怎么可能有天文历法的产生呢?

关于方位模式:从孔疏的解释中,还可以认识到仿天文图而布列的"旗阵图"具有"五方"图式的特征。孔疏所说"'招摇在上'者,招摇,北斗七星也。北斗居四方宿之中,以斗末从十二月,建而指之,则四方宿不差。今军行

---

[1] 据《十三经注疏》本《礼记正义》卷三,中华书局,1980年,第1250页。

法之，亦做此北斗星，在军中举之于上，以指正四方，使四方之陈不差"，这里所说的"招摇"是星名，也称为"招摇星""北斗七星"[1]等，孔疏先解天文，后及旗阵，按照孔颖达的解释"北斗居四方宿之中"，无论是天文还是旗阵都体现了五方位模式。五方位模式的产生和形成与远古也可以说原始天文历法的"四象"之说是等列关系，"四象"就是"四时之象"或"四季之象"，它对应着四个方位，"北斗居四方宿之中"，也就是说，北斗星居于四方星宿的中央，它的运行直接指涉四方之星，便显示出五方位特征，这一五方位认知模式是中华古老哲学中循环论形成的最重要的理论基础，与"五行"学说的产生有着重要的关系。汉语中的成语"斗转星移"，此语的始创，自然是基于原始天文历法。宋卫湜《礼记集说》引：

> 蓝田吕氏[2]曰：青龙在左，左，东方也，寿星、大火、析木之分主之；白虎在右，右，西方也，降娄、大梁、实沈之分主之；朱鸟在前，前，南方也，鹑首、鹑火、鹑尾之分主之；玄武在后，后，北方也，星纪、玄枵、娵訾之分主之。以是四物，画之于旗，立于军之左右前后，以象天体之周旋也。《周官·司常》："掌九旗之物名"，所谓交龙为旗者，象青龙也；熊虎为旗，象白虎也；鸟隼为旗，象朱雀也；龟蛇为旐，象玄武也。四方之旗，九旗之遗象也。置招摇于旗首，以象斗之回旋，旗之所指，则伐之如天之怒也，急迫之也。[3]

吕大临此说虽有所引申，但大义不失，从"前后左右"的界说基础上引申出"东西南北"。其一，确定"四兽"之象画之于旗的方位"青龙在左，左，

---

[1] 孔颖达疏引"《春秋运斗枢》云：'北斗七星：第一天枢，第二旋，第三机，第四权，第五衡，第六开阳，第七摇光。第一至第四为魁，第五至第七为标。'案，此摇光则招摇也。"（据《礼记正义》卷三）

[2] "蓝田吕氏"，是北宋吕大临。

[3] 据文渊阁《四库全书》本卷八。

东方也",青龙对应的方向是"东";"白虎在右,右,西方也"白虎对应的方向是"西";"朱鸟在前,前,南方也",朱雀对应的方向是"南";"玄武在后,后,北方也",玄武对应的方向是"北"——四个方向对应着"四象",也就是天文图或星图之象;"置招摇于旗首,以象斗之回旋",这是就"旗阵"而言,孔疏所说,有引申,但置于对天文或星图象的观照,依然体现了五方位或五行模式的特征。

在这里,我们要重点强调的是《曲礼》中记载的"左青龙而右白虎"与濮阳西水坡出土的"龙虎蚌壳图"在上古文化历史中潜存的文化因果关系。西周以来存在的"左青龙而右白虎"这一历史文化形态,在原始社会的仰韶文化时期就已形成得以"龙虎蚌壳图"为证的事实,至少可以说,它的本源是"龙虎蚌壳图",从而证明《曲礼》中记载的"左青龙而右白虎"的历史文化基源是原始社会的仰韶文化时期。那么,我们是否可以据此解释出土的"龙虎蚌壳图"呢?回答自然是肯定的。

二、"龙虎蚌壳图"与阴阳、三才

从以上的考察中可以看到,《曲礼》所记是一个仿天文的"旗阵图",也可以称之为仿星图的"旗阵图",濮阳西水坡"龙虎蚌壳图"既然与《曲礼》所载"左青龙右白虎"具有古代天文星图上的关联,那么,它与早期"易卦"文化上的关联除了"阴阳"观念之外,还有"三才"观念。就中国的早期哲学而言,"阴阳"说是二元论,"三才"说就是生成论。濮阳西水坡出土的"龙虎蚌壳图"为今天追考《易》卦形成的历史源头提供了重要的证据。

下面就与阴阳、"三才"有关的文化现象做具体考察。

"阴阳"学说是哲学意义中的二元论,"三才"是哲学意义上的生成论,与两者具有并时关系的哲学命题就是本体论。考察论证濮阳西水坡"龙虎蚌壳图"的原始天文内涵与结构，是具有非常重要意义的研究，但同时也应该重视对它形成的人类基础思维形态的研究，我们从"龙虎蚌壳图"的历史文化结构上认识，至少可以确定这一天文图或星图形成的哲学思维形态，与今传《周易》中的基本哲学结构相吻合。今见《周易》的基本哲学结构主要由三个理论命题构成：一是本体论（太一说），一是二元论（阴阳说），一是生成论[1]（三才说），这是《周易》作为早期哲学体系中最基本的理论构成，《易传》或"十翼"对这一历史哲学理论构成做了最准确的阐述，是我们今天乃至今后研究《周易》哲学所不能缺少的历史文献。那么，《易传》研究《周易》做出的认识和得出的哲学结论，其根据是什么？当然首先是参照《周易》本身，但这仅仅是一方面，更多的是参考在《周易》形成之前的历史文化，其中的原始天文知识是最主要的内容，这和仰韶文化遗址出土的"龙虎蚌壳图"是怎样的关系？我们可以这样界说：《易传》中相关的理论以及对与之相关文化所做的哲学阐述，是今天认识和阐释"龙虎蚌壳图"在某些方面具有文化哲学含义的重要参照。

《周易》卦象是由两个符号构成："- -"（阴爻）和"—"（阳爻），作为对自然物质的辩证认知，它们是物质的基本属性，也是物质生成的基本条件，是二元关系，也是二元论产生的文化基础。二元物质属性认知的物质基础是物质的生成，因此，《周易》本卦卦象是由三个符号重叠，即"（阴爻）"为"坤"和"（阳爻）"为"乾"，它暗示着交感后的生成，这就是"三才"之说，也是我们界定的生成论。如前所说，二元论、生成论的前提是本体论，故而可以说《周易》本卦形成的最基础认知是哲学意义上本体论。这些哲学问题在《易传》中都有很合理的阐述。《周易·系辞》上说：

---

[1] 从二元论到生成论，中间段还有"交感"说，阴阳交感是生成的条件。

> 是故《易》有太极,是生两仪。两仪生四象,四象生八卦。[1]

这段文字指出了《易》的产生,同时也阐述《易》存在的基本内涵。《易》的本卦为八,即"乾、坤、震、艮、离、坎、兑、巽"称为"八卦"。"八卦"是从"四象"中生成的,"四象"是从"两仪"中生成的,"两仪"就是"太极"中生成的。"太极"也称为"太一"或"太乙",在老子的《道德经》中称为"一"。"太极"是上古华夏人类对宇宙本体认识和抽象的概念,晋韩康伯注上文说:

> 夫有,必始于无,故大极生两仪也。大极者,无称之称,不可得而名,取有之所极,况之大极者也。[2]

韩康伯很哲学地解释了"太极"与"两仪"的关系,阐述了"太极"之名的含义。我们可以知道"太极"是"两仪"产生的本体,"两仪"是"四象"产生的基因,"四象"是"八卦"产生的自然基础。可见,本体论、二元论和生成论在《系辞》对"易卦"产生原因中做了哲学的阐述,属于认识宇宙物质的理论范畴。

这里,有两个问题需要提出来,第一是阴阳说,第二是"三才"说,以上引述文献中未及阴阳说和"三才"说。其实,这两个概念是包含其中的,首先疏解"两仪"。"两仪"是宇宙本体分判之后的自然具体之象——天、地,"两仪"是天、地抽象的"易学"名义,即我们今天所说的哲学名义,"阴阳"就是它的属性。唐李鼎祚《周易集解》界说"是故易有太极,是生两仪"引:

---

[1] 据《十三经注疏》本《周易注疏》卷七,中华书局,1980年,第82页。
[2] 据《十三经注疏》本《周易注疏》卷七,中华书局,1980年,第82页。

> 虞翻曰：太极，太一也。分为天、地，故生两仪也。[1]

据此可知，天、地就是两仪，两者是同义概念。天、地是自然物质之象，两仪是对这一自然物质之象的抽象，阴阳是对天、地属性认知后的抽象。这是上古华夏人类对宇宙物质世界存在、形成认识的基本哲学理论。天、地分化的物质本体是"太极"或"太一"，天、地分化之后则称之为"两仪"。就这个哲学问题，宋刘牧在《易数钩隐图》中有着更为详细的论说，其说曰：

> 经曰："易有太极，是生两仪。"太极者，一气也。天、地未分之前，元气混而为一，一气所判，是曰两仪。《易》不云乎天、地，而云两仪者，何也？盖以两仪则二气始分，天、地则形象斯着，以其始分两体之仪，故谓之两仪也。何以明其然？略试论之。夫气之上者轻清，气之下者重浊。轻清而圆者天之象也，重浊而方者地之象也。兹乃上下未交之时，但分其仪象耳。若二气交，则天一下，而生水，地二上，而生火，此则形之始也。五行既备，而生动植焉。所谓"在天成象，在地成形"也，则知两仪乃天、地之象，天、地乃两仪之体尔。[2]

刘牧此说是总结或综合了秦汉以来的理论所做的发挥之说，简洁易解，为了省文，也就没有必要做具体分析了，就其对秦汉以来诸说的总结之论而言，它具有相当的准确性。

本体论、二元论和生成论是中国上古哲学理论中的核心命题，也是它的理论构架，《易传》集中了这一理论，其次是《老子》《列子》等先秦文献[3]。《老子德经·道化》四十二章说：

---

[1] 据文渊阁《四库全书》本卷十四。
[2] 据文渊阁《四库全书》本卷上。
[3] 《列子》又称《列御寇》，历史上有"伪书"之说，可别论。

道生一【道始所生者一】，一生二【一生阴与阳也】，二生三【阴阳生和、清、浊三气分为天、地、人也】，三生万物【天地共生万物也。天施地化，人长养之也】。万物负阴而抱阳【万物无不负阴而向阳，回心而就日】，冲气以为和【万物中皆有元气，得以和柔若胸中有藏，骨中有髓，草木中有空虚，与气通，故得久生也】。[1]

这里所说的"一"就是"太一""太极"另一种称名，是哲学意义上本体的抽象。"二"是"两仪"的另一种称名，包含着阴阳，是二元的抽象。"三"含"天、地、人"，即"三才"的数字概括，是生成论具象的抽象。前引刘牧之文，中论"气"，"气"在先秦文化史中已经形成了一个非常固定的文化哲学概念，所谓"河上公"注释中的"阴阳生和、清、浊三气分为天、地、人"，也贯穿着"气"学之说，"清、浊"之气是阴阳，"和"之为"气"，即《老子》所说的"冲气以为和"。"冲气"是阴阳之气的交感，交感的产物是"和"气，"和"气就是"三才"中的"人"。"清、浊、和"三气的本体则是"太一"中的"元气"，也可以称为"混元之气"，《汉书·律历志》所说的："太极，元气函三为一"[2]是其谓也。刘牧发挥了先秦"气"学之说，引入"《河图》《洛书》"的认识，在北宋时期，创"《图、书》"一派，形成了自己独特的理论，但总体上并未超越秦汉以来"象数学"学说的理论规制，历史文献中这方面的证据不胜枚举。从以上引述的文献以及对这些文献的分析可知，中国古老哲学理论中的本体论、二元论和生成论中贯通着"气"的学说。

上引文献中学说，可分列两端：一、与《易》和《易传》相关之论属在儒家，二、以"道"为核心而论及本体、二元、生成等命题者属于道家。无论是儒家或道家，在这一范畴中不管它们的立论点和立论过程有多么不同，但最终

---

[1] 据文渊阁《四库全书》"河上公章句"本卷下。按，方括号文字是所谓河上公注

[2] 据《二十五史》本《汉书》卷二十一（上）。按，颜师古注引"孟康曰：元气始起于子未分之时，天、地、人混合为一，故子数独一也。"

的理论结果是一致的,为什么?因为观照的前在文化是相同的。基于此,我们便可以做如下归纳:本体论、二元论和生成论本于原始天文之学而成,是早期"易学"形成的认识基础,也是定型《易经》发挥、扩展的理论依据,因此,可以结论地说:"太极、太一、一、混元之气"等本体论、"两仪、天地、阴阳、清浊之气"等二元论、"三、三才、冲气以为和"等生成论命题,在中国文化哲学史上自始创之后,延续了数千年,而它的起源却是原始社会的新石器时代,濮阳西水坡出土的"龙虎蚌壳图"加上墓主所构成的墓室图像,是最好的证明——因为墓室图像恰好布列着一个先天卦。

三、"龙虎蚌壳图"与"先天卦"

在上文中,我们论证了《礼记·曲礼》记载的"左青龙而右白虎"等仿星图或仿天文图的"旗阵图"与濮阳古墓中"龙虎蚌壳图"在文化上的源流关系。据这两个不同时代的文化形式所暗示的文化内涵可以确定,它们是文化本体和文化序变的关系,这就必然存在着两者的诸多契合,就本文研究的对象而论,定为:一是方位模式的契合,二是阴阳观念的契合,三是"兽"象的契合[1]。下则逐一论之。

其一,关于方位模式的契合。我们界定的方位契合,是指《礼记·曲礼》所载"旗阵图"中"左青龙而右白虎"与"龙虎蚌壳图"方位的契合,从两者的方位契合中,可以认识到文化本体和序变的关系以及文化序变的历程等。《曲礼》中的旗阵图以"四兽"为参照主要显示着前、后、左、右的四方位模式,和"蚌壳图"可对应的是左右两个方位,左右方位也标示着东西方向。

---

[1] 笔者归纳三点契合,并不等于不存在其他方面的契合,只是本文未必论及。

墓室中"蚌壳图"，蚌龙在左，属东方，龙首北向，背对墓主，做行走状，蚌虎居右，属西方，虎头亦北向，背对墓主，做行走状。上古时期的方位观念直接联系着对季节的认知，与历法有关，或者说确定方位也认识到季节本身就包含着历法的内容。既然"龙虎蚌壳图"方向可定，它是一个星图或天文图，其中蕴藉的季节或者迳谓之为历法观念亦未尝不可。确定方位的同时也确定了季节，暗示着古代的历法形态，这在《曲礼》所载"左青龙右白虎"和"龙虎蚌壳图"中的契合并非偶然，不仅证明《曲礼》记载的"左青龙右白虎"的方位、方向直接联系着上古时代的历法即季节问题，而且还证明《曲礼》此载并非周代以后产生的，相反，它传承着原始社会仰韶文化时期的"龙虎蚌壳图"这一文化本体，是仰韶文化时期文化本体的序变。需要强调的是濮阳西水坡４５号古墓的"蚌壳图"所能标示的仅仅为左右两个方位、东西两个方向，因为没有图示，似乎缺少前后方位和南北方向，有人据此推定濮阳古墓这一天文图尚处在"太极生两仪阶段"，认为，"当时大概把一年分为春秋两季""由两仪演变到四象，还要再等两三千年"[1]这个结论还值得商榷。濮阳西水坡４５号古墓中的这一星图所侧重显示的是具有"三才"结构的"先天卦"，是"易卦"特征，而非侧重显示四象，四方位模式可以从整个墓室的结构中认识，或者说，这墓室已经显示着四方位甚至是"五方位"，同时也是四季节特征，四象模式不必求之于"蚌壳图"，"蚌壳图"的文化侧重点不在于此，而在于彼。

其二，关于阴阳观念的契合。这是《礼记·曲礼》"左青龙右白虎"与"龙虎蚌壳图"共同具有的文化格局。"左"和"龙"为"阳"，"右"和"虎"为"阴"的旗阵图和濮阳古墓中"龙虎蚌壳图"在这一点上是完全一致的，两者可以称为互证关系，即"左"和"龙"为"阳"，"右"和"虎"为"阴"在《曲礼》所载旗阵图中是如此，在"龙虎蚌壳图"的图式中也是如

---

[1] 此说见伊世同《北斗祭——对濮阳西水坡45号墓天文图的再思考》，载《1995年濮阳龙文化与中华民族学术讨论会论文集》，中州古籍出版社，2000年。

此，《曲礼》中的文字记载证明古墓之图的文化结构，古墓此图证明了《曲礼》记载"左"和"龙"为"阳""右"和"虎"为"阴"的可靠性和文化形成的时代是原始社会仰韶文化时期——阴阳观念至少起源于原始社会的仰韶文化时期，其文化前提依然是天文——阴阳学说是天文历法形成的思维、理论基础，阴阳观念的理性思维是原始天文产生的人类智能条件，"龙虎蚌壳图"作为一个天文图或星图，毫无疑问，它是华夏原始人类思维智能的标志，充分地显示着阴阳观念在天文认知中的意义。"龙虎蚌壳图"的出土无可辩驳地证明了《曲礼》所载的青龙、白虎的阴阳之别有久远文化传递的历史过程。

其三，关于"兽"象的契合。《礼记·曲礼》所载的旗阵图是由四兽组成，濮阳西水坡古墓中的"蚌壳图"是由两兽组成，四兽与四象（四季）属于原始历法的对等关系，古墓中两兽不等于两季，一如前述，在于文化侧重点的不同。古墓中两兽之象暗示着一个完整星图的同时合墓主之象为"三"还暗示着一个"先天卦"之卦象，与今见《周易》中八卦相较，它是一个"兑"卦，卦象是""。"兑"卦之象是由两个阳爻"—"[1]和一个阴爻"--"重叠而成，所替代的自然物象是"泽"。"龙虎蚌壳图"中"龙"为阳，阳为"天""虎"为阴，阴为地，中为"人"这样的一个哲学含义的图式，图解了天、地、人——《周易》学中的"三才"哲学的生成论思想，也比较符合原始社会晚期部族社会组织管理过程中的人文思想——"泽"具有"泽惠于民"的固定含义，无论是原始部族社会的"观象授时"，还是"绝地天通"，都牢固地贯彻着"泽惠于民"的思想。那么，从濮阳西水坡45号古墓的墓主身份推断，有人认为可能是部落酋长颛顼，笔者很赞成这一推论，笔者在10年前也提出过这样的主张，不管怎么说，墓主一定是部族中的最高"领导人"，恰好符合"泽惠"及民的条件。《周易》的《象辞》就"兑"卦的判断与这一思想构成的思想发展脉络恰好吻合，《周易·象辞》曰：

---

[1] "蚌龙"居左，为阳，墓主居中，依据考古测定，墓主是男性，为阳，故为两阳爻。

兑，说[1]也。刚中而柔外，说以利贞，是以顺乎天，而应乎人。说以先民，民忘其劳。说以犯难，民忘其死，说之大，民劝矣哉。[2]

《周易·说卦》说："说万物者，莫说乎泽"[3]，《彖辞》所说，"兑"是"说"——和洽之义，是"顺乎天，而应乎人"的自然、社会指向；"说以先民，民忘其劳。说以犯难，民忘其死"，和洽当以民为先，民人则忘却了劳苦；和洽但遇到艰难，民人可以有赴死而不惧的精神——这是华夏早期的社会哲学思想，也是华夏早期的社会管理思想，与濮阳西水坡古墓中"龙虎蚌壳图"暗示的哲学思想是吻合的。

"左青龙右白虎"在《礼记·曲礼》中序变为一个仿天文图或星图的"旗阵图"，它的文化基因是原始天文历法之学，仰韶文化系统中出土的"龙虎蚌壳图"做了有说服力的证明，也为学术界大多颔首，那么，我们再重复前面提出的问题："龙虎蚌壳图"产生、形成的文化基因是什么？是华夏原始人类的自然辩证观念并哲学思维形态。

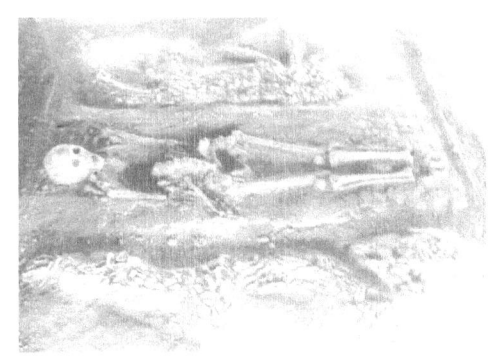

河南濮阳西水坡45号古墓"龙虎蚌壳图"

因此，我们有理由说，阴阳观念的理性思维形态在原始社会晚期已经形成。《易》卦形成最重要的元素是阴阳的认识和界定，与上古天文有着直接的因果关系，"龙虎蚌壳图"可以确定出原始人类形成的阴阳观念，是原始天文历法的暗示即天文图或星图，与《易》卦的形成有着不可分割的关联，也可以说是《易》卦的原始形态即"先天卦"。

---

[1] "说"，音义同"悦"。
[2] 据《十三经注疏》本《周易注疏》卷六，中华书局，1980年，第65页。
[3] 据《十三经注疏》本《周易注疏》卷九，中华书局，1980年，第94页。

《周礼》的生态伦理内涵[1]

《周礼》是记录西周时期礼法、典制的一部重要文献。该书对西周立国以后的政治、经济、宗教、文化等制度做了比较系统、完整的记载,也比较客观地反映了当时人类的生存秩序和生存状态。其中记载了不少关于当时人类保护自然环境的制度,蕴含着当时人类的生态观念和生态伦理观念。探讨其中的生态伦理内涵有助于我们纠正在人类与自然关系认识上的某些局限和偏颇。

一

《周礼》是官职文献,故有《周官》之称,但《周礼》在记载官职的行文中加入了诸多哲理思考,蕴含着当时人类的生态观念和生态伦理观念。其中,阴阳学说又是很重要的部分。《周礼》中由阴阳之说而涉及生态伦理的问题和内容不少。《周礼·地官司徒·大司徒》中记载:

> 日至之景,尺有五寸,谓之地中。天地之所合也,四时之所交也,风雨之所会也,阴阳之所和也,然则百物阜安,乃建王国焉。

---

[1] 此文载《道德与文明》2003年第4期。

早期华夏人类在主动适应地理环境的同时，积极寻求人类与自然相互适应关系的最佳途径，并对人以及万物的生命关系投入了深切的关注——将"生"和"成"构成为人类认知范畴的终极抽象。"生"和"成"的过程，则抽象为"阴阳交感"。"交感"符合规律，则"生"而"成"之，交感不畅，则为闭，不仅不能"生成"，相反，会出现损毁。这种理论基于对自然物质世界的认识而反观于人类社会行为的解释。周人在封建邦国时，就非常重视地理位置即生态环境的选择，自然是很典型的生态意识外化。这里，最基本的原则就是"阴阳交感"。所谓"天地之所合，四时之所交，风雨之所会，阴阳之所和"无不集结着"阴阳交感"的原则。这一基本的原则确立起来以后，才有可能是"百物阜安"，也才具备了"建国"的条件。

周人尊重宇宙一切有生命的物质，显然是从原始社会神话时代的"活物观念"中序变出来的。"百物阜安"是周人对物质生命形态长存最由衷的祈愿。出于对人类自身生命本能的关注而考察到的自然人类以及其他生命这种极为特殊的关系，使周人认识到，自然、人类以及其他生命的关系是互相联系、彼此为生存基础的。因而，关注人类共同体的生命存在的固有价值，必须重视物质世界其他生命存在的固有价值，这是非常典型的生态伦理生存指向。

先周部族以农耕而发祥，从原始农业文明进入早期封建文明的西周初年，以农业为主体的经济结构而兼顾其他经济形式，这是西周时代人们生态伦理观念形成的基础。《周礼·地官司徒·闾师》中载：

> 凡任民：任农以耕事，贡九谷；任圃；以树事；贡草木；任工以饬材事，贡器物；任商以市事，贡货贿；任牧以畜事，贡鸟兽；任嫔以女事，贡布帛；任衡以山事，贡其物；任虞以泽事，贡其物。

上引资料，反映了西周时期华夏人类以农业生产为基础的多样性物质生活形态，农、工、商、牧、纴和渔猎等经济结构，为周人的生活提供了相应物质资源，为自身创造了有利的生存空间，任农、任工、任圃、任衡、任虞等是周人特定的生产实践活动，这为周人获得了独立的生存权利和邦国的"贡税"——建立了家国一体的经济格局，这种经济格局是在对自身生命形式和对自然界物质生命攸关的理解基础上逐渐形成的。了解生态系统的多样性对生命的影响，是周人考察人类自身存在意义的重要依据；考察其他物种的生命存在方式，也为人类选择多样性生存方式提供了有利的参照系统。周人获得生存的物质资源是建立在对生态环境认识基础上的实施，《周礼·地官·大司徒》中说：

> 以天下土地之图，周知九州之地域广轮之数。辨其山、林、川、泽、丘、陵、坟、衍、原、隰之名物……以土会之法，辨五地之物生。一曰山林：其动物宜毛物，其植物宜早物，其民毛而方。二曰川泽：其动物宜鳞物，其植物宜膏物，其民黑而津。三曰丘陵：其动物宜羽物，其植物宜核物，其民专而长。四曰坟衍：其动物宜介物，其植物宜荚物，其民皙而瘠。五曰原隰：其动物宜裸物，其植物宜丛物，其民丰肉而庳。

我们有理由说，这段文字所记载的是华夏先民对生态环境深刻认识和理解并上升到理性观照层面的总结——属于典型的文化生态学范畴。我们承认，其中存在着很大的直观性或者说存在着某些不科学的结论，但从地理条件认识物宜并对其做出结论，显然是生态伦理观念的显现。

其一，以地域的差异确定物类。所谓"以天下土地之图，周知九州之地域广轮之数。辨其山、林、川、泽、丘、陵、坟、衍、原、隰之名物……以土会之法，辨五地之物生"。地域自然条件的差异，产生的物类也是有区别的。

其二，以地域之异辨人种之异，人种之异是以自然环境的差异为条件。《山海经》中有关记载。山林、川泽、丘陵、坟衍、原隰等地理形态各异。因而，造成同一生命类别在不同环境中形成的形体状态，对于动植物及其他生命物质来说，本能地接受自然的选择，只能是唯一的生存方式，而人类除了本能地适应自然环境、接受自然选择规律的支配以外，还能够选择自然，按照人类自己的规律而谋求最佳的生存方式。处于不同地理环境中的人类，总是在实践中逐步探索如何按照自然环境的特征选择最适宜自身生存和发展的与自然交换关系的特殊方式[1]。周人总结丰富的农耕经验，就是由其生态伦理观念指导下的生态建设决定的。又《周礼·地官司徒·大司徒》中载：

> 以土宜之法，辨十有二土之名物，以相民宅而知其利害。以阜人民，以蕃鸟兽，以毓草木，以任土事。

据此文可见，辨土而别物，由来已久，相地而定居也是很久远的一种古老的生存观念。所谓"以土宜之法"，实即辨土而别物的法则，通俗地说就是辨别土壤的属性识别生长之物——这是典型的但又是原始的环境学理论，而这一理论又是建立在古老的生态伦理观念的基础上形成的。

所谓"以相民宅而知其利害，以阜人民"——它是相地而定居的生存行为，是以后序变为看"风水"的前文化形态。华夏先民认识到，宅基地的选择与人类的生存质量有关系，"知其利害，以阜人民"这一理论体现了先民的伟大智慧，它是在生态伦理观念的基础上形成的。当然，后来的看"风水"，的确附会了很多神秘和糟粕，但事实上，先秦时期的相地而定居，与后来的风水先生的看"风水"不可同日而语。"以阜人民，以蕃鸟兽，以毓草木"是人与自然做物质交换关系时，认识到人与动植物及一切生命物质之间相互依赖、彼此共存关系的具体说明。人类在自然领域获得生存权利并不高于其他物种，与其他物种在争取生存权利这一点上是平等的，自然界造就人类并不是以绞杀其他生命物质为目的的，任何生命的存在都是有意义的，取得自然生态平衡，人类获得生存权利的空间才更广阔。可见，上古时代，人类在平衡自然生

---

[1] 许苏民《文化哲学》，上海人民出版社，1990年，第87页。

态关系上就负有一定的责任意识,这与我们所了解到的周人关于万物生命来自自然以及生命之间彼此依赖的观念是相一致的,这也是最具体的生态伦理观念的显现。

二

人类的生命实践活动,首先面临的对象是自然,人和自然在起点上就构成了对象化关系,"人化自然"是人本质力量对象化的过程。维持人化自然过程的平衡对于人类永久延续具有十分重要的意义。从《周礼》的诸多记载中,我们可以看到,早期人类对此已有了深切认识并付诸礼法。之所以如此,是由当时的生产力所决定的。当时人类的生活资料离不开肥沃的土地以及可供驯养的动物资源和水草资源,对自然的依赖是很重要的原因。《周礼》中记载了许多有关对自然资源进行管理的制度和政令以及专职管理人员。如委人、草人、稻人、山虞、林衡、川衡、泽虞、迹人、角人、羽人、囿人、场人、廪人、舍人等有几十种之多。其中的社会关系因素固然不能否认,但最主要的动因是出于维持人与自然的生存状态的平衡。《周礼·地官司徒·川衡》载:

川衡掌巡川泽之禁令,而平其守,以时舍其守。犯禁者执而诛罚之。

这则文献记载着西周时期有关部门水资源的管理法规。"川衡"是负责管理济水与水资源的官员。济水与使用水资源,都必须按照规定的法则进行。不按规定的法则进行,就要受到惩罚。文虽简约,但记载的事实明晰。同样,对山地林木也有管理法则。《周礼·地官司徒·山虞》曰:

> 山虞掌山林之政令，物为之厉而为之守禁。仲冬斩阳木，仲夏斩阴木。凡服耜，斩季材。以时入之。令万民时斩材，有期日。：……春秋之斩木不入禁凡窃木者有刑罚。

这则文献说明，西周时期对山地和森林所制定的管理"政令"，也可以说是森林管理法。其中有两点值得重视：第一，提出了物类独立生存与共容的生态伦理观念。第二，认识到自然的运行规律和物类的生存规律。使用自然界的物类，应该注重其自然特点和在其生长规律中所形成的物类特点，以达到充分利用物类而不浪费的目的。由此可见，西周时期有着严格而完整的森林管理法规，无论是主观还是客观上都具有保护生态环境的意义。西周时期不仅具有保护森林、土地的法规，而且具有对动物生存环境的认识法则，对养殖、渔猎都制定了严格的法规。《周礼·地官·迹人》说：

> 迹人掌邦田之地政，为之厉禁而狩之，凡田猎者受令焉，禁鹿卵者与其毒矢射者。

这则文献记载着狩猎的相关法规。在西周时期，狩猎有固定的时令、处所和有专人负责管理，违禁者要受到惩罚。所谓"为之厉禁而守之"，是言狩猎所规定处所和有专人负责管理。郑玄注："令，谓时与处也。"同时，在规定的时间地点狩猎，即所谓田猎者受令"，狩猎必须得到管理者的允许即"受令，贾公彦说为"夏官主田猎者"，否则是违法。禁止射杀夭物"。郑玄注"麛，麋鹿子"，为其夭物，禁止物"。是因为"夭物"正在哺乳期。禁杀哺乳期的动物，已经显示了人性化的生态观念，是很典型的生态伦理。

《周礼·夏官司马·牧师》载：

> 牧师掌牧地，皆有厉禁而颁之。孟春焚牧，中春通淫。

此文记载的"孟春焚牧",孟春之时焚烧牧场是为了牧场生长出肥美的新草。郑玄注:"焚牧地以除陈生新草也。"贾公彦疏曰:"孟春建寅之月,草物将出之时,烧焚牧地,除陈草生新草也。"同时,也便于动物在此后的季节里交配,是所谓"中(仲)淫"。足见,华夏先民既重视动物的生长,也重视物的繁衍。

应该承认,中国古代的生态伦理,确实存在着诸多的理论缺陷,它没有独立成为一个专门的体系,而都是杂于"经学""史学""子学"之中,需要我们认真地整理和挖掘。

《墨子·尚贤》中的人才论与晚期原始社会文化观念[1]

墨子是中国历史上杰出的思想家、哲学家。他提出的"兼爱、交利"之说构成了"墨学"的核心。墨子后学虽有门户之见,但是"兼爱、交利"这一学说核心却没有变化。

墨子"兼爱、交利"之说的提出有着必然的社会基础,而且相对于当时的布衣阶层,这一学说也有它的现实意义。但是在诸侯争霸、权位角逐的战国时期,他的这一学说无法实施,因此,也就成为社会"乌托邦"。自秦建立了封建中央集权制,就更不会有执政者对墨子的学说感兴趣。作为文化,晋代虽有鲁胜作《墨辨》,然而,没有形成学术延续。到了清代,才有毕沅、孙星衍、孙诒让诸家研究墨学。

墨学中不仅有精深的社会学思想、哲学思想和逻辑学,而且有广博的伦理学思想。《墨子·尚贤》中的人才论即是以伦理思想为前提构成的。墨学的伦理思想,今人多有研究,但其人才观念的研究似嫌不足。即使有所涉论,往往强调它的建设性而忽略了它的追源复归性。其实,墨学中的人才理论不仅有着深远的历史文化传承,而且也体现了墨子的追源化心理。

---

[1] 此文载《中国文化研究》1999年第4期。

一

《墨子·尚贤》凡三篇，大抵是墨子本人自述而由其后学所记传世。三篇所论皆以"尚贤"亦即崇尚贤德之人为要。问题论讲的严密性姑且不论，就其崇尚贤人也就是在人类社会中人才存在的价值，人才所具备的条件，人才的前在社会地位，人才的后在社会地位等，都做了深刻的论述。我们应该特别注意的是墨子在论述这些问题的时候，确定了一个以历史圣贤为背景的文化条件，它体现了墨子的一种文化观念，同时也代表了先秦诸子普遍的文化心理。其实，墨子人才观念本身，在先秦时期就有普遍意义。

一、关于人才存在的价值问题。可以说，这是墨子人才论中的一个基本问题。墨子的人才存在论，不是抽象的界定，而是具象的社会认知。也就是说，人才存在的价值必须体现在社会行为过程中，它集结着一个纲领性的内涵就是人才与社会的强弱贫富和治乱的因果关系。

> 子墨子言曰：今者，王公大人为政于国家者，皆欲国家之富，人民之众，刑政之治，然而，不得富而得贫，不得众而得寡，不得治而得乱，则是本失其所欲，得其所恶，何也？……是在王公大人为政于国家者，不能以尚贤使能为政也，是故国有贤良之众，则国家之治厚，贤良之士寡，国家之治薄。[1]

我们从上引文字中不难看出，墨子把"贤良之士"存在的价值和国家的治乱联系起来并认定它们是因果关系。如果我们从此论中的深层解析，可以认识到：一、"王公大人"之所"欲"者是"国家之富，人民之众，刑政之治"——墨子设定的"王公大人之所欲"指向是社会发展的正效应，与其

---

[1] 据《诸子集成》本，《墨子·尚贤》（上）。

"所欲"的结果却是负效应。即"不得富而得贫,不得众可得寡,不得治而得乱"。"所欲",作为事物的起因,得出的结论却是背反的。这是墨子推绎的第一个因果关系;二、建立在第一个因果关系的认识基础上,又延伸出进一层的因果关系。并设定了一个为什么"所欲"的指向和"所欲"的结果相背反这样的提问,回答是"不能以尚贤使能为政";三、"为政"者的行为原则是上引论述中的核心。那么"尚贤使能"是这一行为原则核心的行为起点。我们从社会学的认识视点来评析墨子对为政者所设定的尚贤使能原则,可以说,墨子的最高社会理想仍然是"贤人政治"。这和儒家的社会理想是一致的。

墨子肯定了人才存在的价值,而且尤其是肯定了人才在建立和维护人类的生存秩序过程中所具有的不可替代的作用。但是,我们不能否认,墨子肯定人才存在价值的前提首先肯定了决定人才存在价值的"为政"者存在的重要意义,换言之,墨子认定人才存在的价值是以首肯起用人才的为政者的存在为条件。如果没有起用人才的为政者的存在,人才也就失去了存在的意义。所以说"尚贤"正是对"为政者"而言。

二、关于人才所具备的条件。《尚贤》中就这个问题作了反复的强调,其实,《尚贤》这个题目本身就在于以"贤"为先决条件。"贤"是怎样一个概念?墨子并未做具体的界定,但《尚贤》三篇中论说"贤良之士"的过程以"德、义"为是,可以说,"德、义"是"贤"的组合概念。如果我们要把握墨子人才论的结构内涵,就必须对这一组概念做深入考察,那么,春秋以来所形成的社会观念、政治观念以及宗教观念在"贤、德"作为人的社会过程规约中具有的作用是深刻而巨大的。从这个意义上说,墨家和儒家的人才观是有着牢固的内在联系的,把儒、墨两家学说对立起来应有限度,墨子的"尚贤"之论,渊源有自。就其近源论,则是延续了西周立国之后就牢固地建立起来的"贤人政治"。《尚书·周书》《论语》中的记载不必引述,《礼记·礼运》篇的一段文字可足资证:

> 大道之行也，天下为公。选贤与能，讲信修睦。故人不独亲其亲，不独子其子，使老有所终，壮有所用，幼有所长，矜寡孤独废疾者皆有所养……[1]

上引资料成为孔子和儒家社会理想的重要组成部分、也可以说孔子认定的理想社会。这和墨子《尚同》中所构设的理想社会大同小异，其中所论的"选贤与能"，自然是孔子的人才观念。所界定的"贤能"之义与墨子《尚贤》中的"贤能"是没有内涵的差异。如果我们从儒、墨论人才所必备的条件认识，仍可确定两家的学源关系。也就是说，墨子论人才的必备条件为"德"与"能"，儒家论人才的必备条件也是"德"与"能"，而且，墨、儒两家对"德、能"的理解也没有概念上的差异。比如，墨家论人才的"德"与"能"不以社会地位高下为限，儒家论人才的"德"与"能"也不是以社会地位的高下为条件。

前述墨子并未在《尚贤》中对"贤"这个概念做抽象的界定，但是《尚贤》所论"德""能"却构成了解说"贤"这个概念的组合条件，而且《尚贤》中把"贤"放置在社会的条件下予以关照，"贤"便很具体了。

> 凡所使治国家、官府、邑里，此皆国之贤者也。贤者之治国也。蚤朝宴退，听狱治政，是以国家治而刑法正。贤者之长官也，夜寝夙兴，收敛关市、山林、泽梁之利，以实官府。是以官府实而财不散，贤者之治邑也，蚤出莫（暮）入，耕稼树艺，聚菽粟。是以菽粟多而民足乎食，故国家治则刑法正，官府实则万民富。[2]

由此不难看出，墨子不仅把"贤"者即人才的认识放置在社会中关照，

---

[1] 据《十三经注疏·礼记正义》卷二十一。
[2] 《尚贤》中。

而且对他们必备的条件以及不同的层次都做了具体的界定；人才所必备的条件是"治国家、官府、邑里"，必须是"蚤朝宴退""夜寝夙兴""蚤出莫入"，同时，必须是"国家治而刑法正""官府实而财不散""菽粟多而民足乎食"。很显然，这是早期农业经济的思想产物，也是早期封建文明的必然结果。当然，我们不能否认，墨子以天下富实、人民安足为标准评定一个社会的"治乱"，有着坚实的文化背景和历史基础。我们也不能否认，墨子的历史观念所具有的现实意义——其中是否包容着一个"廉正"内涵？当是不言而喻的。

以上引述，是墨子论人才必备条件的一个层面。我们从这一个层面中自然可以看出墨子的生存祈向，也是当时平民的生存祈向；同样，它是墨子的社会理想。也是平民所具有普遍意义的社会理想。作为平民的墨子，代表平民的社会理想，对人才必备的条件，他就有更具体、更深入地认识。

> 为贤之道将奈何？曰：有力者疾以助人，有财者勉以分人，有道者劝以教人。若此则饥者得食，寒者得衣，乱者得治。若饥者得食，寒者得衣，乱者得治，此安生生。[1]

这里，不难理解墨子的平均思想。这种思想在中国历史上曾经对农民产生过巨大影响。但我们从文化哲学的基点认识，他不仅提出了一个对人本体存在的生命感悟问题，而且也指涉了人在社会行为过程中的品格自塑的思辨范畴。"为贤之道"是人才的必备条件，而同样设定人才必备条件的层次问题："有力者疾以助人"是一个层次，它要求的是物质形态形成过程的前在条件，所产生的社会效果应是人类的群体互依。从这一点上认识，它具有深层的原始文化心理特征。"有财者勉以分人"是一个层次，它要求的是物质形态的存在和运动过程、人类的认知心理与支配行为。"财"作为一种物质形态的精化结

---

[1] 《尚贤》下。

构，不仅具有对人类原初欲动的特殊引力，而且也具有对人类理智结构的冲击效应。爱财和疏财就构成了人类本欲、理智的矛盾对抗关系。"有财者勉以分人"恰恰是认识了人类的这一矛盾对抗关系之后提出的矛盾移置思维方式。"贤者"亦即人才，面对着"财"能做到"勉以分人"就具备了本欲、理智的移置人格条件；"有道者劝以教人"是一个层次。通观墨学的核心，这应是墨子人才论所设定的最高层次，也是他人格自塑审美理想的坐标。"有道者劝以教人"，有力者疾以助人""有财者勉以分人"为条件，也就是说，"有力者"不能"助人"，有财者不能"分人"就不可能达于"有道"的人格境界。"有道"是墨家的最高追求，也是"尚贤"的最高层次，那么，"道"在墨家学说中自然有一个指义范畴。这个指义范畴就是"利"。建立在这样一个认识基础上再来观照墨子的人才论，就可以说，墨子的人才最高理想层级是能够在人类社会行为之中做到并教谕"兼爱、交利"——这应该是墨子所设定的"贤"的终极意义。

三、关于人才的前在和后在社会地位问题。墨子视人才即"贤良之士"为"国家之珍，社稷之佐"（《尚贤》上），充分肯定了人才存在的价值。"贤良之士"即人才存在和必备的条件是"德、义、能""德、义、能"的组合才可为"贤良之士""贤良之士"不是抽象的演绎，其价值是体现在社会之中。放置在社会之中确定人才的价值，那么，人才的价值就在于营建"兼爱、交利"的社会环境，人才的社会价值、人才的必备条件得到了肯定，它是以物质形态为前提，所以要实现人才的价值，创造必要的理想社会，首先应该给予人才以必要的物质保证。就这个问题，《尚贤》三篇作了充分的论述。

> 虽在农与工肆之人，有能则举之，高予之爵，重予之禄，任之以事，断予之令，曰：爵位不高则民弗敬，蓄禄不厚则民不信，政令不断则民不畏，举三者授之贤者，非为贤赐也，欲其事之成，故当是时，以德就列，以官服事，以劳殿赏，量功而分禄，故官无常贵而民无终贱，有能则举

之，无能则下之，举公义，辟（避）私怨。[1]

据上引文，可以做如下解析：一、"尚贤"不避"贵贱"强调的是"能""有能"的就举用。这里，消除了"尚贤""举能"的地位界限，在这一社会视域中，我们可以看到，墨子并不重视等级，但其中却容结着一个人才的前在和后在的地位落差问题。可以说，人才的前在阶段，也就是没有被举用的"农与工肆"到被举用的后在阶段，其社会地位就发生了根本变化；二、墨子论人才不避地位高下，其实，所用心的是"农与工肆之人"，也就是说，墨子观照举用的"有能者"是布衣平民，所以强调"高予之爵、重予之禄"——这里已经显示了人才的前在和后在也就是举用前和举用后的地位差异；三、墨子十分重视人才举用前和举用后的爵禄地位，并提出了相应的根据，认为："爵位不高则民弗敬，蓄禄不厚则民不信。"这是阶级社会平民思想家的思想负载在中国历史上的深远影响。而且，我们也不能否认其现实意义。当然，作为历史文化思想的现代认识，就不能不建立在这一思想形成的当下基点上追考它的文化渊源；四、墨子重视人才的爵禄而强调民意，这并不是终极的，其终极目的是"欲其事之成"也就是"以德就列，以官服事，以劳殿赏，量功分禄"投归于"官无常贵，民无终贱，有则举之，无能则下之，举公义，辟私怨"。这是墨子"人才论"的核心，也是他祈愿的最理想社会。

墨子论贤者的价值，论贤者的必备条件，论贤者的社会地位。其终极目的是使人类达到一种"兼爱、交利"的生存状态，充分肯定完成这一生存状态的过程中所具有的决定作用、意义。但是"贤者"即人才如何体现或实施自身的价值、能力？墨子把这一社会理想寄望于"明君"，而"明君"的产生与存在则寓托于前代的"圣王"——前代"圣王"治理的社会便是墨子所设定的一个理想模本，其追源复归心理正是在这样的文化背景和社会理念的构设之中显示了出来。

---

[1] 《尚贤》上。

二

　　康有为述《孔子改制考》意在否定上古历史文化，当然不可取。但是，康氏认为孔子改制却有一些道理。其实，自春秋以来到战国时期所形成的诸子之学都存在着或多或少的托古改制的文化心理，墨子自然也不例外。

　　墨子论"尚贤"与不"尚贤"的利弊得失，究其指归，在于重建社会秩序亦即建立"兼爱、交利"的人类生存环境，他肯定了人才的作用，而冀望于"明君"，为了唤起和复苏人君的良知，便寓托"圣王"。我们认为，这一事实的存在不能仅仅说为墨子改制的论辩手段，而应该说是原始社会晚期文化传递过程中的文化认同。如果这一前提可以确定的话，那么说墨子之学和墨子人才之论有着深刻、牢固的原始晚期文化观念当不为过。

　　关于墨子的学源，下举三说：一是《庄子·天下》篇载：

> 墨子称道曰："昔禹之湮洪水，决江河而通四夷九州也，……禹大圣也，而形劳天下也如此。"使后世之墨者，多以裘褐为衣，……以自苦为极，曰："不能如此，非禹之道也，不足谓墨。"[1]

　　有人据上引《庄子》文字认为墨子之学源于先夏；二是认为墨学源于儒学而最终背离了儒学（参《淮南子·要略》）；三是《汉书·艺文志》所记载的十家九流，称墨家"出于清庙之守"。章太炎先生坚守此说又有所发挥，胡适先生著《诸子不出于王官论》（载《古史辨》四册）力抵此说，认为墨家不出于王官。我们认为，任何文化形态都不会横空而出，它必然有其产生、形成的文化机缘，墨学亦当如此。墨学虽不只祖述"大禹圣迹"，但与大禹时代的文化传递确有深层的联系。试就以下几个方面论述。

---

[1]　郭庆藩《庄子集释》卷十（下），中华书局，1961年。

一、关于原始社会晚期的禅让制——贤人政治与墨学的关系。原始社会晚期是否存在着部落联盟酋长职位禅让这一社会形态？顾颉刚先生作为"古史辨"派的代表人物曾著《禅让传说起于墨家考》[1]，否定原始社会禅让制，并认为"禅让"是传说，《墨子》中的记载并没有历史依据。也可以说，顾氏认为，禅让制起于墨家，是墨家据传说而编造的。关于这个问题近几年的研究有了突破性的进展，从理论和文献上都做了新的认识和界定。我们认为，从人类的发展历史规律论，华夏先民也应该经历原始禅让制。罗琨的《"禅让"的传说与史实新证》[2]对原始社会晚期的"禅让"作了详密而可信的论考，证明顾颉刚的结论是错误的；另台湾大学的阮芝生教授对这个问题有广泛而深入的研究，所著《论禅让与让国》[3]、《评"禅让传说起于墨家"说》[4]，对顾颉刚先生的论定进行批评和否定。笔者自然同意原始社会晚期有禅让制这一观点，下边我们就讨论墨学"尚贤"与晚期原始社会"禅让制"的文化认同关系。《墨子·尚贤》三篇中对尧、舜、禹的禅让之为每有标举：

> ……故古者尧举舜于服泽之阳，授之以政，天下平。禹举益于阴方之中，授之以政，九州成……得意贤士不可不举，不得意贤士不可不举。尚欲祖述尧、舜、禹、汤之道。[5]
>
> ……古者圣王唯能审以尚贤使能为政，无异物杂焉，天下皆得其利，古者舜耕历山，陶河濒，渔雷泽，尧得之服泽之阳，奉以为天子，与接天下之政，治天下之民。[6]
>
> ……是故昔者尧有舜，舜有禹，禹有皋陶。[7]

---

[1] 参《古史辨》七册（下），上海古籍出版社，1982年。
[2] 载《炎黄文化研究》第三期，第30页。
[3] 载《中央研究院第二届国际汉学会议论文集》。
[4] 载《燕京学报》第三期。
[5] 《尚贤》上。
[6] 《尚贤》中。
[7] 《尚贤》下。

墨子在《尚贤》三篇中极述得举"贤人"的重要，得举贤人是治国之本。推举"贤人"和任用"贤人"，就应该像尧舜禹一样，但其论"尚贤"却不厌其烦地称扬"三代"精神。并以二三代之圣为模本而论证之于"尚贤"在重建人类生存秩序中不可替代的作用和意义，不能不承认是一种追源复归的文化心理。不难理解，墨学体系作为战国时代的一家显学，"尚贤"是一个重要的组成部分。"尚贤"又是以原始社会晚期的"禅让制"为立说依据，"禅让"便是墨子"尚贤"的文化基因，也是原始文化心理积淀在墨学中的氤氲化生。

我们仍然要强调指出：墨子"尚贤"是为了实现重建人类生存秩序的祈望，正是晚期原始文化在墨学中的具体显示，也是原始文化心理积淀在墨学中的氤氲化生。原始"禅让"和墨学"尚贤"紧密的文化内涵黏合就是"贤人政治"。《墨子·尚贤》下中墨子的自述之词亦可为一明证："然则此尚贤者也，与尧、舜、禹、汤、文、武之道同矣。""尚贤"者与"尧舜禹……之道同"，所"同"的是"道"，"道"即是贤人政治。可见，原始"禅让"和墨子"尚贤"作为一个极大的文化时空跨越是以"贤人政治"为纽带而构成了文化认同以至于内在的文化黏合。

二、关于"德"义观念。墨子论人才，张扬治国安（富）民之本，治国安民是"贤人"即人才的社会责任，也是贤人能力的社会体现。依照墨子所论，构成贤人条件的最基本的素质要求是"德"。《墨子》论"兼爱、交利"之道，其中"德"的含义凡三十二见。即所谓"……贤良之士，厚乎德行，辩于言谈，博乎道述者乎！此国家之珍，而社稷之佐也。"[1] "厚乎德行"即言贤人必须有坚实厚重的"德行"，墨子论人才的"德"义仍是认同了原始社会晚期的文化观念，它和"贤人政治"互为表里、互为证明、互为因果。

原始社会晚期，华夏先民不仅已形成了稳定的"德"义观念，而且把"德"义作为评定人类个体、群体社会行为臧否的原则。这种文化观念大抵黄

---

[1] 《尚贤》上。

帝时代业已具备。《春秋内事》载：

> 轩辕氏以土德王天下，始有堂堂高栋深宇以避风雨。[1]

此载黄帝时造"堂宇以避风雨"，早期华夏人类已由穴居进入屋居，据考古证明，此说不诬。亦可证明黄帝时代是原始文明多元发达阶段形成"观念文化"是符合历史规律的。又《帝王世纪》载：

> 神农氏衰，黄帝修德化民，诸侯归之。[2]

黄帝取代神农氏而成为部落酋长的根本所在是"修德化民"，"修德"是方式、过程，"化民"是结果，而"诸侯归之"也就是部落首领归服，才是终极，那么"德"的含义就是给人民的生存创造前瞻希冀和福利条件。《河图挺佐辅》载："黄帝修德立义，天下大治"[3]恰恰记载和说明了这一事实。《山海经》等文献记载的"黄帝战蚩尤"虽为神话，但它也是"德"义观念的折射，同时说明这时期人类社会行为的审美原则是"福利人民"。

唐尧、虞舜时代是由原始社会过渡到奴隶社会的终端。也就是说，原始社会行将结束，华夏人类文明已在酝酿和形成之中。这个时期"德"义观念已经非常牢固。在《尚书·虞·夏》中多有记载：

> 曰若稽古帝尧，……允恭克让，光被四表。格于上下。克明俊德，以亲九族。九族既睦，平章百姓。百姓昭明，协和万邦。黎民于变时雍。[4]

郑玄解"恭让"曰："不懈于位曰恭，唯贤尚善曰让。"郑玄训"恭"为

---

[1] 《太平御览》卷七十九。
[2] 《太平御览》卷七十九。
[3] 《太平御览》卷七十九。
[4] 据《尚书正义》卷三，《尚书·尧典》。

"不懈于位"是正确的。"不懈于位"就是勤于职事,勤于职事是"贤"的标志;训"让"为"唯贤尚善"也是正确的。"唯贤尚善"就是举让贤善之人。可知,此语对尧的评价有两个层面的含义:一是尧的自律,一是尧的他律。两者集合了一个母题就是"德","克明俊德"是对尧的总结性评定(关于"克明俊德"的解释,史有两说:一说为尧能明他人之德而举用之,一说为尧自明其德。笔者认为,应折中两说之义)。无论如何,这里所说明的是晚期原始社会已经形成了牢固的"德"义观念,当是毋庸置疑的。

尧以"德"自律和他律,所以他禅让的对象也必然具备"德"的条件。《尚书·舜典》载:

"曰若稽古帝舜……睿哲文明,温恭允塞。玄德升闻,乃命以位。"

所以成为尧的禅让人选,是因为他"玄德升闻"。"德"的观念成于晚期原始社会,历夏商周而未替,《尚书·周书·吕刑》载:

……德威惟威,德明惟明。……伯夷降典,折民惟刑。禹平水土,主名山川。稷降播种,农殖嘉谷。三后成功,惟殷于民。士制百姓于刑之中,以教祇德。穆穆在上,明明在下。灼于四方,罔不惟德之勤。[1]

这里记载的是周代初年的"德"义观念。但它却是从原始社会晚期延伸下来的。引文中以"伯夷"(依《山海经》载为颛顼之师)禹及周部族祖人后稷为始终,至少证明两个事实:一是原始社会晚期确是形成了牢固的"德"义观念,一是这一"德"义观念延续到西周。以是论之,墨子认同"德"义观念不仅不奇怪,相反它有着坚实的历史文化背景和心理积淀。如果我们再观照《尚贤》中的"德"义之论,就会清楚地认识到两者之间的内在逻辑传递关系:

---

[1] 据《尚书正义》卷十九。

……伯鲧，帝之元子。废帝之德庸，既乃刑之于羽郊……以其得罚者也。然则天之所使能者，谁也？曰：昔者禹、稷、皋陶是也。何以知其然也？先王之书《吕刑》道之，曰："德威维威，德明维明。乃明三后，恤功于民。伯夷降典，哲民维刑。三后成功，惟假（殷）于民。"[1]

此段文字从两个层面论说了"德"在历史传承中的重要意义：其一，"伯鲧"被刑的原因是"废帝之德庸"，也可以说鲧被刑杀，不是治水失败而是毁败了"德"[2]。《尚贤》的这种引述是作为背离"德"的历史警示，同样显示了对"德"的原始意义的认同；其二，《尚贤》引述《吕刑》中所记载的自伯夷至皋陶这一段原始社会晚季的"贤人"，他们之所以为贤人在于"德威、德明"的社会管理而"恤功于民"使人民殷富，这是成为贤人的条件，也是验证贤人的条件。"德"正是验证贤人的核心。

墨子于此大段引述《吕刑》中有关原始社会晚季的贤人"德"义之迹，不仅仅是以论辩的史证，重要的是墨子对原始"德"义的文化认同。其实，墨子《尚贤》论人才把《吕刑》中的"大禹""皋陶"等作为论辩"德"义的正面史证，不正是一种文化认同嘛！

前论原始"禅让"和墨子的人才论存有一个内在的文化黏合是"贤人政治"，同样，从原始的"德"义观念到墨子《尚贤》的人才论也存有"贤人政治"作为内在黏合。所以我们说，原始"禅让"和"德"义观念都体现了"贤人政治"的文化祈向，它们互为因果而存在以及延伸，和墨子的人才论构成了时空跨越的逻辑认同。如果我们不否认文化的形成、文化观念的相对稳定是历史的动态过程而不是静止的，那么墨子的人才论对原始"禅让""德"义观念的认同，是否可以一定程度地澄清"疑古"偏失？

---

[1]　《尚贤》中。
[2]　参见周延良《鲧禹治水神话的文化结构》，载《天津师大学报》1998年第6期。

先秦儒家的"和而不同"文化观与
当代大学生的人际和谐[1]

当今社会，人际关系已成为大学生个体社会化过程中所遇到的最大问题之一。如何使大学生正确把握自己的行为，使其行为更合规范性、合目的性及时代性和个性，实现个体内在心理的稳定、平衡及健康发展，是摆在高校教育工作者面前的重要任务。当代大学生是在一个特殊的社会环境中成长起来的，他们面对的是前所未有的改革大潮，面对的是独生子女时代，面对的是历史以来最严峻的科技挑战，面对的是中华民族的伟大复兴。在这个特殊的时代里，社会更多地实施了科技教育，培养了他们具有更多的科技性知识，重视知识的工具性价值，忽略知识的内在价值。在前期教育中的人文关怀，显得尤为苍白，甚至存在着严重的缺憾，由于侵夺他们自我成长的空间和权利，在其内心存在着诸多空白，并由此而带入了大学时代。可以说，大学生在个体成长中缺少许多完整的信念和意义上的支持，这直接或间接地影响了他们的生活、学习、心理健康等各个方面，而表现在人际关系的处理上，其反映是，重视人际关系，但缺乏实际经验和理性的把握，其行为缺乏角色的同一性。因此，大学生亟待走出半人时代。

目前，在大学生思想个体行为中，还存在着"重外表轻内在；重理想轻现实；重表面轻本质；重自己轻他人；重外在道德；轻内在道德"的现象。这

---

[1] 此文载于《黑龙江高教研究》2005年第7期。

说明，大学生特别需要有厚重的人文知识作为后盾，失却了这一文化支持，就难以满足大学生个体全面的、健康的、持续的发展要求，难以承担时代的历史使命。事实证明，科技知识与人文知识是人类知识系统中的两种相互独立又相辅相成，却不能互相替代的知识体系，忽视其中的任何一种知识，都难以塑造健康而完整的个体人格。[1]本文试就先秦时期儒家提出的"和而不同"的文化观，从人类赖以生存自然、社会之间的关系中，帮助大学生整合合理的人际观念，确定符合个体需要的行为标准，为其创造和谐、健康的人际关系，给予有力的人文支持，并以期找回一些他们不应矢落的精神家园。

一

"和而不同"是由先秦时期儒家思想创始人孔子提出来的。

子曰："君子和而不同，小人同而。"[2]

它首先体现了人类生存主体的自我觉醒。人类在与外部世界建立对象化关系中体验到人类自身的存在，人类的自我认知来源于对自然、对社会、对其自身以及他们之间关系的认知。个体存在不是孤立的，也不是完全依赖于各种关系。下引资料如下：

子又曰："人性相近，习相远。"[3]

---

[1] 付洪《走出半人时代》，载《道德与文明》2004年第4期。
[2] 据《十三经注疏》本，《论语注疏·子路》卷十三。
[3] 据《十三经注疏》本，《论语·阳货》卷十七。

又曰："己欲立者立人，己欲达者达人。"[1]

又曰："己所不欲，勿施于人。"[2]

孟子曰："尽其心者，知其性也，知其性则知天矣。"[3]

荀子曰："扰化人之性情以导之，崩性情以正之。"[4]

先秦儒家关于人性的讨论，是将其放置在自然、宇宙及社会以及他人的关系范畴中。他们谈论了具体的个体人性。子曰："一箪食，一瓢饮，在陋巷，人不堪其忧，回也不改其乐。"（《论语·雍也》）又曰："回也，其心三月不违仁。"（同上）回，颜渊，是孔子的学生，他的行为不违背"仁"，"仁"是确定自身与外部各种关系的标准。孟子曰："仁者，爱人。"（《孟子·离娄章句下》）"仁民而爱物。"（《孟子·尽心章句上》）人所爱的对象不仅是人，而且包括万物。荀子特别强调人的群居生活方式。荀子曰：

> 水火有气而无生，草木有生而无知，禽兽有知而无义，人有气、有生、有知，亦且有义，故最为天下贵也。人能群，彼不能群也。人何以能群？曰：分。分何以能行？曰：以义。故义以分则和，和则一，一则多力，多力则强，强则胜物。[5]

荀子认为，人类是以群居的形式作为生存基础的。"人最为天下贵"，其贵则在于人不仅以"仁"为信念，而且以"义"为准则，"义以分和"，分即差异、不同，有不同才能创造和谐，"义"是创造和谐的条件。先秦儒家认为，人性是与外在社会关系交互作用的产物，人的类属是如此，个体的人性也

---

[1] 据《十三经注疏》本，《论语·公冶长》。

[2] 据《十三经注疏》本，《论语·颜渊》卷十二。

[3] 据《十三经注疏》本，《孟子注疏·尽心章句上》卷十三（上）。

[4] 据《十三经注疏》本，《荀子·性恶》。

[5] 据《十三经注疏》本，《荀子·王制》。

是如此，我们要了解每个个体的人性，必须以了解人作为类属的属性为前提，以探索人共有的属性为前提，有了对人的类本质属性的认知，才能对个体人的本质属性进行准确的把握。先秦时期儒家创造的"仁义"观念，是以人类生命共同体生存为本源的理性抽象，用以调整人个体与群体关系具有普遍意义行为准则。"和而不同"作为文化抽象，同样关切的是生命的个体价值存在和群体价值存在，表达了人作为生命共同体存在于上述关系中相济相合、氤氲化生、生生不息的生成发展过程。

"和而不同"强调了主体价值的差异性。每个人的生存是以人作为类属的文化本体为根基的，而个体又是人类文化独特的代表者和创造者。个体的文化结构是在社会文化环境中生成和塑造出来的，是以个体人的心理认知为基础，主要表现为对类属的文化本体的价值判断和理性的把握上，没有个体对本体文化的心理认知过程，是难以构成个体的文化结构。个体的文化结构不同，主要体现在主体的价值取向上，它是由主体的价值判断和审美判断心理认知所决定的。子贡曰：

> "如有博施于民而能济众，何如？可谓仁乎？"子曰："何事于仁，必也圣乎！尧舜其犹病诸！夫仁者，已欲立而立人，已欲达而达人。能近取譬，可谓仁之方也。"[1]

一个人的行为如果能广泛地给人们以好处，自己建立这样的原则，也影响别人建立这样的原则，自己达到这样的目标也希望别人能达到这样的目标，这就是践行仁德的最好方式。"博施于民而能济众"是子贡（子的学生）所表述的一种理想社会，也是一种以人们生存共同体为指向的社会价值认定，它包含所有个体存在价值的意义，而不是针对某个个体存在而言。如果人人都能自觉地做出这样的价值判断和选择，便是对其价值目标所表示的内在认同，其普遍

---

[1] 据《十三经注疏》本，《论语·雍也》。

的心理认同，取决于人们的文化修养、心理的价值认知和社会责任感。由于人们的文化差异，其认知的程度不同，接受程度不同。价值目标的判断可以衡量一个人对社会的责任感和道德良心的程度和大小，意志品质坚强的程度和一个人的成就动机的大小。然而，同一目标也存在着不同层次的价值判断，但只要以"仁德"为信念，不同层次的生命价值都能得以充分的体现。子曰："志士仁人，无求生以害仁，有杀身以成仁。"（《论语·卫灵公》）孔子认为，用自己生命来践行"仁德"的人，是人生价值的最高体现者。

《论语·学而》篇载：

> 有子曰："礼之用，和为贵，先王之道斯为美，小大由之，以礼节之，亦不可行也。"

孔子在这里认为，人作为主体的行为离不开一定的社会关系，"礼之用，和为贵"是说，礼的作用是为维护社会秩序的和谐。然而正如邢昺疏文言：每事不论大小，以礼节之，或每事从和，而不以礼节之，皆不可行也"。那么，礼之用，何谓当否？如前所引，子曰："君子和而不同，小人同而不和。"魏何晏集解："君子心和，然其所见各异，故曰不同。小人所嗜好者同，然各争利，故曰不和。"[1]宋代陈祥道说："君子之与人也。任道故和而不同。小人之与人也，任情故同而不和。"[2]由上所言，"和为贵"是主体对行为持有的一种态度，也是一种具体的行为方式，这种行为以价值判断为前提，影响到主体的行为结果及其评价。"心和，然其所见各异"，表明主体行为的心理状态，"君子任道，故和而不同"是说主体有正确的信念，善于摆正自己的位置。"小人任情，故同而不和"是说，主体只满足本能的动机，不能建立正确的信念。"礼"之用是君子之和，而非小人之同。"礼"是规范主体行为的基

---

[1] 据《十三经注疏》本，《论语注疏》卷十三。
[2] 《四库全书》本，《论语全解》卷七。

本准则，人的价值目标可以有层次的不同，也可以有质的差异。但主体行为必须有一个统一衡量的尺度，超越这个基本的行为准则，个体的正当行为就得不到切实保障。

"和而不同"体现了儒家的"中庸"思想。子曰："中庸者之为德也。"何晏集解：庸，常也。中和，可常行之德。《礼记·中庸》载："中也者，天下之大本也。和也者，天下之达道也"。致中和，天地位焉，万物育焉。"朱熹说：中者，不偏不倚，无过不及。在这里，儒家所说的"中和"之道，是指事物间的相合相生，即"万物并育而不相害，道并行而不相悖。"（《礼记·中庸》）"中"即"适中""时中"之意，"适中"是指任何事物都有其内在的运动规律，在其质变运动范围之内进行量变运动，"时中"，即时中则能和，是指特定范围内不同性质的事物相济相中相合生成新的事物。"致中和，天地位，万物育"，是说人类与自然保持生态平衡的条件是"中和"。这种关系也体现在社会之中人与人之间的关系中，人作为主体都有其质的规定性，其生命价值在社会时空中不断生成、不断变化，不同性质生命主体的相合相济是社会进步的根本动力，主体如果离开了做人的内在本质，其生命价值便失去了生成依托，也不能与其他人的生命相济相合，形成新的生命关系，人类的和谐共生和协同发展就无以显现。"和而不同"反映了个人的主体地位，以及主体之间的相济相合的作用。

二

大学生是社会的新生力量，是中华民族经济腾飞与文化振兴的强大动力。他们是否能以历史的而又现实的、民族的而又世界的、前瞻的而又持续发展的眼光来认知自我，认知自我与周围世界的一切关系，来源于文化观念的整合与塑造。"和而不同"作为中国优秀的传统文化观念，有着极为深厚的文化底蕴，它的当代价值将是不可估量的，有待于我们进一步地去挖掘，在这里，笔者认为，"和而不同"的文化观念为大学生的人际观念的整合将产生以下几方面的影响。

第一，独立的个体生命价值存在。每个人都是自己生命的承载者，也是自己独特生命价值的表现者、创造者，它是由历史、现时、未来的生命个体组合而成。经过历史、现实的生命过程，大学生所感悟到的是每个生命的价值之所以不同，是由于个体生命存在的独立性，它不依赖于任何人，各种社会关系所起到的是辅助和依托的作用，每个生命主体都应该表现其内在的本质特征。个人对社会理想、职业理想和道德理想追求上的差异是独立性的象征。但这只是独立的自我预期，并非实际的独立性实体，现实生活中，大学生切实体验到了作为一个特殊经济利益的主体存在。由于主客体的原因，他们作为特殊经济利益主体地位，在意识中还没有真正到位，意识到这种特殊利益主体的独立性，但个体的特殊经济利益还没有从家庭中分解出来，认为家庭的经济状况，就是自己的经济状况，家庭地位的优劣，也就是自己生命价值的某种体现，在利益关系上缺乏的角色同一认识，使大学生存在着位尊位卑现象以及过分消费现象。我们认为，大学生应以自身的身份为基础确立自我特殊经济主体地位，这是大学生真正独立体验个体生命价值的前提条件，实现大学生经济利益需求的自我满足，逐步摆脱对家庭经济上的依赖是社会的一种期待，也是大学生以健康的心理走向社会的重要标志。只有在这样的条件下，大学生才能面对在平等基础上的公平竞争，既有益于发挥自身的主体性作用，又以独立的地位与他人保持相济相合的关系。

第二，其行为保持"中道"的特点。大学生作为独立的交往主体开始与他人、与外部世界直接保持联系，在对一般的交往准则进行实际体验之后，他们发现，要取得好的交往效果并不是一件容易的事。他们认为，人际交往离不开真诚、守信、热情、宽容、尊重、互利、负责等要素，但实际上对其内容的理解每个人是有区别的,在主体的交往行为中把握的尺度也是不同的,交往双方都是特殊的个体,要使各种要素表现最佳的效果是无不及、无过的适中与得体行为,即符合"中道"的特点,行为过分不行,正如孔子所说:"恭而无礼则劳,慎而无礼则葸,直而无礼则绞,勇而无礼则乱。"(《论语·泰伯》)这里的"礼"就是适度、节制的行为。过度的行为就是不符合中道,不中则不和。孔子又说:"好仁不好学其蔽也愚,好知不好学其蔽也荡,好信不好学其蔽也贼,好直不其蔽也绞,好勇不好学其蔽也乱,好刚不好学其狂。"(《论语·阳货》)意思是行为不及,达不到适度、节制的程度,只对"仁、知、信、直、勇"作简单的认知和把握,常因"愚(愚昧)、荡(空话)、伤害、绞(刻薄)、乱(鲁莽)、狂(自大)"而困惑与不足,同样难以实现人际的和谐,产生心理上的蔽障。子曰:"狂而不直,侗而不愿。而不信,吾不知之。"(《论语·泰伯》)意思是说自大又不求实际的人,又不老实的人,无能又圆滑的人,是应当善于辨别的。孔子认为,"君子惠而不费,劳而不怨,欲而不贪,泰而不骄,威而不猛。"(《论语·尧曰》)是说人都能符合这样中道的行为,人与人之间的关系自然达成和谐。

第三,它可砥砺大学生的志向和人格的塑造。子曰:"道不同,不相为谋。"(《论语·卫灵公》)大学生在交往对象的选择上是有所侧重的,由于大学生价值观在形成过程中呈多元化趋势,因此决定他们交往对象的范围以及交往的需求。管子曾讲:"观其交友,则其贤不肖可察也。"(《管子·权修》)先秦儒家更是把交往与人的道德与人生相联系,孔子把朋友分为益友和损友。子曰:"君子以文会友,与友辅仁。"(《论语·颜渊》)真正的朋友以切磋道义为指向,以共同而高尚的理想为目的,相互之间取长补短短,"见贤思齐,见不贤内省也。"(《论语·里仁》)"己欲立而立人,己欲达而达人,能近取譬,可谓仁也。"(《论语·雍也》)当今社会很多人仅以利害来确定相互之间的关系,其结果却伤害了自己的利益。在社会中,人人都有自己的特殊利益,其利益获得不能没有尺度和约束,确定个人与他人的利益关系必须以道德为前提,"义然后取,人不厌其取。"(《论语·宪问》)"见利思义""以义制利"在社会主义市场经济中依然具有其重要的现代价值,不容忽视,刻不容缓。子曰:"德之不修,学之不讲,闻义不能徙,不善不能改,是吾忧也。"(《论语·述而》)道德修养的水平是社会文明程度的重要标志,推动社会积极进步,健康发展的强大动力,大学生作为时代的栋梁之材。任重而道远,改善社会习气,需要他们有超远的眼光,更要有高尚的道德素养,以国家民族的利益为己任。如果大学生只注重自身的利益、眼前利益,而不满足未来健康而长远的发展利益,甚至将个人的利益与国家的利益相分离,那么,我们的国家就没有前途和希望。

《礼记·祭义》儒家思想中的"孝道"与礼仪[1]

　　历史上的春秋时期，是中国文化形成体系的重要阶段，所谓"诸子百家"或"九流百家"是这一历史时期的文化思想标志。儒家和儒家学说，作为当时的文化思想流派，在当时和对后世都产生了深远的影响，儒家思想中的"孝道"成为中国文化观念中的人伦定义，一直延续了数千年。这一思想的形成，源于对"天人合一"认知的深化——人类认识到"天（自然）"存在对人生存的意义，认识到"人"与"天（自然）"和谐并存更为重要的意义，体现在当时的宗教活动中，就不仅仅是"听天命信鬼神"，而"尊祖敬宗"则同样重要，这与春秋时期形成了固定的"人本"思想具有密切的关系——"孝道"是人本思想中的重要组成部分。孔子说："天地之性，人为贵。人之行，莫大于孝。"[2]人类在感悟天地之性的过程中，为自身的存在寻找依据，"人之行，莫大于孝"，代表着儒家哲学中的伦理思想，试图以人伦关系为起点建立谋求人类生存发展的家庭秩序和社会秩序。为什么历代圣贤帝王推崇孝道，并确立以孝治国、以孝治人的政策方略。"孝，德之本"这一观念不仅是中华民族普遍认同的价值观和遵循的行为准则，更是中华民族个体修身立世的重要依据，可见，"孝"作为中国传统文化的根基，成为中国独特的文化象征，包含着丰富的文化内涵，本文试图从《礼记·祭义》中关于礼仪与孝道之间的关系探求"孝"观念在儒家文化思想中的重要作用，"孝"文化心理积淀对社会主体

---

[1] 此文载于《浙江海洋学院学报》（人文科学版）2013年第1期。
[2] 据《十三经注疏》本《孝经注疏》卷五《圣治》篇。

"立身行道"独立人格、质量的建立,所产生的重要意义。

一

《礼记·祭统》载:

> 凡治人之道,莫急于礼,礼有五经,莫重于祭。夫祭者,非物自外至者也,自中出生于心也,心怵而奉之以礼,是故唯贤者?能尽祭之义。[1]

祭祀活动与礼仪相结合是儒家思想中的一种文化形式,"礼"是载体,"秩序"是其核心——作为人类社会生活秩序的依据,所反映的是人类以家庭人伦关系为基础而产生的一切实践活动。孔颖达疏曰:"凡祭为'礼'之本。'礼'为人之本。"[2]所以,祭礼是以人为本。《礼记·祭义》篇记载的就是祭祀斋戒之事。其中有曰:"孝子将祭祀,必有齐庄之心。"(同上,卷四十七)这里所指的祭祀之礼,是指特定的对象——为孝子的祭祀礼,为什么"孝子将祭祀,必有齐庄之心?"孝子施出的对象是长辈,亲人。"孝"在《说文解字》中的解释为"善事父母",这样,我们就不难理解,"善事父母"与孝子"齐庄之心"之间的必然联系。上引资料中,"心怵而奉之以礼者",据孔颖达疏曰:"'怵',怵惕,即凄怆、戒惕之意。言孝子感时,心中怵惕而奉亲以祭祀之礼。""怵惕"是指行为主体在当时情景下的内心状态,体现祭祀活动本身的严肃性、庄重性与神圣性。孝子内在的情感具有特定含义,即怀怵惕之心以奉亲,方行祭祀之礼。孔颖达疏云:"'能尽祭之义

---

[1] (据《十三经注疏》本,卷四十九。

[2] 据《十三经注疏》本《礼记正义》卷四十九。

者'，言非贤者不能怵惕，怵惕之义，惟必贤人故能尽恭敬祭。"心怵、尽祭之义为孝子在祭礼实践中的修为所致，唯有恭敬之心，才能尽不违礼之祭。内心中的怵惕和恭敬，是孝子祭义之根本。《礼记·祭义》曰：

> 祭不欲数，数则烦，烦则不敬；祭不欲疏，疏则怠，怠则忘。是故君子合诸天道，春禘秋尝。[1]

《祭义》篇所言祭礼，则限于孝子之祀先人。既然孝子祭礼中保持内心的怵惕、恭敬之心是行为者实践的修为所致，那么它所呈现的是社会行为，并非先天本性。据上文，孔颖达疏曰："'春禘秋尝'，是祭祀名。"《礼记·王制》篇曰："天子、诸侯之祭，春曰礿，夏曰禘，秋曰尝，冬曰烝。"孔颖达疏："'禘'当为'礿'，则此春禘亦当为礿。"郑玄注："因四时之变化，合于天道，孝子感时念亲，则以此祭之也。""忘"与"不敬"违礼，莫大焉"，祭礼之大忌莫过于孝子的"忘"与"不敬"。《孝经·圣治》载：

> 曾子曰："敢问圣人之德，无以加于孝乎"？又问："圣人德教，更有大于孝不？"子曰："天地之性人为贵，人之行莫大于孝，孝莫大于严父，故孝行之大，莫过尊严其父也。"[2]

唐李隆基注曰："'贵'，其异于万物也"，'孝'者，德之本也"，表明人异于万物的标志在于孝，因为人类具有认知自然和人类本体的能力，也能认知人作为价值的存在意义。孔子言："人之行莫大于孝"，人与人存在依存关系，并在此基础上建立人类自身的生存法则，以此来维系人类自身的生存秩序，"孝"便是维系和满足这一人类依存关系的重要文化概念，是构成人类生存、发展秩序的重要依据。孔子言："夫孝，德之本，教之所由生。"唐李隆

---

[1] 据《十三经注疏》本《禮記正义》卷四十七。
[2] 据《十三经注疏》本《孝经正义》卷五。

基注曰:"人之行,莫大于孝,故为德本,教之所由生也。"作为行为主体,"孝"是对人类依存关系的某种特定对象的行为约束,而且是对特定对象内在品德的根本要求。"孝"源于家庭人伦之五常。《尚书·虞书·舜典》:"慎徽五典,五典克从。"伪孔传曰:"五典,五常之教:父义,母慈,兄友,弟恭,子孝。"[1]五常之教,是人伦关系的起点,人作为类本体以满足自身生存和发展秩序的需要必然以此为起点,人类的文化创造也由此而产生,"孝"也将成为人类教化的起点。《周易·说卦》曰:

> 有天地,然后有万物;有万物,然后有男女;有男女,然后有夫妇;有夫妇,然后有父子;有父子,然后有君臣;有君臣,然后有上下;有上下,然后礼义有所错。[2]

上引资料中,人类从天地、万物、男女、夫妇、父子、君臣、上下关系的区分,体认到万物本能地依赖自然满足自身生存的自然法则,更体会出人类异于万物能够自觉建立满足自身生存发展的社会法则,"男女、夫妇、父子、君臣、上下"是人类感知自然而派生出人伦关系,它不仅是人类生活秩序的象征,也是人类社会秩序的象征,更是人类特有文化的体现,与上述《尚书》中的"五典""五常"一致,"父义,母慈,兄友,弟恭,子孝"是家庭人伦关系特定对象的行为的关系范畴,而"人之行,莫大于孝"则是在父子关系中孝子在特定对象关系范畴中的行为规范,人类教化的起点则由"孝"而产生。《孝经·广要道》载:"子曰:'教民亲爱,莫善于孝,教民礼顺,莫善于悌。'"[3]这里,百姓"爱亲""礼顺"并非顺理成章的事,"孝亲"则是教化"民亲"的前提,家庭人伦特定关系中最重要的关系范畴莫过于父子关

---

[1] 据《十三经注疏》本《尚书正义》卷二。
[2] 据《十三经注疏》本,《周易正义》卷十三。
[3] 据《十三经注疏》本《孝经正义》卷六。

系，父子关系是以血缘为纽带的依存关系，这种"孝亲"关系包含着两层含义：一、身也者，父母之遗体；二、不忘其所由生。因此孝子在行孝祭礼时内心应具备两个重要特征：一、爱身敬体，爱敬父母之遗体；二、不敢忘其亲（本）。孔子曾曰："夫孝，天之经，地之义，民之行也。"[1]反映了孝亲与民亲的关系，"孝亲"表达的是"爱亲"，"民亲"表达的也是"爱亲"，使两者发生相互联系的是社会教化，"孝亲"的结果与"民亲"的结果都是"爱敬与不敢忘其亲"。前述《祭义》中曰："祭不欲数，数则烦，烦则不敬。祭不欲疏，疏则怠，怠则忘"，意思是说，"不敬"与"忘"则不符合"爱亲"的行为要求，也是违"礼"的行为体现。在"爱亲"中体现"敬"与"不忘"，必须经过适当的祭礼仪式的践履和教化，"欲数""欲疏"则都不能产生相应的效果，要想达成相应的结果，就要使行孝者的意识中形成"爱亲"的价值评价，即"敬与不忘"，只有这样才能形成行孝者主体的自觉意识，这里必然存在一个从他教到自教的社会礼仪教化问题。

二

《礼记·祭义》中规定：

> 致齐于内，散齐于外。齐之日，思其居处，思其笑语，思其志意，思其所乐，思其所嗜。齐三日，乃见其所为齐者。[2]

这里的"齐"与"斋"通假，是斋祭之意。孔颖达疏曰："此一节明祭

---

[1] 据《十三经注疏》本《孝经正义》卷三《庶人》。
[2] 据《十三经注疏》本《礼记正义》卷四十七。

前，齐日之事。'思其居处'者，谓祭致齐之日也。'思其居处'以下五事，谓孝子思念亲存之五事也。先思其粗，渐思其精，故居处在前，乐、嗜居后，齐三日，乃见其所为齐者，谓致齐，思念其亲，精意纯熟。日想之，若见其所为，齐之，亲也。"从孔疏中可知，作为行为主体的祭祀者，在祭祀前必须履行以下具体的礼仪：一、齐三日；即斋祭三日。二、致齐之日思亲；具体"思亲之事"有五：即思其先人的"居处、笑语、志意、所乐、所嗜"，具体"思亲之事"之五事，使其"色不忘乎目，声不绝乎耳，心志嗜欲不忘乎心"，然后"致爱则存"，即从体认爱到"致爱"（尽爱）。如果没有行为者对爱的体认和内在的心理认同，就不可能产生"致悫则著"，即谨敬之感，也不可能形成"著存不忘乎心"的内在心理。所以，"思亲"之五事，是行为者践行和体验祭礼活动的意义和价值，"思亲"是主体从内心中产生严肃和恭敬之心的源泉，从而在内心中不违"礼"，然后在行为中做到不违"礼""思亲"标识主体在祭祀中特有的思维方式，在特定的祭祀活动所规定的礼仪方式。那么，规定"齐日"中的"思亲"礼仪，即让行为者在"斋祭"之日的情景中建立严肃恭敬的自我，获得重要的品德自我，使"思亲"产生如下结果：一不忘其所由生；二形成恭敬之心。这种特定的祭祀活动可使行为者将变成自觉的行为主体，通过行为主体的自觉意识对其自身行为产生自觉的指导和调节。因此，祭祀礼本身不仅仅体现行为者外在的礼仪形式，而更为重要的是使行为者主体建立起自觉意识，进而对行为者自身行为产生规范作用，促使行为者由外而内，然后由内而外，产生真正的主体自我，这样，行为主体则从一个本能的自我逐渐变成一个自觉的自我，其"爱亲"的情感、意识从"忘"与"不敬"到"不忘"与"敬"的转变，那么，"见其所为齐者"，是行为主体经过"齐三日""思亲"的外在形式，影响其内在心理发生变化，行为主体一旦产生"不忘"与"敬"的心理，其行为必然会受行为主体自觉意识的支配。那么，行为主体符合孝祭礼仪的理念一经形成，必然会做出符合祭祀礼仪的行为选择。

三

《论语·阳货》篇载：

人性相近，习相远。[1]

"习"，学习、修习之意，引申意为教育、涵养。《礼记·中庸》言："天命之谓性，率性之谓道，修道之谓教。"[2]是说人类作为"万物之灵"，与其他物种的不同在于"修道之谓教"，教化、修养是人的"类本质"。人类通过自身创造的文化教养，不仅能够认识自身，而且能改变自身和创造自身。教化、修养即指"习"，上引资料中，孔子便是重视教化、修养的倡导者。宋邢昺疏曰："此章言，君子当慎其所习也。性，谓人所禀受以生而静者也，未为外物所感则人皆相似，是近也。既为外物所感，习以性成，若习于善，则为君子。若习于恶，则为小人，是相远也。"[3]就是说，人类共有秉承自然的天性，在外物所感之下，其性所成却各有不同，其善与不善，则"习以性成"。《周易·坎》卦《象辞》言："君子以常德行习教事。"[4]可见，"习以性成"中的"习"是区别人与人之间不同品行、修养的重要标志特征，"习"，是人行事立身的根基。"孝"本于血缘，续于"习教"，是"性"与"习"这两个连缀概念的重要内涵，而"习教"付诸礼仪，其实施结果尤为关键。《礼记·祭义》中又言：

孝子将祭祀，必有齐庄之心以虑事，以具服物，以修宫室，以治百

---

[1] 据《十三经注疏》本《论语注疏》卷十七。
[2] 据《十三经注疏》本《礼记正义》卷五十二。
[3] 据《十三经注疏》本《论语正义》卷十七。
[4] 据《十三经注疏》本《周易注疏》卷五。

事。及祭之日，颜色必温，行必恐，如惧不及爱然。其奠之也，容貌必温，身必诎，如语焉而未之然。宿者皆出，其立卑静以正，如将弗见然。及祭之后，陶陶遂遂，如将复入然。是故悫善不违身，耳目不违心，思虑不违亲；结诸心，形诸色而术省之，孝子之志也。[1]

孝子将祭，所要建立的是孝子的"齐庄之心"。而孝子的"齐庄之心"是通过特定的祭祀活动加以习得与教化，这里，孝子祭礼实际体现的是"以常德行习教事"。因为孝祭活动对行孝主体做了具体的礼仪规定：一、祭祀前的心理准备：1.齐庄之心；2.谋虑祭事；二、在祭日中的行为标准：1.仪容——面色温和、2.仪态——行为必恐；3.祭奠过程中，容貌必温，身形卑诎。4.宿者皆出（助祭宾者，事毕而出），孝子其立，卑柔静默，正定心意，以思念其亲；三、祭之后，悫善不违身（悫：谨敬，诚实），谓思念亲深，精悫纯善之行，不违离于身。从祭祀礼仪的规定可以看出，行孝者不仅在具体的礼仪情境中体认思念亲人的深刻感情，内心中充满庄敬之心，而行孝者的仪容、仪表、仪态之方面的具体规范，也符合孝祭礼仪的基本要求，行孝者内心的诚实笃敬，通过具体的孝祭礼，也得以充分地体现。这样，行孝者的"齐庄之心在"以常德行习教事"的孝祭礼仪建立起来，最终达成"孝子之志"。《礼记·大学》篇载：

> 欲修其身者，先正其心；欲正其心者，先诚其意；诚其意者，先致其知……物格而后知至，知至而后意诚，意诚而后心正，心正而后身修。[2]

主体在践行祭祀礼仪的过程中，必然涉及一个重要问题，即如何确立一个行为主体自我意识，且由自觉意识支配的行为主体，儒家思想中强调行为主

---

[1] 据《十三经注疏》本《礼记正义》卷四十八。

[2] 据《十三经注疏》本《礼记正义》卷六十。

体的作用,其行为主体如何受主体意识支配的行为,而且是正当、合理的意识支配,自觉、自主的行为主体不是自发形成,必然形成于文化的自觉,来自文化的教育与学养,《礼记·学记》开篇则云:"君子如欲化民成俗,其必由学。"(卷三十六)"必由学"与《中庸》篇中的"修道之谓教",其含义是一致的,既然人类自身的认知,必然要由"学""教"——就是在培养主体认知、情感和意志,自觉、自主的理性主体必然实现于三者的有机统一之中,主体的实践和体验是基础,认知是实现主体转变的关键,在体认"知至、意诚、心正、正而后身修"的过程中,"欲诚其意者",是主体体认的核心内容。郑玄注:"……其意诚而德著也。""意诚"是主体内在的理性认知,是主体自主理性认知觉悟的显示。孔颖达疏曰:"明诚意之本,先须慎其独也,毋自欺也。言欲精诚其意,无自欺于身,言于身,必须诚实也。"孔颖达所述中,"诚其意",是主体做出独立的自我思考和价值判断,"毋自欺",则是主体做出独立的自主选择,强调主体独立的自我品格所发挥的重要作用,"诚其意"将成为主体获得性的内在质量,是一种德行的自证,孔颖达疏又曰:"君子必诚其意者,以有内见于外,必须精诚其意在内心,不可虚也。""君子"是主体人格、品质的象征,君子以内见于外的是其内心中的精诚其意。只有经过主体内心的自我反省和觉悟(即慎独),行为主体才会做出符合主体内心价值评价标准一致的行为选择,所以,"欲诚其意"所要实现的是主体意识的自觉、独立主体质量的建立,也就是确立以独立的人格、道德质量作为行为主体的依据,以道德质量、人格为依据的主体必然是主体修身的前提条件。《礼记·祭义》又载:

> 孝子之祭也,尽其悫而悫焉!尽其信而信焉!尽其敬而敬焉!尽其礼而不过失焉!进退必敬,如亲听命则或使之也。[1]

---

[1] 据《十三经注疏》本《礼记正义》卷四十七。

孔颖达疏曰:"'尽其悫而悫焉'者,尽悫,谓心尽其悫也。而悫焉,谓外亦悫焉;其信与敬,皆处内,内有其心,外著于貌。'尽其礼而不过失焉'者,以其礼包众事非可极,故不得云而尽其礼焉!'云不过失焉',则是礼也,'进退必敬'。'如亲听命则或使之也'者,言孝子祭时,进之与退,必恒恭敬,如似亲听父母之命,而父母或使之也。"从孔颖达的疏中可知,为孝者作为行为主体在祭祀中要"尽其悫""尽其信""尽其敬",皆在内心,也就是"尽其心",在内心做到了"尽悫、尽信、尽敬",那么,外在则自然会表现出"尽其礼"的行为,"尽其礼则不过失"、"进退必敬",是为孝者在祭祀活动中最终体现的行为结果。这里,起决定作用的是主体自身的"尽其心"。"尽其心",是因为"诚其意","诚其意"则能"尽其心""尽其心',则能"正其心"。"悫、信、敬",是主体在内心所获得的质量修养,决定着行为主体对其行为的价值评价和价值判断,在其主体"悫、信、敬"的内在质量指导下的行为,必然产生"尽其礼而不过失"。由此,我们可以清楚地认识到,孝子之祭,即祭祀礼仪的践行,其实质是在满足为孝者主体内在的心理需求,一种内在的道德价值需求,它需要主体自身内在的质量做支撑,从"诚其意"到"诚其信"到"诚其敬"是行为主体质量的自证,情感的自得,理性思想的自觉,"尽其礼而不过失",是由主体自身质量决定并遵从外在行为规范而做出自主选择。"尽其礼而不过失"是对为孝者社会行为的评价标准,如果为孝者没有建立内心的诚意和恭敬,外在所表现的一系列行为则会有"过失"而不能"尽其礼"。《礼记·祭义》又曰:

  孝子之祭可知也,其立之也,敬以诎;其进之也,敬以愉;其荐之也,敬以欲;退而立,如将受命;已彻而退,敬齐之色不绝于面。孝子之祭也,立而不诎,固也;进而不愉,疏也;荐而不欲,不爱也;退立而不如受命,敖也;已彻而退,无敬齐之色,而忘本也。如是而祭,失之矣！[1]

郑玄注曰："'诎，充诎，形容喜貌也'；'愉，颜色和貌也'；'欲'，婉顺貌，谓齐庄"；'固'，犹质陋也，而忘本而衍。""敬齐之色"，为严肃恭敬之貌。孔颖达疏曰："'孝子之祭'，观其貌而知其心。故'孝子之祭可知也'者，以下诸事是也。'其立之也，敬以诎'者，言孝子尸前而立，形貌恭敬而颜色欢喜。''其进之也，敬以愉'者，言孝子荐血腥之时，容貌恭敬，而颜色温和。'其荐之也，敬以欲'者，言孝子荐熟之时，容貌恭敬，颜色婉顺，如欲得物。然'退而立，如将受命'者，言孝子或有退之时，如似前进将受命。'已彻而退，敬齐之色不绝于面'者，谓祭毕已彻馔食，孝子退者，恭敬齐庄之色，不离绝于面。'立而不诎，固也'者，言其固陋不知礼，'进而不愉，疏也'者，言与亲疏远，不相亲附。'荐而不欲，不爱也'者，言不爱亲。'退立而不如受命，敖也'者，言敖其亲，不恭敬。'已彻而退，无敬齐之色，而忘本也'者而衍字，'忘本'谓不思其亲。"正如孔颖达疏中所言，"孝子之祭"，就是考察一个为孝者是否"孝"，从为孝者的仪态中便可考察出来，"其立敬以诎""退而立，如将受命"这是指体态；"其进敬以愉"，是指步态；"敬齐之色不绝于面"，是指仪容。如上所述，"其立、其进、其退及恭敬齐庄之色"则符合为孝者孝祭礼仪的标准，孝子之祭，不只是表现在礼仪形式上，而体现的是内涵与形式的有机统一，那么，内容是核心，外在是形式，相反，"立而不诎，固也；进而不愉，疏也；荐而不欲，不爱也；退立而不如受命，敖也；已彻而退，无敬齐之色，而忘本也"是孝子之祭中的行为过失，不符合孝祭的礼仪规范，从为孝者的仪态、体态、步态和仪容中很容易发现与其礼仪内容不相符合的表现，在祭礼中，一切与"敬齐之色"不相符的行为，则无敬其心，诚其意，皆为忘本。因而，有孔

---

[1] 据《十三经注疏》本《礼记正义》卷四十七。

颖达疏中所说的"观其貌而知其心"。《论语·为政》篇载：

  子曰：视其所以，观其所由，察其所安，人焉廋哉？人焉廋哉？[1]

孔颖达疏曰："此章为知人之法。"是说一个人的行为如何？是可以通过客观的社会行为标准来考察，一、是否遵从普遍遵循的行为准则；二、是否遵从自身特定的行为标准。究竟怎样考察呢？宋陈祥道言："见之之谓'视'，达视之谓'观'，详视之谓'察'。"就是通过"视、观、察"的认识方法，由表及里，由外在到内在，认清主体对象的本质特征。（《论语全解》卷一）北宋早期理学家程颐这样解释道："所'以'，所为也。所'由'，所从也。所'安'，所处也。察其所处，则见其心之所存在已者，能知言穷理，则能以此察人，如圣人也。"（《论语精义》卷一下）由行为者之"所以""所由""所安"，则是为见其心之所存。南宋理学家朱熹又曰："'视其所以'，以，为也。为善者，为君子。为恶者，为小人。'观其所由'，观比视为详矣。由，从也。事虽为善，而意之所从。来者有未善焉，则亦不得为君子矣。或曰：由，行也，谓所以行其所为者也。'察其所安'，察，则又加详矣。安，所乐也。所由虽善而心之所乐者，不在于是，则亦伪耳，岂能久而不变哉？"（《论语集注·为政》卷一）据朱熹所言，"以"，为也，即人之行为是有一定的道德标准的，善恶标准是衡量个体行为的基本准则。"由"，从也，行也。即为什么会有此行为。"安"，乐也。由善而心之所乐，即获得内心的充实和满足，与程颐所述"见其心之所存"意同。如前所述"孝子之祭"可知也，则可通过上述考察的方法，便可"见其（孝子）心之所存"，也可判断出其行为的质量和修养来。可见，考察一个人的言、听、视、动，就是在考察其心智水平，所以要提升一个人的心智水平和道德水平，必须从改变其外在的容颜、仪表和仪态开始。《礼记·祭义》又曰：

---

  [1] 据《论语注疏》卷二。

> 孝子之有深爱者，必有和气；有和气者，必有愉色；有愉色者，必有婉容。[1]

孔颖达疏曰："严肃、威重、俨（正）、恪（恭敬）四者，非事亲之貌。事亲当和顺、卑柔也。"元吴澄说："孝子事亲之爱敬……以根于心者，言气以充于体者，言色以见于面者，言容以动于身者，言和睟之气，愉悦之色，婉顺之容，皆深爱之发也。"（《礼记纂言》卷二十三）其中又引慕容氏语："仁人心也，孝子之所本，深爱而已。深爱则仁之心，和则仁之气，愉则仁之色，婉则仁之容。"（同上）据此可知，孝子事亲，则以仁爱为本，仁人之心，为孝之本。《礼记集说》载严陵方氏说："爱者，心也。心动则气随之，气形则色随之，色见则容随之，故言之序，如此和也、愉也、婉也，皆生于爱之深者也。"[2]

据以上所考可知，古代论"孝"，主于心与形的统一，那么，"礼仪"就成为实施"孝道"不可缺少的文化形态。

---

[1] 据《礼记正义》卷四十七。
[2] 据《四库全书》本《礼记集说》卷一百十一。

后　记

生态问题或者说环境问题是政府非常重视和关注的问题，生活在现实环境中的百姓，也很关心自然生态或自然环境的改造与建设。其实，这是一个古今话题，可以说，自上古以来，我们的先民就非常注重生态的管理和保护。

笔者曾在2015年出版了《〈周礼〉的自然生态观》（合著），就中国上古时期，先民的自然生态观念做了比较系统的研究，这部《〈礼记〉与上古生态伦理研究》权作"上古生态伦理系列研究"。其中的是非，还望学界同好赐教。

拙著出版，幸得"天津师范大学马克思主义学院学术文库"相关领导的支持。本校马克思主义学院院长杨仁忠、副院长李朝阳、学院党委书记李靖、社会科学处处长赵雅文、校长高玉葆都给予了极大的支持，借此致以诚挚的感谢！马克思主义学院办公室的王毅刚同志在办理诸多手续中付出了不少辛劳，在此一并致谢！

2018年12月4日